1+X职业技能等级证书培训教材



# 轨道交通装备焊接

# （初级）

中国中车集团有限公司　编

机械工业出版社
CHINA MACHINE PRESS

本书是一部轨道交通装备焊接职业技能等级考核的培训教材，由中国中车集团有限公司组织行业专家和中高职院校专业教师根据《轨道交通装备焊接职业技能等级标准》要求编写而成。

主要内容包括：轨道交通车辆行业特点、焊接安全、焊接基础知识、焊接方法及设备、轨道交通装备常用金属材料及其焊接方法、焊接常见缺陷、焊工考试。本书以轨道交通装备焊接职业技能需求为核心，强化轨道交通装备行业特色，围绕企业需求进行编写，既注重内容与轨道交通装备焊接职业技能要求相匹配，又加强了理论与实践应用的结合，并且紧跟现代科学技术的发展，及时跟踪和介绍国内外焊接行业的新观点和新技术。

本书既可作为应用型本科院校、高等职业院校和中等职业院校轨道交通装备焊接职业技能培训教材，也可供各企业生产一线人员、质量管理及焊接人员、工艺技术人员、研究机构参考学习。

**图书在版编目（CIP）数据**

轨道交通装备焊接：初级/中国中车集团有限公司编．—北京：机械工业出版社，2022.5

1+X 职业技能等级证书培训教材

ISBN 978-7-111-69731-2

Ⅰ.①轨… Ⅱ.①中… Ⅲ.①轨道交通—交通设施—焊接—职业技能—鉴定—教材 Ⅳ.①U239.5

中国版本图书馆 CIP 数据核字（2021）第 244985 号

机械工业出版社（北京市百万庄大街 22 号 邮政编码 100037）
策划编辑：张维官 责任编辑：张维官 邵 蕊
责任校对：吕建新 封面设计：桑晓东
责任印制：李 昂
北京联兴盛业印刷股份有限公司印刷
2022 年 5 月第 1 版第 1 次印刷
184mm×260mm · 11.75 印张 · 289 千字
标准书号：ISBN 978-7-111-69731-2
定价：75.00 元

电话服务 网络服务
客服电话：010-88361066 机 工 官 网：www.cmpbook.com
010-88379833 机 工 官 博：weibo.com/cmp1952
010-68326294 金 书 网：www.golden-book.com
 机工教育服务网：www.cmpedu.com

## 轨道交通装备焊接职业技能等级证书培训教材
## 专家委员会



## 《轨道交通装备焊接（初级）》
## 编写委员会


主　　　编：汤旭祥

副　主　编：葛佳棋　韩晓辉

参 编 人 员：侍光磊　马清波　柴晋峰　张廷旺　邵　戗

吴晓明　刘志彬　吕纯洁　郝兆明

# 序

在推动经济高质量发展和产业转型升级的背景下，我国出台了《国家职业教育改革实施方案》（职教20条），提出“在职业院校、应用型本科高校启动‘学历证书＋若干职业技能等级证书’制度试点工作”。推动1＋X证书制度试点工作的实施，是深化复合型技术技能人才培养培训模式改革的重要举措，需要职业院校、行业企业及各类社会力量的广泛参与。

中国中车集团有限公司（简称中国中车）是国务院国资委监管的中央企业，是国家高端装备制造业的排头兵。以高铁为代表的轨道交通装备制造，已成为享誉世界的“国家名片”。发展先进轨道交通装备制造，迫切需要造就一大批能够担当建设制造强国使命的技术技能人才。中国中车发挥央企使命担当，聚焦以先进轨道交通装备为代表的高端装备制造技术技能人才培育，积极参与1＋X证书制度试点工作，已成为轨道交通电气设备装调、轨道交通装备焊接、轨道交通装备无损检测三项职业技能等级证书的培训评价机构。中国中车三项X证书，是基于轨道交通装备行业企业的产品技术和人才需求而开发的，具有在多行业广泛应用的价值。

教材是职业培训教学的重要工具。1＋X职业技能等级证书培训教材是确保证书质量水平的关键载体。中国中车组织编写了轨道交通电气设备装调、轨道交通装备焊接、轨道交通装备无损检测三项职业技能等级证书的培训教材。为保证教材的质量，中国中车与职业院校教育专家、出版社联手、发挥具有丰富实践经验的一线高层次人才优势，集聚中华技能大奖获得者、内部科学家、首席专家、资深专家等60余人参与编写。在编写过程中，作者始终把教材的内容和质量放在头等重要位置，以职业技能等级标准为纲，充分吸收新技术、新工艺、新规范、新要求等内容，有效体现了教材的实践性、实用性和先进性。

教材开发是一项过程复杂、科学性要求高的活动。中国中车三项证书培训教材的出版，是参与职业教育教材开发的初步探索。教材中的疏漏和不足在所难免。我们将在1＋X证书制度试点工作的实践中，不断优化完善，尤其是在活页式、手册式、立体化等新形态教材开发方面，将加大研发力度，为推进1＋X证书制度试点工作实施贡献“中车力量”。

**中国中车集团有限公司总经理**

# 前 言

职业教育是国民教育体系和人力资源开发的重要组成部分，职业教育的高质量发展，对于培养未来的大国工匠、技能大师等高素质技能人才有着直接的推动作用。随着我国工业的飞速发展，高技能人才短缺的问题逐步显现，传统的职业教育方式已不能满足用人单位的需求。因此，加快发展现代职业教育，推进职业教育改革创新，不仅是提升人力资源素质、稳定和扩大就业的现实需要，更是建设现代化强国的重要举措。

伴随《国家职业教育改革实施方案》的印发，中国中车积极响应和参与 1 + X 职业教育改革创新工作，起草了轨道交通装备焊接职业技能等级标准，规范了各焊接技能等级考核需满足的条件，将高职院校针对焊接的技能培训与用人单位对人员技能的需求完美结合起来，大大提高了高职院校毕业生就业的优势，降低了企业的用人成本。

为进一步贯彻实施 1 + X 轨道交通装备焊接职业技能培训，充分体现轨道交通装备焊接技术培训特点，特组织行业专家编写此教材。

本书按照轨道交通装备焊接的实际需要分为轨道交通车辆行业特点、焊接安全、焊接基础知识、焊接方法及设备、轨道交通装备常用金属材料及其焊接方法、焊接常见缺陷、焊工考试。

由于编写时间仓促，编者水平有限，书中疏漏和不足之处在所难免，敬请各位读者批评指正。

**编　者**

**2021 年 7 月**

# 目　录

# 第 1 章 轨道交通车辆行业特点

## 1.1 行业概况

轨道交通车辆是现代铁路运输体系的骨干，对国民经济发展起重要的作用。轨道交通车辆发展历史悠久，主要分为客车、货车、机车三大系列。随着轨道交通车辆的发展，产品谱系呈现多元化、系列化的发展趋势。轨道客车包括高速动车组、城际动车组、干线铁路客车、城轨地铁及有轨电车等；铁路货车分为通用货车和专用货车，主要类型有棚车、罐车、敞车及平车等；铁路机车分为客运机车、货运机车、客货通用机车、调车机车及工矿机车，产品类型有蒸汽机车、柴油机车、内燃机车及电力机车等。当前，轨道交通车辆正朝着高速、重载、便捷的方向快速发展，并取得了一系列重大成就。

### 1.1.1 客车产业概况

**1. 高速动车组**

1964 年，日本建设了第一条高速铁路，开启了世界铁路发展的新时代。1981 年，法国将高速铁路发展推向新阶段，带动了整个欧洲高速铁路的发展；随后，德国、西班牙纷纷投入建设高速铁路。21 世纪以来，我国高铁实施“引进来、走出去”的发展战略，从引进消化到自主创新，再到深化创新，高铁产业发展迅猛，带动了轨道客车产业高速发展。我国高铁产业发展线路图如图 1-1 所示。

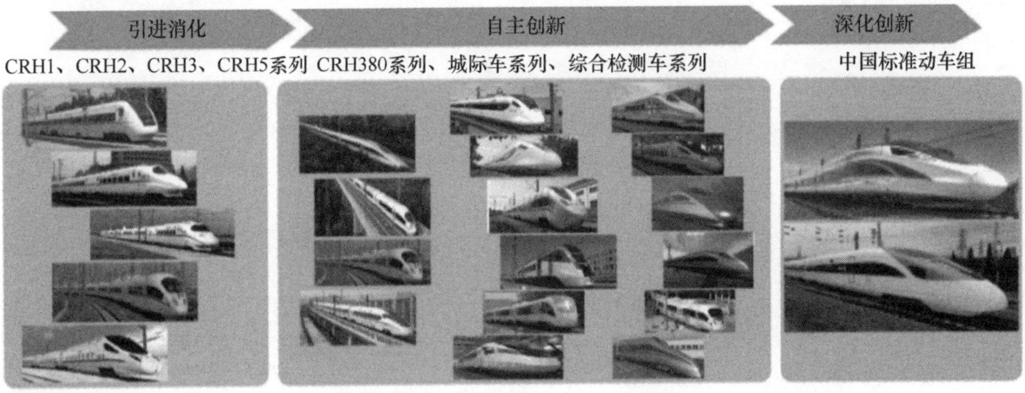


图 1-1　高速动车组发展路线图

2007 年，时速 200km 动车组上线运行；2008 年，中国拥有了第一条时速 350km 的高速铁路——京津线；2009 年，中国拥有了世界上运营里程最长、速度等级最高的高速铁路——武广线。近十年来，以高速列车为代表的中国轨道客车产业增长迅速。2017 年年底，铁路运营里程 12. 7 万 km，其中高速铁路达 2. 5 万 km，形成了“四纵四横”的高速铁路网；2019 年年底，全国铁路里程达到了 13. 9 万 km，其中高速铁路达 3. 5 万 km，基本实现了“八纵八横”的规划目标，动车组总量已超 3000 组；预计到 2025 年，铁路运营里程将突破 17 万 km，高铁线路占比将进一步增加（见图 1-2）；同时随着印尼、泰国、马来西亚及俄罗斯等出口项目的启动，轨道客车海外市场空间广阔。高铁，已成为中国制造的亮丽名片。

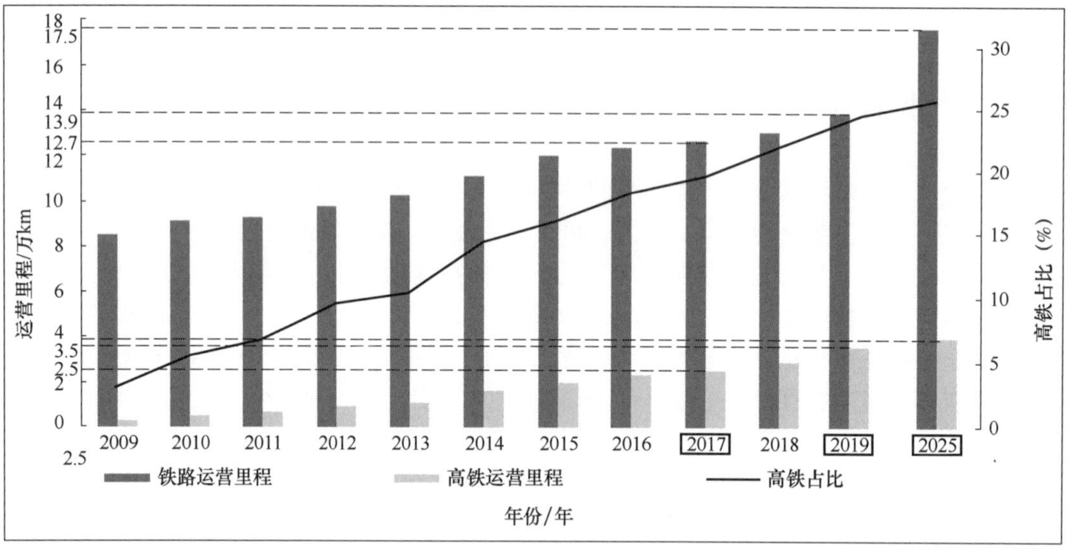


图 1-2　高速动车组发展趋势图

中国高速铁路线路统一运营构造速度达 250km/h 以上的电力动车组列车，车次分 G、D、C 字母开头三种，车辆分 CRH 和 CR 系列车型。CRH1/2/3/5 为时速 200km 和谐号动车组，CRH380A/B 为时速 300km 动车组，CR400AF/BF 为时速 350km 复兴号中国标准动车组（见图 1-3）。

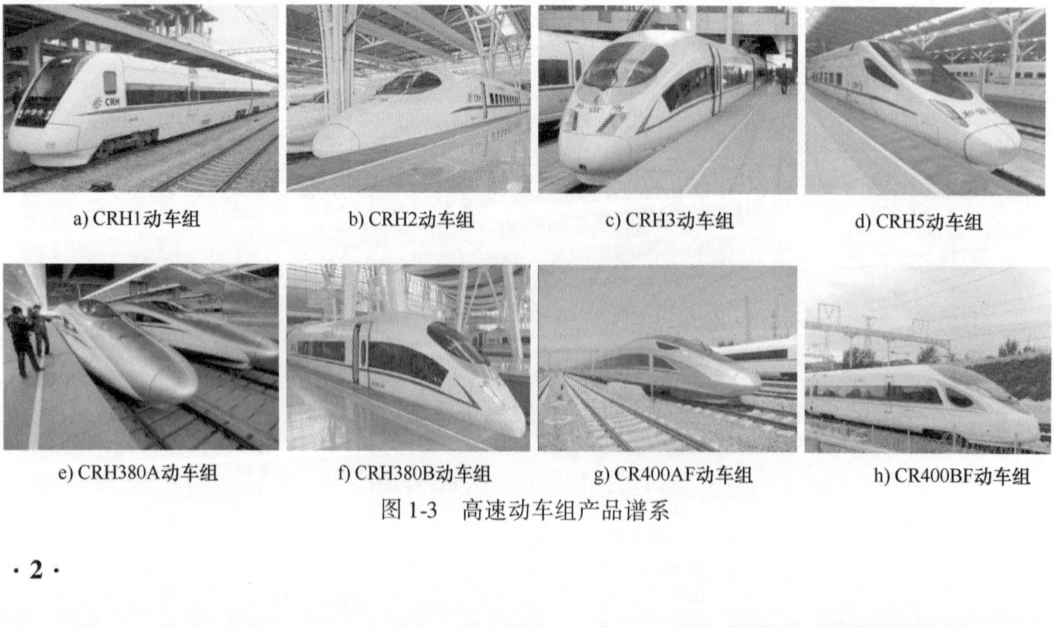

a) CRH1动车组　b) CRH2动车组　c) CRH3动车组　d) CRH5动车组

e) CRH380A动车组　f) CRH380B动车组　g) CR400AF动车组　h) CR400BF动车组

图 1-3　高速动车组产品谱系

**2. 铁路客车**

长期以来，我国的铁路客运在国民经济的发展中发挥了重要作用，目前我国拥有干线客车 4 万余辆，包含硬座车、硬卧车、软座车、软卧车及公务车等。其材质已由普通碳素钢发展为低合金耐候钢，耐蚀能力逐步增强，材料强度级别从 235MPa 提升至 355MPa，甚至达到 450MPa。材料性能的改进提高了铁路客车的耐蚀能力及轻量化水平，也为提升列车速度等级及综合服役能力奠定了基础。从 20 世纪 90 年代初开始，铁路客车由 22 型转向 25 型，同时，伴随着高速铁路的发展，干线铁路客车也迎来了升级换代，在不断提速的同时，车辆品质和乘坐舒适性也大大提高。干线铁路客车产品谱系如图 1-4 所示。

a) 22B型客车　　b) 25G型客车　　c) 25K型客车　　d) 25T型客车

图 1-4　干线铁路客车产品谱系

**3. 城轨地铁**

城轨地铁作为一种快捷便利的公共交通方式，自 1863 年在英国问世以来，受到全球众多城市和广大民众的普遍欢迎。欧美国家城轨地铁发展历史悠久、运营线路成熟，但老的车辆已面临更新换代。中国城市轨道最早始于 1906 年天津的有轨电车，先后经历了萌芽起步、启动建设及蓬勃发展三个阶段，尤其是近十年，我国城轨地铁开通的城市数量由 2009 年的 10 个扩大至 2019 年的 35 个，运营里程由 2009 年不足 1000km 扩大至 2019 年 5400 余 km（见图 1-5），预计在未来 10 年还会呈现倍数增长，运营里程将突破 2 万 km，市场前景极为广阔。

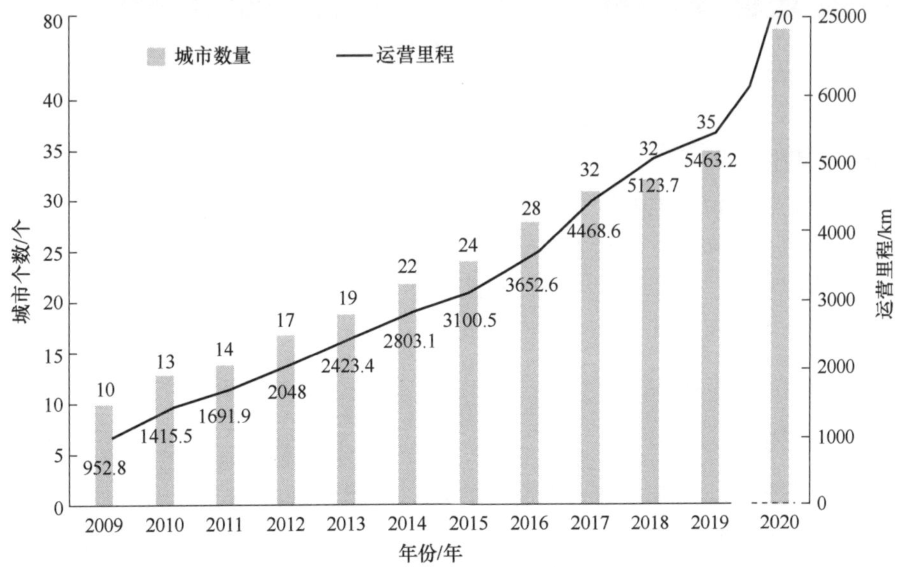


图 1-5　城轨地铁车辆发展趋势图

目前城轨地铁主要分为不锈钢及铝合金两种材质的车辆，速度等级为 80～120km/h。不锈钢车辆多为无涂装车辆，如青岛 8 号线、香港市区线；铝合金车辆以其轻量、节能的特点，近几年也得到大量应用，如新加坡地铁、上海地铁等。碳纤维增强复合材料是近几年来发展迅速的车辆功能材料，已在时速 140km 新一代地铁列车中得以大规模采用，应用前景广阔。典型的城轨地铁车辆如图 1-6 所示。

a) 青岛8号线　　b) 新加坡地铁　　c) 香港市区线　　d) 新一代地铁列车

图 1-6　典型的城轨地铁车辆

## 1.1.2　机车产业概况

世界上最早出现的机车是蒸汽机车，之后又出现了内燃机车、电力机车（见图 1-7）。机车作为铁路客车和货车的牵引，发展历史悠久，按照用途又分为客运机车、货运机车、客货通用机车、调车机车及工矿机车等，是铁路运输的“火车头”；动力分散式列车出现以后，逐渐发展成为目前的动车组及城轨地铁，慢慢改变了人们对传统火车头的概念。

a) 蒸汽机车　　b) 内燃机车　　c) 电力机车

图 1-7　不同型式的铁路机车

几十年来，我国一直是世界铁路大国，也是铁路机车大国。截至 2018 年年底，我国铁路机车总保有量 2 万余台，电力机车比重已超过 60%，内燃机车占比不足 40%。虽然机车产量和总保有量均有所降低，但机车的质量和性能在不断提升。通过技术引进和创新发展，我国电力机车的可靠性、耐久性、经济性和能源利用效率都有相当大的提升。然而，与世界铁路机车的先进技术相比，其仍有相当大的发展空间。

## 1.1.3　铁路货车产业概况

重载铁路运量大、效率高、运输成本低，一直是货物运输的重要手段，受到世界各国的广泛重视，目前我国货运列车已进入高速、重载的快速发展阶段。我国货运机车单机牵引达 5000t，双机牵引 10000t 以上，运营速度达 120km/h。载重 80t 运煤敞车、载重 120t、轴重 40t 的矿石车也已批量出口，我国重载货运装备在轴重和载重增大、车体轻量化新材料运用、低动力转向架以及车辆牵引、制动能力提升方面持续发展。车辆通用性逐步弱化，而专用性日益加强。中国国家铁路集团有限公司既有线上运行的通用装备轴重达 25t、载重达 80t、牵引吨位达 10000t，已基本达到线路最大运行极限。新建专用重载线路将推动重载货运装备发展，国际能源大国大宗矿石运输成为我国自主研发制造重载货运装备的新市场。铁路货车产品谱系如图 1-8 所示。

a) 棚车　b) 敞车　c) 冷链专运车　d) 油罐车

图 1-8　铁路货车产品谱系

### 1.1.4　高速磁悬浮

磁悬浮交通是一种有别于传统轮轨技术的新型轨道交通模式，具有加速制动快、能耗低、环境友好等特点。经过近半个世纪的发展，德国与日本已形成常导和超导两条技术路线，近年来还面向不同应用场景创新发展了多种技术思路。与德国、日本相比，我国开展磁悬浮列车研究起步较晚。21 世纪初引进了德国的常导磁悬浮技术，在国家的大力支持和政策推动下，目前已全面掌握了中低速磁悬浮交通的关键技术，并先后于 2014 年、2017 年开通了长沙和北京中低速磁悬浮示范线（见图 1-9），目前，正在开展时速 200km 的中速磁悬浮关键技术攻关。在高速磁悬浮方面，建设了上海高速磁悬浮交通示范运营线，最高时速可达 430km。当前，中车四方正在研制时速 600km 高速磁悬浮列车，2020 年 6 月 21 日，时速 600km 高速磁悬浮试验样车在上海同济大学磁悬浮试验线上成功试跑，这标志着我国高速磁悬浮研发已取得重要新突破，一列工程样车在 2020 年年底下线，逐步形成高速磁悬浮系统的全套技术和工程化能力。

a) 长沙中低速磁悬浮列车　b) 北京中低速磁悬浮列车　c) 600km/h高速磁悬浮列车

图 1-9　我国的磁悬浮列车

### 1.1.5　车辆服役环境的挑战

轨道车辆需要适应高温、严寒、风沙、冰雪、海洋及隧道等复杂的运营环境（见图 1-10），承受高速、动载、交变的冲击载荷工况，为满足车辆的安全可靠性、高速舒适性及运行平稳性的基本要求，列车结构设计特殊、材料应用形式多样：譬如牵枕缓采用封闭插接箱型结构、司机室采用三维复杂曲面结构，铝合金车身采用25m长大薄壁型材结构；车辆材料基本为壁厚0.6～80mm不等，材质为超薄壁铝合金、高强韧不锈钢、高强高耐候钢等材料；车辆制造工程问题复杂，车辆材料需满足强度、精度、轻量化、耐蚀性、气密性及抗疲劳能力的工程要求。同时，随着轨道客车运营速度的提高和运行区域的扩大，其所经受的作用关系、地理气候、运用工况日益复杂和严峻，因此解决各种恶劣服役环境的振动、冲击、疲劳、腐蚀等适应性问题，是一项具有挑战性的世界难题。

a) 高寒　　b) 风沙　　c) 海洋　　d) 隧道

图1-10　车辆服役环境

# 1.2　材料发展历程

随着轨道车辆速度等级的不断提高、服役工况日趋复杂，材料应用技术快速进步，并不断向高强、轻量、耐磨、耐蚀方向延伸。材料应用体系日趋复杂，新材料应用空间巨大，面向应用场景的材料服役性能要求日益严苛，性能指标、轻量化水平逐步提高，连接难度进一步增大，新兴材料不断推动新型连接技术的工程化应用及服役安全评估，带动了轨道车辆的技术变革和产品升级换代。

## 1.2.1　轨道车辆用材料发展特点

### 1. 轨道客车材料应用发展情况

轨道客车以载客为目的，是动车组、普通客车及城轨地铁的统称，通常车体采用碳素钢、不锈钢及铝合金三种材料。城轨地铁时速120km以下，多为高强度不锈钢材料，也有部分城市的车辆选择铝合金材料；普通客车时速120～200km，多为碳素钢材料；动车组因速度等级高，多采用轻量化铝合金材料。近几年来，磁悬浮作为一种新的载运工具，进入轨道客车家族之中，尤其是时速600km高速磁悬浮，必将推动轨道交通领域新一轮的技术革命，目前采用铝合金材料，未来拟采用纤维增强复合材料。不同材料车体技术指标对比情况见表1-1，轨道车辆车体材料应用情况以及发展趋势如图1-11、图1-12所示。

**表1-1　不同材料车体技术指标对比**

| 序　号 | 技术指标 | 碳素钢车体 | 不锈钢车体 | 铝合金车体 |
|---|---|---|---|---|
| 1 | 速度等级 | 中 | 低 | 高 |
| 2 | 轻量化 | 差 | 良 | 优 |
| 3 | 耐蚀性 | 差 | 优 | 良 |
| 4 | 气密性 | 良 | 差 | 优 |

（续）

| 序　号 | 技术指标 | 碳素钢车体 | 不锈钢车体 | 铝合金车体 |
|---|---|---|---|---|
| 5 | 商品化 | 良 | 优 | 优 |
| 6 | 工艺性 | 优 | 良 | 良 |
| 7 | 运维成本 | 中 | 低 | 高 |
| 8 | 环境保护 | 中 | 优 | 良 |

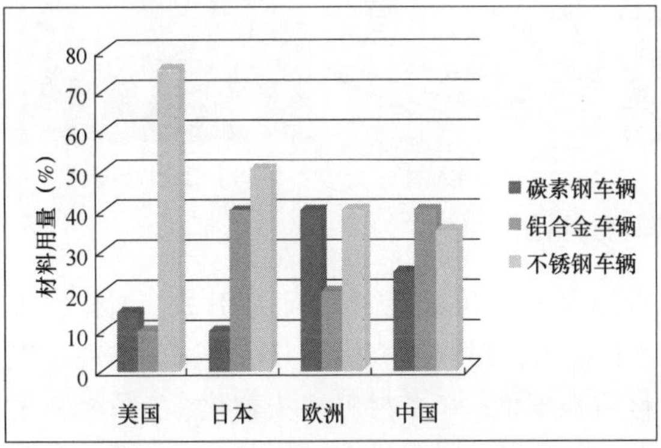


图 1-11　轨道车辆车体材料应用情况

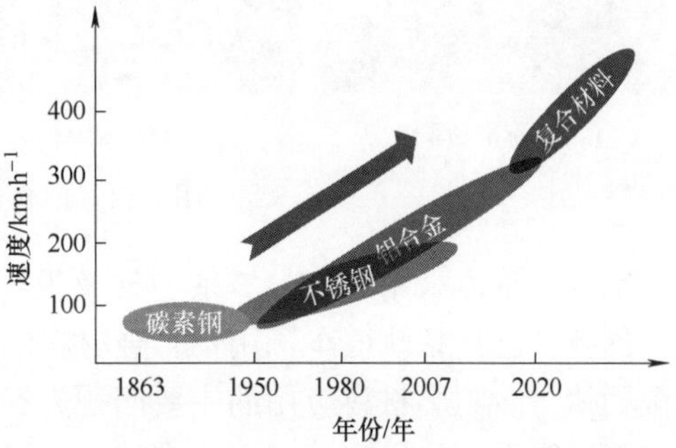


图 1-12　材料发展趋势

（1）不锈钢车体　不锈钢车体（见图 1-13）采用板梁组合、整体承载、高强度冷作硬化不锈钢焊接结构，端部底架为中厚板碳素钢焊接结构。目前采用电阻点焊工艺为主、辅以电弧 MAG 焊的工艺模式。车辆具有无涂装、免维护、耐蚀性好、安全性高及污染小的技术特点，同时存在气密性差、变形控制难度大，工装、模具数量多的不足，目前主要用于时速 120km 以下的城轨地铁领域。

a) 青岛11号线地铁　　b) 不锈钢车体

图 1-13　不锈钢地铁车辆

轨道车辆用不锈钢材料主要为 301L 超低碳高强度冷作硬化不锈钢薄板，常用厚度为 0.6～5.0mm，部分指标需结合车辆制造特点进行严格控制，以保证材料良好的可加工性、结构承载及综合服役能力。不锈钢材料用于轨道客车制造，应重点控制板型精度、易成形性和焊接性三项指标，譬如同一批次不同位置及不同批次间不锈钢材料成分、组织及力学性能指标应稳定。目前，国产不锈钢材料缺乏面向运行环境的疲劳、耐蚀等服役性能数据，材料的成分、组织及性能的均匀性和稳定性有待提高。

（2）铝合金车体　铝合金车体采用通长中空薄壁型材插接结构，其底架为中厚铝板及型材的框架结构（见图 1-14）；采用全自动 MIG 焊接，部分位置受空间所限辅以半自动 MIG 焊的工艺模式；具有工艺简单，自动化程度高，车体刚度、平面度、气密性、轻量化效果好的技术特点；但存在防火性差、型材挤压要求高的缺点；因此主要用于动车组车辆、部分城轨地铁。

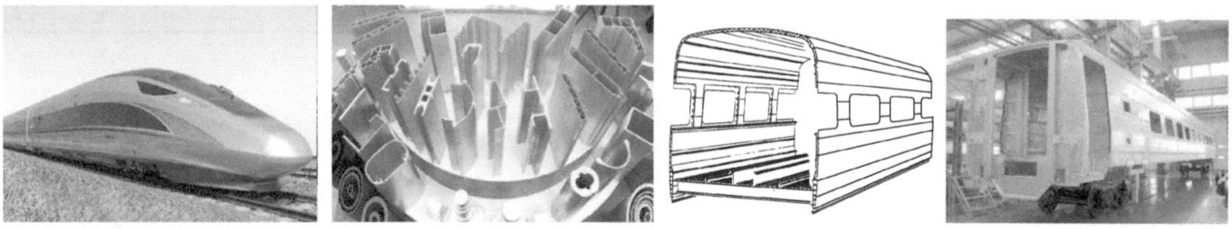

a) 中国标准动车组　b) 挤压型材　c) 车体型材　d) 铝合金焊接车体

图 1-14　铝合金车体材料应用情况

铝合金车体采用 5、6、7 系型材及板材，常用厚度 6.0mm 以下。通过引进、消化、吸收再创新，已具备轨道车辆用铝合金材料的国产化能力，形成国家标准并在中国标准动车组中全面执行。三类材料应用的主要问题为 5 系材料强度低、6 系材料接头软化、7 系材料耐应力腐蚀能力有待提高等。因此需结合不同运用环境夯实材料服役性能数据，提升其综合服役能力及质量稳定性。

（3）碳素钢车体及构架　碳素钢车体及构架（见图 1-15）多采用耐候钢和低合金高强度结构钢材料，强度低、重量大，耐蚀性能差，构架综合服役能力较差。碳素钢作为一种经济性、工艺性好的材料，其应用发展的方向为：力学性能、耐蚀性能需进一步提高，同时保证其良好的焊接性，以提升车辆的综合服役能力和轻量化水平。

a) 25G型客车　b) 集中动力动车组碳素钢车体　c) 标准动车组转向架构架

图 1-15　碳素钢车体及构架

（4）碳纤维车体　纤维增强复合材料尤其是碳纤维材料，以其高强、高耐候、轻量化的优异性能以及在航空、航天等领域的成熟应用，成为解决未来高铁及时速 600km 高速磁悬浮列车进一步高强度化、轻量化问题的绝佳选择。但其目前亟需解决的技术问题为：轨道车辆碳纤维材料的工程造价高，其性能评估、质量评价、损伤修复、检验检测以及连接技术体系尚未建立，技术研发滞后于轨道交通行业发展需求。碳纤维材料在轨道车辆中的应用实例如图 1-16 所示。

**2. 轨道货车材料应用情况**

目前，轨道货车材料主要为耐候钢，为了实现高速重载的目标，进入 21 世纪后，屈服强度级别为 400MPa、450MPa、500MPa、550MPa 的高强度耐候钢系列问世。其中 Q450NQR1 钢已经广泛应用于 70t、80t 级货车制造，为货车增加载重创造了条件。2005 年开始，采用耐候性能更好的铝合金和 TCS 铁素体不锈钢制造的 C80 型和 C80B 型运煤专用敞车投入大秦线运用。高强度不锈钢、铝合金及碳纤维复合材料具备轻量化的工程特点，未来也将会是铁路货车的重要发展方向。

a) 新一代碳纤维地铁　　b) 碳纤维转向架

c) 碳纤维车体　　d) 设备舱

图 1-16　碳纤维材料在轨道车辆中的应用实例

## 1.2.2　焊接材料的发展特点

近些年，随着国内高速铁路的快速发展，轨道车辆用焊接材料的消耗量也呈现出快速增长的态势，主要为碳素钢、不锈钢、铝合金实芯焊丝，在车辆铜管焊接上使用了富银钎料、钎剂。在碳素钢车体和转向架中大量使用了国产焊接材料，由于不锈钢、铝合金对焊接材料的质量要求较高，国产焊接材料还不能很好地满足轨道车辆的焊接要求，所以现阶段几乎全部需要进口。现阶段主要使用的焊接材料见表 1-2。

**表 1-2　轨道车辆焊接主要使用的焊接材料**

| 序　号 | 车辆材质 | 国内标准 | 国际标准 | 美国标准 | 焊接材料型号 |
|---|---|---|---|---|---|
| 1 | 耐大气腐蚀钢 | TB/T 2374—2008⊖ | ISO 14341：2020 | AWS A5.28/5.28M | ER55-G<br>TH550-NQ-Ⅱ |
| | | | | | RE44-G<br>H08MnSiCuCrNiⅡ |
| 2 | 低合金钢 | GB/T 8110—2020 | ISO 14341：2020 | AWS A5.18 | ER50-6 |
| 3 | 不锈钢 | GB/T 29713—2013 | ISO 14343：2017 | AWS A5.9/A5.9 M | ER308LSi |
| | | | | | ER309LSi |
| 4 | 铝合金 | GB/T 10858—2008 | ISO 18273：2015 | AWS A5.10 | ER5356 |
| | | | | | ER5087 |

⊖ 该标准已作废，但企业在实际应用中仍作为参考。书中其他作已废标准不再一一说明。

国内很多焊接材料产品标准等同采用国际焊接材料标准，与欧洲等工业发达国家的产品标准技术指标相同。在应用过程中，国外焊接材料制造商质量控制水平较高，其焊接材料质量水平高于国产焊接材料。国内焊接材料行业正在不断加大研发力度，但焊接材料质量稳定性有待进一步提升。

随着环保压力的日益增大，目前碳素钢焊丝也在不断转型，在保证品质的前提下，需要朝着绿色环保的方向去努力。国外无镀铜气体保护实芯焊丝生产已实现接近“零”污染排放，无镀铜实芯焊丝占实芯焊丝比例已达 30% 以上，国内无镀铜焊丝整体上应用比例还很低，同时存在质量不稳定等问题，也制约了无镀铜焊丝的应用和发展。

## 1.3 连接方法应用概述

随着车辆材料应用范围的不断拓展，从传统碳素钢逐步扩大至不锈钢、铝合金、铝蜂窝及碳纤维等多种材料，材料强度更高、壁厚更薄、合金体系更复杂。材料连接难度不断增大，连接方式日趋多样，由单一焊接、热铆接扩大至焊接、粘接、铆接（热铆 + 冷铆）、栓接多种方式（见图 1-17），焊接方法向高能、低热、低应力、小变形的方向发展，连接手段扩大至无热量、无变形、低应力、微损伤的铆接、粘接方式。

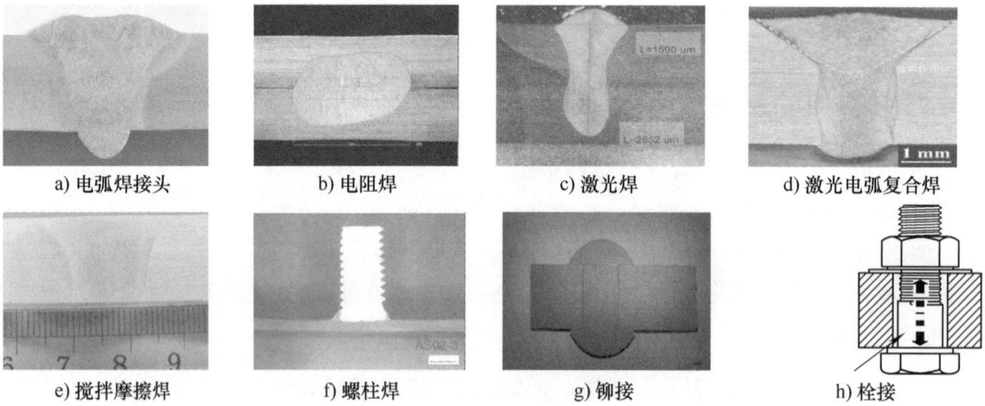


a) 电弧焊接头　b) 电阻焊　c) 激光焊　d) 激光电弧复合焊

e) 搅拌摩擦焊　f) 螺柱焊　g) 铆接　h) 栓接

图 1-17　几种典型连接方法案例

### 1.3.1 焊接技术应用概况

焊接是金属连接最重要的方式，焊接作业占轨道车辆车体、转向架工作总量的 80% 以上。焊接技术水平代表了轨道车辆的制造水平，关系到车辆产品质量和运行安全。目前已形成涵盖三类主要材料，以电弧焊、电阻焊、激光焊、搅拌摩擦焊、螺柱焊、钎焊等多种焊接方法综合运用的现代焊接体系（见图 1-18），涵盖手工、半自动、自动三种焊接形式。不锈钢客车车体采用板梁搭接结构，因不锈钢线胀系数高、变形大，采用以电阻焊为主，电弧 MAG 焊结合的工艺模式，激光焊、等离子弧焊、CMT 焊是应用趋势。铝合金客车车体采用型材插接结构，以电弧 MIG 焊为主、电阻焊为辅的工艺模式，搅拌摩擦焊、激光-电弧复合焊是应用趋势。碳素钢构架和车体底架焊接以中厚板拼焊为主，具有焊接打磨量大、多层焊接的特点，采用电弧 MAG 焊的工艺模式，双丝焊、激光-电弧复合焊是应用趋势。

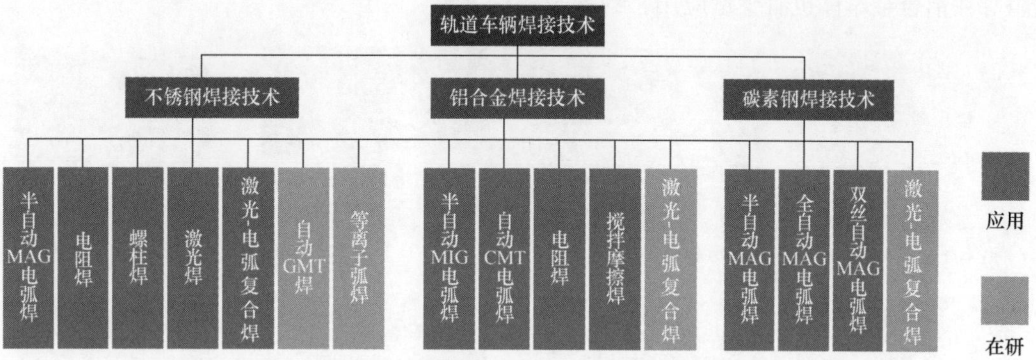


图 1-18　轨道车辆不同材料焊接技术应用情况

焊接作为特殊工序，质量控制因素复杂，依据 EN 15085—2008 及美标 CWF 等世界先进焊接体系标准，焊接涉及人、机、料、法、环、测 6 大类 80 余项管控要素，为了控制产品焊接质量，化解质量风险，需不断完善焊接质量管理体系，通过规范体系运行的流程、环节，细化每一环节的质量管控要求，确保产品焊接制造全过程、全要素的符合性，保障产品质量安全。

**1. 电弧焊应用**

利用电弧作为热源的熔化焊方法，简称电弧焊。根据电源、送丝机构、焊枪、保护气体的不同，衍生出电弧 MIG 焊、电弧 MAG 焊、CMT 焊、双丝焊及等离子弧焊等焊接方法。根据焊接电极的熔化状态，将气体保护焊分为熔化极惰性气体保护焊、熔化极活性气体保护焊及钨极惰性气体保护焊，目前电弧焊的使用比例为：铝合金车体 80%、不锈钢车体 20%、碳素钢车体及构架 100%，因此，电弧焊以其作业方式灵活、工艺适应性强，是目前应用最广的焊接方式，图 1-19 所示为电弧焊在现场中的应用实例。

a) 长大部件焊接　　b) 小部件焊接

图 1-19　电弧焊在现场中的应用实例

弧焊电源本身除了提供基本的焊接能量以外，还能对电弧电压、焊接电流、气体流量、送丝速度等参数进行控制，目前，客车多采用脉冲数字化焊机，实现了对焊丝熔化及熔滴过渡的精细化控制，改善了电弧稳定性。客车常用电弧焊设备如图 1-20 所示。

**2. 电阻焊应用**

电阻焊是将被焊工件组合后通过电极施加压力，利用电流通过接头的接触面及邻近区域产生的电阻热进行焊接的方法。电阻焊具有焊接变形小、成本低、自动化程度高、污染小的特点。电阻焊在不锈钢车体上应用广泛，每辆车焊点数量 2 万 ~3 万个，缝焊长度约 120m。电阻焊在铝合金车体也有少量应用，约占 5%。

a) 半自动脉冲肯比焊机

b) 铝合金SAF焊机

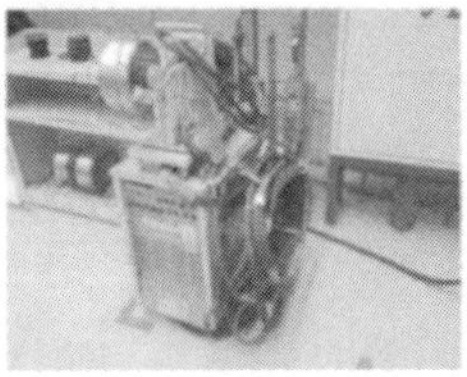
c) 松下YD-350AG2型焊机

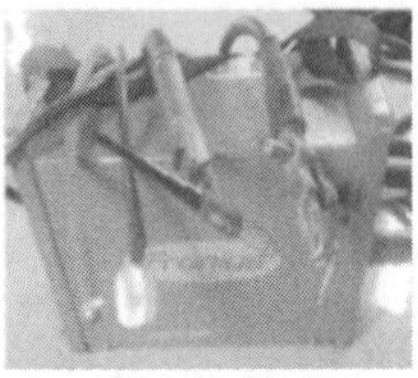
d) 福尼斯TIG焊机

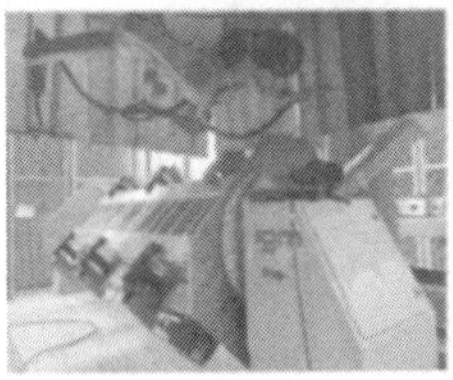
e) 枕梁焊接机器人

f) 长大部件igm机器人

g) 车体总组igm机器人

h) 双丝焊机器人

图 1-20　客车常用电弧焊设备

电阻点焊在车体结构上的应用非常广泛，例如，铝合金动车端墙点焊，不锈钢车体车顶、侧墙、端墙点焊等。电阻焊设备如图 1-21 所示。

a) 点焊机器人

b) 电阻缝焊机

c) 全自动单面电阻点焊机

d) 半自动电阻点焊机

图 1-21　电阻焊设备

**3. 螺柱焊应用**

螺柱焊是将螺柱一端与板件表面接触并通电引弧，待接触面熔化后，给螺柱一定压力完成焊接的方法。螺柱焊是一种加压熔焊，具有弧焊和压力焊的双重属性特征。螺柱焊所用设备及焊接过程如图 1-22 所示。

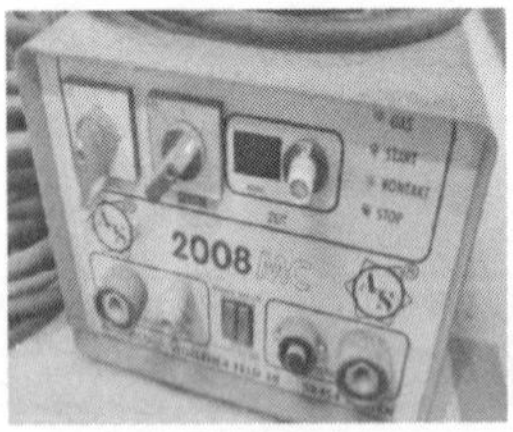

a) 螺柱焊机

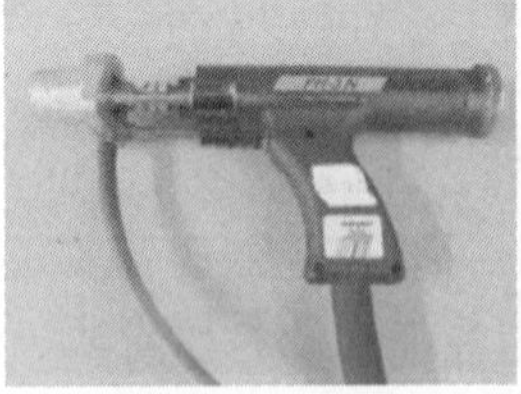
b) 螺柱焊枪头

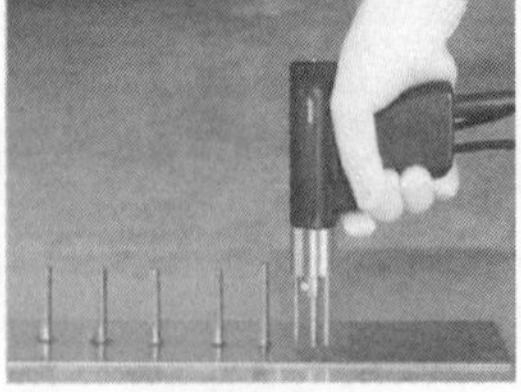
c) 螺柱焊接过程

d) 螺柱焊接头

图 1-22　螺柱焊所用设备及焊接过程

**4. 激光焊应用**

激光焊是以聚焦的激光束作为能源轰击焊件所产生的热量进行焊接的方法。激光焊分为热传导焊和深熔焊，其具有能量密度高、焊接变形小、接头强度高、可实现全自动连续焊接的工程特点。当前主要用于不锈钢车辆的焊接，据不完全统计，国内运营的激光焊车辆1000 余辆，订单已逾 2000 余辆，市场前景广阔。采用激光焊的地铁车辆及干线客车如图 1-23 所示。

a) 北京14号线　　b) 青岛2号线　　c) 青岛8号线　　d) 200km/h干线客车

图 1-23　采用激光焊地铁车辆及干线客车

**5. 激光-电弧复合焊应用**

激光-电弧复合焊属于轨道交通领域的前沿技术，德国 ICE-4 新一代高铁碳素钢侧墙、中国 600km/h 高速磁悬浮列车车体、新一代地铁列车枕梁均采用了该技术。激光-电弧复合焊具有高能、低热、填丝焊接，间隙适应性好，焊缝综合性能优，同时焊接应力低、变形小、部件制造精度高，可以无接触精密焊接，具有轻量化、柔性化效果好的工程特点，可解决中厚板不锈钢枕梁、碳素钢构架等重要承载部件及高速列车铝合金轻量化部件的焊接难题，在轨道车辆焊接中极具发展前景。激光-电弧复合焊应用实例如图 1-24 所示。

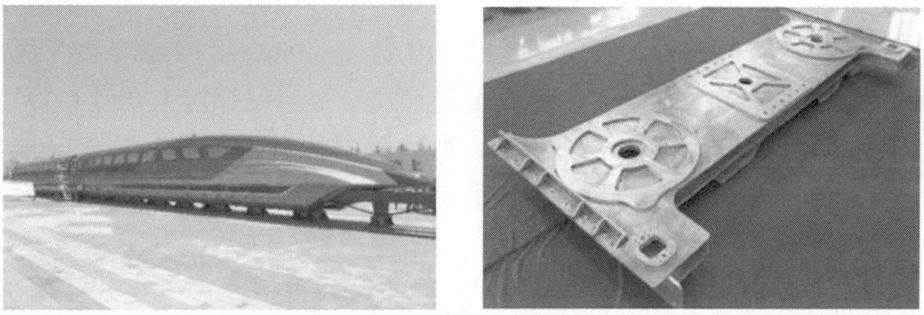

a) 600km/h高速磁悬浮车　　b) 新一代地铁列车枕梁

图 1-24　激光-电弧复合焊应用实例

**6. 搅拌摩擦焊应用**

搅拌摩擦焊作为一种优质的铝合金焊接技术，在动车组枕梁、城轨地铁侧墙、车顶等部件中得到大批量应用。搅拌摩擦焊具有接头强度高、焊接变形小、无弧光烟尘、绿色、节能、环保的工程特点；但存在着组装条件严苛、适应接头形式单一的工程局限性。后期需重点解决高精度型材挤压成形、精密组装及变形控制、焊接可靠性控制补偿、搅拌针设计选型等工程需求。搅拌摩擦焊车体应用实例如图 1-25 所示。

**7. 钎焊的应用**

钎焊主要应用于轨道车辆空调冷凝水管、转向架制动管路等铜管的连接，具有加热温度低、母材不熔化、可重熔拆卸、焊接变形小、适于异种材料连接等特点。铜管钎焊实例如图1-26所示。

a) 地板搅拌摩擦焊　b) 上海地铁13号线　c) 马来西亚地铁　d) 深圳地铁

图1-25　搅拌摩擦焊的应用实例

a) 火焰钎焊　b) 感应钎焊　c) 钎焊管路

图1-26　铜管钎焊实例

**8. 焊接信息化技术**

随着计算机、互联网技术的发展，焊接信息化技术将是焊接产业转型升级的重要手段。焊接信息技术主要围绕焊接工艺设计、焊接工艺管理、智能化焊接系统、焊接过程监控等方面不断拓展应用，依托焊接信息化系统，完成焊接数据的自动采集、分析及应用。随着5G技术的逐步应用，焊接信息化技术也将得到更大的发展。焊接信息化框架如图1-27所示。

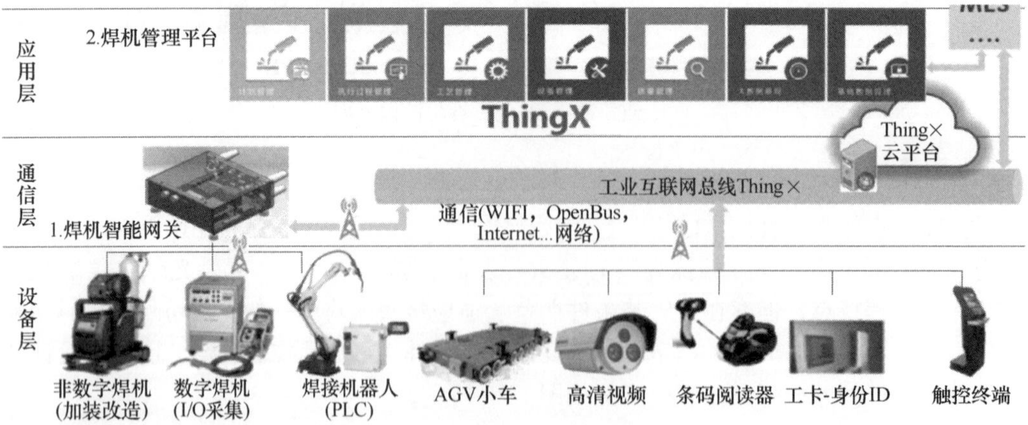


图1-27　焊接信息化框架

**9. 焊接仿真技术**

目前，围绕产品设计、制造、试验、评估的全过程，各个企业正在逐步搭建涵盖结构验证、变形预测、应力分析、离线编程、寿命预测以及焊工培训的虚拟验证平台，利用数字孪生、虚拟现实技术实现情景再现和仿真验证，支撑新产品试制和新工艺开发，降低制造成本，缩短研发周期。随着新产品开发要求的不断提高，焊接仿真技术将在未来发挥更加重要的作用。焊接构件仿真分析应用实例如图 1-28 所示。

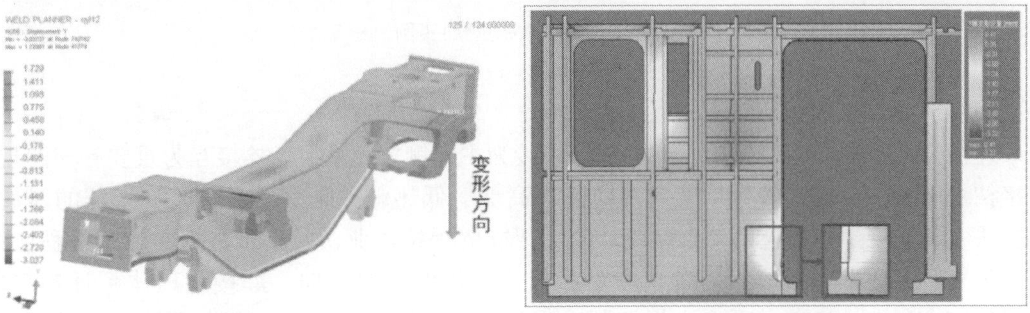


a) 转向架构件分析　　b) 车门构件分析

图 1-28　焊接结构仿真分析应用实例

## 1. 3. 2　铆接技术应用

铆接作为一种古老而现代的连接技术，具有工艺过程简单、连接强度稳定可靠、交变载荷工况服役性能好、检查和维修便捷、适用于结构复杂的各种金属和非金属之间的连接等特点，针对超薄金属、碳纤维材料连接优势明显。目前，在车辆车钩安装座与牵引梁、CRH1 动车枕梁与边梁、600km/h 高速磁悬浮等车辆结构上多采用铆接方式。铆接过程及所用装备如图 1-29 所示。

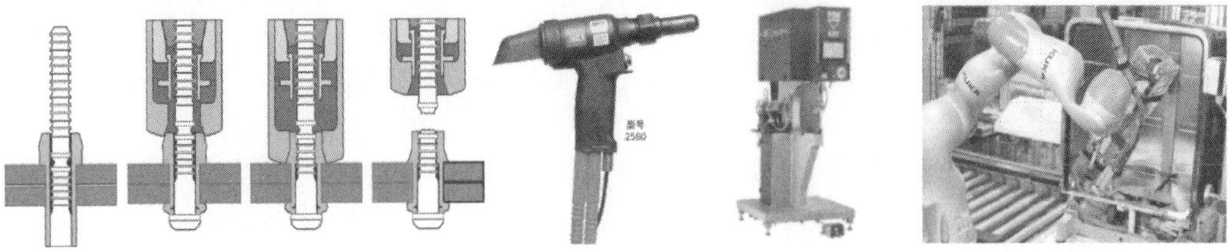

a) 铆接过程示意　　b) 铆接枪　　c) 铆接机　　d) 铆接机器人

图 1-29　铆接过程及所用装备

## 1. 3. 3　粘接技术应用

粘接是利用适宜的胶粘剂，采用适当的接头形式和粘接工艺，将不同或相同的材料连接成为连续、牢固、稳定的一种工艺方法。粘接技术以其简便、快捷、高效、价廉，面向不同特征材料、工程适用范围广泛、无应力集中等工程特点，目前广泛应用于车辆侧墙板与骨架梁、低地板车顶与侧墙及前窗、侧窗玻璃粘接等领域（见图 1-30）。

a) 侧墙板　b) 侧墙玻璃　c) 前窗玻璃

图 1-30　粘接应用实例

### 1.3.4　连接技术前景展望

连接技术手段日趋多样化，形成了以焊接为主，铆接、粘接、栓接互为重要补充的现代连接技术体系。焊接方法不断完善，具备“高能、低热、低应力、小变形”特征的新型焊接方法不断实现工程化应用。自动、高效、智能的焊接作业模式逐步占据主流，过程监控、信息采集及大数据分析成为引领未来焊接技术发展的重要方向。焊接管理体系日趋完善，EN 15085、CWF、IRIS 体系融入焊接制造过程并与国际接轨。面向复杂环境、工况的服役安全评价体系日益完善，为轨道客车安全、可靠运行提供了保障。基于焊接基础理论、面向工程的焊接模拟仿真技术备受重视，未来焊接将从工程问题逐步上升为科学问题，实现技术引领和原始创新。

# 第 2 章 焊接安全

## 2.1 职业安全

焊接人员应了解焊接安全技术、焊接作业环境、焊接劳动卫生及焊接劳动防护的基本知识，针对焊接中的危害因素，分析原因，提出防范措施和防止方法，增强安全意识并提高自我防护能力，确保焊接安全。

### 2.1.1 焊接与切割安全的有关规定

**1. 设备及操作**

1）所有运行使用中的焊接与切割设备必须处于正常的工作状态，存在安全隐患（如安全性或可靠性不足）时，必须停止使用并由维修人员修理。

2）所有的焊接与切割设备必须按制造厂提供的操作说明书或规程使用，并且还必须按照相关安全操作规程使用与操作。

3）操作者必须具备对特种作业人员所要求的基本条件，并懂得将要实施操作时可能产生的危害以及适用于控制危害条件的程序。操作者必须安全地使用设备，使之不会对生命及财产构成危害。

4）操作者只有在规定的安全条件得到满足，并得到现场管理及监督者准许的前提下方可实施焊接或切割操作。在获得准许的条件未发生变化时，操作者可以连续地实施焊接或切割。

**2. 防护**

1）焊接装备、焊机、切割机具、气瓶、电缆及其他器具必须放置稳妥并保持良好的状态，使之不会给附近的作业或过往人员造成危险。

2）焊接和切割区域必须予以明确标示，并且应有必要的警告标志。

3）为了防止作业人员或邻近区域的其他人员受到焊接及切割电弧的辐射及飞溅伤害，应采用不可燃或耐火屏板（或屏罩）加以隔离保护。

4）焊接或切割作业时应在准许操作的位置、焊接场所，必要时可用不可燃屏板或屏罩隔开形成焊接隔间。

5）作业人员在观察电弧时，必须使用带有滤光镜的面罩，或佩戴安全镜、护目镜或其他合适的眼镜；辅助人员亦应佩戴类似的眼睛保护装置。

6）面罩及护目镜应符合 GB/T 3609.1—2008 的要求。

7）对于大面积观察（诸如培训、展示、演示及一些自动焊操作），可以使用一个大面积的滤光窗、滤光幕而不必使用单个的面罩、手提罩或护目镜。采用滤光窗或幕材料必须对观察者提供安全的保护效果，使其免受弧光、熔渣飞溅的伤害。

8）防护服应根据具体的焊接和切割操作特点选择。防护服应符合 GB 8965.2—2009 的要求，并能提供足够的防护面积。

9）所有焊工和切割工必须佩戴耐火绝缘的防护手套。

10）当身体前部需要对火花和辐射作附加保护时，应使用经久耐火的皮制或其他材质的围裙。

11）需要对腿作附加保护时，必须使用耐火的护腿或其他等效的用具。

12）在进行仰焊、切割或其他操作过程中，应佩戴皮制或其他耐火材质的套袖或披肩罩等，也可在面罩下佩戴耐火质地的斗篷以防头部灼伤。

13）当噪声无法控制在 GBJ 87—1985 规定的允许声级范围内时，应采用保护装置（诸如耳塞或用其他适当的方式保护）。

14）利用通风手段无法将作业区域内的空气污染降至允许限值或相关控制措施无法实施时，必须使用呼吸保护装置，如长管防毒面具等。

**3. 通风**

1）为了保证作业人员在无害的空气氛围内工作，所有焊接、切割及有关的操作必须要在足够的通风条件下（包括自然通风或机械通风）进行。

2）必须采取措施避免作业人员直接呼吸到焊接操作所产生的焊接烟尘。

3）为了确保车间空气中焊接烟尘的污染程度低于 GB 16194—1996 标准的规定值，可根据需要采取各种通风手段（如自然通风、机械通风等）。

## 2.1.2 安全用电知识

在整个焊接操作过程中，焊工需要经常接触电气装置，如在更换焊条时，焊工的手会直接触及焊条，同时会长时间站在焊件上进行操作，而焊机的空载电压一般都超过了安全电压，故触电的概率也就增多。更危险的是，焊接电源与 220～380V 的电网连接，一旦设备发生故障，或高压部分的绝缘损坏，网络中的高压电会直接传输到焊钳（焊枪）、焊件或焊机外壳上，造成焊工的触电伤害事故。因此，触电事故是焊接操作的最主要安全事故。特别是在容器、管道、车体、锅炉内和钢结构架上进行焊接操作，焊接操作人员接触到的及周围都是金属，触电危险更大。

**1. 电流对人体的伤害形式**

在焊接操作中，电流对人体的伤害主要有电击、电伤和电磁场生理伤害等 3 种形式。

（1）电击　电击是指电流通过人体内部，破坏心脏、肺部及神经系统的正常功能所造成的伤害。电流引起人的心室颤动是电击致死的主要原因。通常所说的触电事故，基本上是指电击，因为绝大部分触电死亡事故是由电击造成的。

（2）电伤　电伤是指电流的热效应、化学效应或机械效应对人体的伤害，主要是指直接或间接的电弧烧伤或熔化金属溅出烫伤等。

（3）电磁场生理伤害　电磁场生理伤害是指在高频电磁场的作用下，使人呈现出头晕、乏力、记忆力减退、失眠及多梦等神经系统的症状，如钨极氩弧焊的高频振荡器产生高频电磁辐射的伤害。

**2. 影响电击严重程度的因素**

影响电击严重程度的因素有：流经人体的电流；电流通过人体的持续时间；电流通过人体的途径；电流的频率；人体的健康状况等。

（1）流经人体的电流　流经人体的电流越大，引起心室颤动所需的时间越短，致命危险性越大。

感知电流是指使人体感觉到的最小电流，工频交流约1mA，直流约5mA；交流5mA即能引起轻度痉挛。

摆脱电流是指人触电后自己能摆脱电源的最大电流，交流约10mA，直流约50mA。

致命电流是指在较短时间内危及生命的电流，交流约50mA。

在有防止触电的保护装置条件下，人体允许电流一般按30mA考虑。

在一般情况下，36V是安全电压，而在恶劣的工作环境下，如金属容器内或潮湿地区等，安全电压为12V。正常的人体电阻在工作环境潮湿、皮肤出汗时，会降低到500～1000Ω，这时接触36V电压，触电者的身体可能有36mA以上的电流通过，时间长了会有生命危险。

（2）电流通过人体的持续时间　电流通过人体的持续时间越长，触电危险性越大。一方面因为人的心脏每收缩扩张1次，中间有0.1s的间歇时间，在0.1s间歇时间里，心脏对电流最为敏感，如果通过电流的持续时间超过1s，则必然与心脏的间歇时间重合，引起心室颤动，造成触电事故；另一方面电流通过人体的时间越长，人体电阻因出汗等原因而降低，触电危险性也越大。

（3）电流通过人体的途径　首先从手到脚是电流通过人体的危险途径，因为从手到脚电流通过心脏、肺部、中枢神经系统，电击危险性最大；其次是手到手的电流途径；最后是从脚到脚的电流途径。

（4）电流的频率　电流频率不同，对人体的伤害程度也不同。通常采用的工频电流对人体的伤害最大。频率偏离这个范围，电流对人体的伤害减小，如频率在1000Hz以上，伤害程度明显减轻。但高压高频电的危险性还是很大的，如6～10kV，500kHz的设备也有电击致死的危险。

（5）人体的健康状况　不同的身体健康状况及精神状态对于触电伤害承受的程度是不同的。患有心脏病、结核病、精神病及内分泌器官疾病及醉酒的人，触电引起的伤害程度更加严重。

**3. 触电**

（1）触电事故　触电事故是焊接操作的主要危险。因为焊接设备的空载电压一般都超过安全电压，而且焊接电源与220V/380V的电力网络连接。一般我国常用的焊条电弧焊电源的空载电压：弧焊变压器的空载电压为55～80V，弧焊整流器的空载电压为50～90V。在移动和调节焊接设备或在更换焊条时，一旦设备发生故障，较高的电压就会出现在焊钳或焊枪、工件及焊机外壳上。尤其是焊接操作人员在容器、管道、船舱、车厢、锅炉和钢结构架上进行焊接时，焊工所接触到的及周围都是金属导体，触电危险性更大。

（2）触电的类型　按照人体触及带电体的方式和电流通过人体的途径，可分为下列几种。

1）低压单相触电。人脚站在地面或其他接地导体上，人体的其他部位触及一相带电体的触电事故。焊接的大部分触电事故都是单相触电事故。

2）低压两相触电。即人体两处同时触及两相带电体的触电事故。由于人体所受到的电压可达220V或380V，所以触电危险性很大。

3）跨步电压触电。当带电体有电流流入地下时，电流在接地点周围土壤中产生电压降，人在接地点周围、两脚之间出现的电压即为跨步电压。由此引起的触电事故称为胸步电压触电，高压故障接地处或有大电流流过的接地装置附近都可能出现较高的跨步电压。

4）在1000V以上的高压电气设备上，当人体过分接近带电体时，高压电能击穿空气，使电流通过人体，此时还伴有电弧，能把人烧伤。

（3）触电事故的原因

1）触电事故分类。焊接触电事故有多种不同的情况，可分为直接电击和间接电击。

第一，直接电击：直接触及焊接设备正常运行时的带电体或靠近高压电网和电气设备。

第二，间接电击：触及意外带电体所发生的电击。意外带电体指正常时不带电，因绝缘损坏或电气设备发生故障而带电的导体。

2）焊接发生直接电击事故的原因主要有以下几种。

第一，更换焊条、电极和焊接操作中，手或身体某部位接触到焊条、焊钳或焊枪的带电部分，而脚或身体其他部位对地和金属结构之间无绝缘防护。在金属容器、管道、锅炉、船舱或金属结构上工作，或当身上大量出汗，或在阴雨天、潮湿地点焊接，或焊工未穿绝缘胶鞋的情况下，尤其容易发生这种触电事故。

第二，在接线、调节焊接电流和移动焊接设备时，因手或身体某部位碰触到接线柱、极板等带电体而触电。

第三，在登高焊接作业时触及低压线路或靠近高压网络引起的触电事故。

3）发生间接电击事故的原因主要有以下几种。

第一，焊接设备的机壳漏电，人体碰触机壳而接触电机壳漏电的原因有：线圈潮湿，绝缘损坏；焊机长期超负荷运行或短路时间过长，致使绝缘性降低、烧损而漏电；焊机遭受振动、碰击，使绝缘损坏；工作现场混乱，掉进金属物品造成短路。

第二，由于焊接设备或线路发生故障而引起的事故。如焊机火线与零线接错，使机壳带电，人体因碰触机壳而触电。

第三，焊接操作过程中，人体触及绝缘破损的电缆、破裂的胶木开关盒等。

第四，由于利用厂房的金属结构、管道、轨道、桥式起重机吊钩或其他金属物件搭接作为焊接回路而发生的触电事故。

### 2.1.3 作业环境

焊接作业环境按触电危险性程度可分为：普通环境、危险环境、特别危险环境。

**1. 普通环境**

这类环境触电危险性较小，普通环境一般应具备以下条件。

1）干燥（相对湿度不超过75%）。

2）无导电粉尘。

3）由木料、沥青、瓷砖等非导电材料铺设的地面。

4）金属占有系数（即金属物品所占面积与建筑物面积之比）小于20%。

**2. 危险环境**

凡具有下列条件之一的均属危险环境。

1）潮湿（相对湿度超过75%）。

2）有导电粉尘。

3）由泥、砖、湿木板、钢筋混凝土、金属或其他导电材料制成的地面。

4）金属占有系数大于20%。

5）炎热、高温（平均温度经常超过30℃）。

6）人体既接触接地导体，又接触电气设备的金属外壳。

**3. 特别危险环境**

凡具有下列条件之一的均属特别危险环境。

1）作业环境特别潮湿（相对湿度接近100%）。有腐蚀性气体、蒸汽、煤气或游离物。

2）同时具有上述危险环境的两个以上条件。

锅炉房、化工厂的大多数车间，机械厂的铸造、电镀和酸洗车间等，以及在容器管道、地沟内和金属构架上的焊接操作环境，均属于特别危险环境。

## 2.1.4 焊接操作中的危险因素

**1. 焊接电源**

焊接电源是与220V/380V的电力网络连接的，人体一旦接触这部分电气线路（如焊机的插座开关或破损的电源线等）就很难摆脱。

**2. 焊机空载电压**

一方面，虽然焊机空载电压大多超过安全电压，但由于电压不是很高，容易使人忽视。另一方面，焊工与这部分电气线路（如焊钳或焊枪、焊件、工作台和电缆等）接触机会较多，因此这也是焊接触电伤亡事故的主要危险因素。多数焊接触电伤亡事故都是空载电压造成的。

**3. 焊机、电缆漏电**

焊机和电缆由于经常性地超负荷运行、受到粉尘或蒸汽的腐蚀，以及室外作业经受风吹、日晒、雨淋等，绝缘老化变质，容易出现焊机和电缆的漏电现象，导致发生触电事故。

**4. 焊工带电操作**

焊工的带电操作机会多，诸如更换焊条、调节焊接电流、整理焊件等，通常都是带电进行的。

## 2.1.5 预防焊接触电事故的一般措施

为了防止在焊接操作中人体触及带电体的触电事故，可采取绝缘、屏护、间隔、自动断电和个人防护等安全措施。为了防止因人体接触带电体而发生事故，一般可以采取保护接地或保护接零等安全措施。

**1. 绝缘**

绝缘不仅是保证焊接设备和线路正常工作的必要条件，也是防止触电事故的重要措施。橡胶、胶木、瓷、塑料、布等都是焊接设备和工具常用的绝缘材料。

**2. 屏护**

屏护是采用遮拦、栅栏、护罩、护盖、箱匣等安全防护措施，将带电体与外界隔绝开来。屏护装置不直接与带电体接触，对所用材料的导电性能没有严格要求，但应当有足够的机械强度和良好的耐火性能。焊机的有些屏护装置是用金属材料制成的，为防止意外带电造成触电事故，金属的屏护装置应接地或接零。

**3. 间隔**

间隔是带电体与地面之间、设备与设备之间及带电体相互之间保持一定的安全距离，在焊接设备和接电布设等方面都有具体规定。

**4. 保护装置**

焊机应安装空载自动断电保护装置。

**5. 防护**

加强个人安全防护，应穿戴好劳动防护用品，如绝缘手套、绝缘鞋及防护服等。

**6. 保护接地**

当电源为三相三线制或单相制系统时，应安设保护接地线。保护接地的方法是用导线将焊机外壳与大地连接起来。其作用是当外壳漏电时，外壳对地形成一个良好的电流通路，使电压降至安全电压以下，或线路保护装置动作，切断电源，从而有效地防止因人体触及外壳而发生触电。

对保护接地的要求为：接地导线的电阻值不得超过4Ω，自然接地极的电阻值超过4Ω时，应采取有效措施直至符合要求。接地线应采用导电性良好的整根导线，其中间不得有接头，更不允许设置熔断器或开关。导线的截面积不得小于12mm$^2$。

**7. 保护接零**

当电源为三相四线制系统时，应安装设置保护接零线。保护接零线的方法是用导线将焊机外壳与零线相接，其作用是一旦焊机因绝缘损坏而外壳带电时，绝缘破损的这一相电源与零线短路，产生强大的电流而使该相熔断器熔断，切断电源，使外壳带电的现象立即终止，从而保证人身的安全。

对保护接零线的要求为：接零线要有足够的截面积，在接零线中不准设置熔断器或开关，也不得有接头，以确保零线回路不中断。

### 2.1.6 焊接发生电伤事故的原因及预防措施

**1. 焊接发生电伤事故的原因**

1）当焊接回路闭合（即焊钳与地线相接）时，闭合电源开关。

2）正在进行焊接操作（电弧正在燃烧）时，切断电源开关。

以上两种情况都会在开关的接触点处因产生电弧而引起电伤事故。

**2. 电伤事故的预防措施**

1）禁止随意将焊接回路短路和在短路状态下去接通电源。

2）正在进行焊接操作时，禁止切断电源。

3）接通或切断电源时，操作要准确，动作要迅速，并要求在电源开关的侧面进行操作。

4）用有灭弧装置的电源开关。

5）按规定穿戴好个人防护用品。

## 2.1.7 常用焊接方法的安全防护技术

**1. 焊条电弧焊的安全防护技术**

焊条电弧焊操作时，必须注意安全与防护。安全与防护技术主要有防止触电、弧光辐射、火灾、爆炸、有毒有害气体和烟尘中毒等。

（1）防止触电 焊条电弧焊时，电网电压和焊机输出电压以及手提照明灯的电压等都会有触电危险，因此，应采取防止触电措施。

焊接电源的外壳必须有良好可靠的接地或接零，焊接电缆和焊钳绝缘应完好。如有损坏，应及时修理；焊条电弧焊时，应穿绝缘鞋，戴焊接绝缘手套。在锅炉、压力容器、管道、狭小潮湿的地沟内焊接时，应有绝缘垫，并有人在外监护；使用手提照明灯时，电压不超过安全电压（36V），高空作业时不超过12V；高空作业时，在接近高压线5m或离低压线2.5m以内作业，必须停电，并在电源开关上挂警告牌，设人监护。一旦有人触电，应迅速切断电源，并及时抢救。

（2）防止弧光辐射 焊接电弧强烈的弧光和紫外线对眼睛和皮肤有损害，因此焊条电弧焊时，必须使用带弧焊护目镜片的面罩，并穿焊接工作服，戴焊接绝缘手套等。多人焊接操作时，应注意避免相互影响，宜设置弧光防护屏或采取其他措施，避免弧光辐射的交叉影响。

（3）防止火灾 在焊接作业点火源10m以内、高空作业下方或焊接火星所及范围内，应彻底清除有机灰尘、木材、木屑、棉纱、干草、石油、汽油及油漆等易燃物品。如有不能撤离的易燃物品，如木材、未拆除的隔热保温的可燃材料等，应采取可靠的安全措施，如用水喷湿，覆盖湿麻袋、石棉布等。6级以上大风时，如无有效的安全措施时，不得进行露天焊接作业和高空作业。焊接作业现场附近应有消防设施。焊接作业完毕应切断电源，并及时清理现场，彻底消除火种。

（4）防止爆炸 在焊接作业点10m以内，不得有易燃易爆物品。在油库、油品室、乙炔站及喷漆室等有爆炸性混合物的室内，严禁焊接作业。没有特殊措施时，不得在内有压力的压力容器和管道上焊接。在进行装过易燃易爆物品的容器补焊前，必须将盛装的物品放尽，并用水、水蒸气或氮气置换，并清洗干净，用测爆仪等仪器检验分析气体介质的浓度。焊接作业时，必须打开盖口，操作人员必须远离容器孔口。

（5）防止有毒有害气体和烟尘中毒 焊条电弧焊时会产生可溶性氟、氟化氢、锰及氮氧化物等有毒有害气体和粉尘，导致氟中毒、锰中毒、焊接尘肺等，尤其是用碱性焊条在容器、管道内部焊接。因此，应根据具体情况采取全面通风换气、局部通风、小型焊接排烟机组等通风排烟措施。

**2. 钨极氩弧焊的安全操作规程和安全防护**

（1）钨极氩弧焊的安全操作规程 钨极氩弧焊时，其弧焊电源的空载电压为60～80V，高于安全电压（36V）；当采用非接触（非短路）法引弧时，不仅高频振荡器或高压脉冲发生器将输出数千伏的高压电，而且又是双手操作。在此情况下，若焊工的手套、工作服或工作鞋破损、潮湿，或焊枪、导线的绝缘不良或焊工操作不当等，很可能会在焊接过程中发生电击事故。因此，在进行钨极氩弧焊作业时，焊工必须严格执行如下安全操作规程 。

1）焊接工作场地必须备有防火设备，如砂箱、灭火器、消防栓等。易燃物品距离焊接场所不得小于5m，易爆物品不得小于10m。

2）氩弧焊工作场地应有良好的自然通风和固定的机械通风装置，减少氩弧焊有害气体和金属粉尘的危害。

3）手工钨极氩弧焊机应放置在干燥通风处，严格按照使用说明书操作。使用前应对焊机进行全面检查。确定焊机和控制箱的外壳可靠接地或接零后，再接通电源。空载运行正常后方可施焊。

4）应经常检查氩弧焊枪冷却水系统的工作情况，发现堵塞或泄漏时应立即解决，防止烧坏焊枪和影响焊接质量。采用水冷焊枪时，必须经常检查水路系统，防止因漏水而引起触电。

5）焊接人员离开工作场所或焊机不使用时，必须切断电源。若焊机发生故障，应由专业人员进行维修，检修时应作好防电击等安全措施。焊机应视使用频次定期进行除尘清洁。

6）钨极氩弧焊机高频振荡器产生的高频电磁场会使人产生一定程度的头晕、疲乏。采用高频高压或脉冲高压引弧和稳弧时，严禁将焊枪喷嘴靠近耳朵、面部及身体的其他裸露部位来试探保护气体的流量。更换焊枪的喷嘴和钨电极时，必须先切断高频振荡器和高压脉冲发生器的电源，且不允许带电赤手更换钨电极和喷嘴。

7）电极和喷嘴温度较高时，高频或脉冲高压能够击穿更大气隙而导电，因此，在焊接停止时，应及时切断高频振荡器或高压脉冲发生器的电源，以防止发生严重的热态电击和偶然的重新起弧。

8）钨极氩弧焊时，紫外线强度很大，易引起电光性眼炎、电弧灼伤，同时会产生臭氧和氮氧化合物刺激呼吸道。因此，焊工操作时应穿帆布工作服，戴好口罩、面罩及防护手套、脚盖等。为了防止触电，应在工作台附近地面覆盖绝缘橡胶，工作人员应穿绝缘胶鞋。

9）焊接过程中，不得赤手操作填充焊丝。

10）焊接完以后应先关闭焊接电源，然后关闭气瓶阀门，再关闭冷却水，最后关闭总电源。

11）不准在电弧焊接作业场所附近吸烟或进食。

12）其他防电击和防灼烫等安全防护措施与焊条电弧焊基本相同。

（2）钨极氩弧焊的有害因素与防护措施

1）钨极氩弧焊的有害因素主要有以下3个方面。

第一，放射性。虽然钍钨极中的钍是放射性元素，但钨极氩弧焊时钍钨极的放射剂量很小，在允许范围内，危害不大。然而，若放射性气体或微粒进入人体（为内放射源），则会严重影响人体健康。

第二，高频电磁场。采用高频引弧时，产生的高频电磁场强度可达60～100V/m，严重超过卫生标准（20V/m）。但由于时间短，故对人体危害不大。然而，如果频繁起弧，或者把高频振荡器作为稳弧装置在焊接过程中持续使用，则会严重影响人的身体健康。

第三，有害气体——臭氧和氮氧化物。氩弧焊时，弧柱温度高，紫外线辐射强度远大于一般电弧焊，因此在焊接时会产生对人体有害的臭氧和氮氧化物。若不采取通风措施，这些气体对人体健康影响很大，是钨极氩弧焊最主要的危害因素。

2）安全防护措施可以采取如下措施。

第一，通风措施。工作现场要有良好的通风装置，以排出有害气体及烟尘。还可采取局部通风的措施将电弧周围的有害气体抽走，如排烟焊枪、轻便小风机等。

第二，防护射线措施。尽可能采用放射剂量极低的铈钨极，加工时应采用密封式或抽风式砂轮进行磨削；操作者应戴口罩、手套等个人防护用品；完毕后应洗净手脸，钍钨极需要放在铅盒内保存。

第三，防护高频的措施。为了防备和削弱高频电磁场的影响，一般工件应接地良好，焊枪电缆和地线应用编织线屏蔽；适当降低频率；尽量不使用高频振荡器作为稳弧装置，以减少高频作用时间。

第四，加强个人防护。钨极氩弧焊时，由于臭氧和紫外线作用强烈，宜穿戴非棉布的焊接工作服。在容器内进行焊接又不能采用局部通风的情况下，可以采用送风式头盔、送风口罩或防毒口罩等个人防护措施。

**3. $CO_2$ 气体保护焊安全操作规程和安全防护**

（1）$CO_2$ 气体保护焊安全操作规程　$CO_2$ 气体保护焊的主要危险因素为电击、火灾和灼烫。因此，从事 $CO_2$ 气体保护焊的操作人员作业时应遵守相应安全操作规程。

1）作业前，$CO_2$ 气体应预热 15min；开气时，操作人员应站在瓶嘴的侧面。

2）作业前，应检查并确认焊丝的送丝机构、电缆线的连接部位、$CO_2$ 气体的气路系统及冷却水循环系统，焊枪冷却水系统不得漏水。

3）$CO_2$ 气瓶应放置在阴凉处，放置牢固，不得靠近热源，最高温度不得超过 30℃。

4）$CO_2$ 气体预热器端的电压不得大于 36V，作业后，应切断电源。

5）焊接操作人员必须按规定穿戴好劳动防护用品，必须采取防止触电、高空坠落、瓦斯中毒和火灾事故的安全防护措施。

6）室外现场使用的焊机，应有防雨、防潮、防晒的机棚，并配备相应的消防器材。

7）对承压状态的压力容器及管道、带电设备、承压结构和装有易燃易爆物品的容器，应严禁进行焊接。

（2）$CO_2$ 气体保护焊安全防护　$CO_2$ 气体保护焊属熔化极气体保护焊，焊接过程中金属（熔滴）飞溅较大，与其他焊接方法相比，更容易引起火灾和人身烫伤事故。因此，在进行 $CO_2$ 气体保护焊时，除应防止电击外，还应特别注重焊接场所的防火措施和人员的防灼烫保护。应做到如下要求。

1）焊接作业点附近不得有易燃易爆物品。作业现场的周围存在易燃易爆物品时，必须确保符合规定的安全距离，并采取严密的防护措施。

2）作业人员应佩戴完好、干燥、阻燃的手套，穿戴好焊接工作服及绝缘鞋等个人防护用品。

3）所使用的 $CO_2$ 气瓶必须符合《气瓶安全监察规程》的相关规定。$CO_2$ 气瓶应远离热源，避免太阳暴晒，严禁对气瓶强烈撞击，以免引起爆炸。

4）焊丝送入导电嘴后，不得将手指放在焊枪喷嘴口来检查焊丝是否伸出，更不得将焊枪喷嘴对着面部来观察焊丝的干伸长情况。

5）严禁将焊枪喷嘴靠近耳朵、面部及身体的其他裸露部位来试探气体的流量。

6）$CO_2$ 预热器应采用安全电压，否则必须加装防触电保护装置。

7）应保证有良好的通风条件，特别是在通风不良的狭小空间或容器内焊接时，更应注意排风和通风换气，以防 $CO_2$ 气体中毒；通风不良时应佩戴口罩或防毒面具。

8）其他防止电击及防灼烫等有关安全防护措施及要求，与钨极氩弧焊基本相同。

**4. 熔化极惰性气体保护焊和混合气体保护焊的安全防护**

熔化极惰性气体保护焊和混合气体保护焊除遵守焊条电弧焊、$CO_2$ 气体保护焊的有关安全防护规定外，还应注意以下几点。

1）应定期检查焊机内的接触器和断电器的工作元件，焊枪夹头的夹紧力以及喷嘴的绝缘性能等。

2）电弧温度为6000～10000℃，电弧光辐射比焊条电弧焊强，因此应加强防护。由于臭氧和紫外线作用强烈，不宜穿戴非棉布焊接工作服（如耐酸呢、丝绸等）。

3）工作现场应有良好的通风装置，以排出有毒有害气体及烟尘。

4）焊机使用前应检查供气、供水系统，不得在漏水、漏气的情况下运行。

5）高压气瓶应小心轻放，竖立固定，防止倾倒；气瓶与热源应保持安全距离。

6）大电流熔化极气体保护焊时，应防止焊枪水冷系统漏水破坏绝缘，并在焊枪前加防护挡板，以免发生触电事故。

7）移动焊机时，应取出机内易损电子器件，单独搬运。

**5. 埋弧焊的安全特点及安全操作技术**

（1）埋弧焊的安全特点

1）触电是埋弧焊的主要危险。焊接过程中，焊接电源和电缆的绝缘材料可能受损以及焊接设备的保护性接地（或接零）不符合安全要求等，都可能造成触电事故。

2）由于埋弧焊电弧是在焊剂层下燃烧，弧光辐射的危险比焊条电弧焊得到改善；但当焊剂层覆盖的厚度不均或操作不当时，仍会引起弧光外露造成伤害。

3）此外还存在高温高热引起的灼烫、火灾和爆炸事故等危险。

（2）埋弧焊安全操作技术

1）埋弧焊机的小车轮子应具有良好的绝缘性，导线应绝缘良好，工作过程中应理顺导线，防止扭转或被熔渣烧坏。

2）控制箱和焊机外壳应可靠地接地（零）和防止漏电，接线板罩壳必须遮盖完好。

3）焊接过程中应注意防止焊剂突然停止供给而发生强烈弧光裸露灼伤眼睛，因此，焊工作业时应佩戴防护眼镜。

4）埋弧焊的焊枪应有固定放置位置，以防短路。

5）埋弧焊熔剂的成分里含有氧化锰等对人体有害的物质，焊接时虽不像焊条电弧焊那样产生可见烟雾或烟尘，但会产生一定量的有害气体和蒸汽。因此，在工作地点应有局部的抽气或通风换气设备，使焊接场所有一个较好的操作条件。

**6. 等离子弧焊接与切割安全防护**

（1）防电击　等离子弧焊接与切割作业主要危险因素是电击。与其他弧焊电源相比，由于等离子弧焊接和切割所用电源的空载电压较高，所以在作业时其发生电击的可能性也较其他电弧焊高。尤其是手工操作的等离子弧焊接与切割作业，电击的危险性更大。因此，在等离子弧焊接与切割作业的安全防护中，应特别注意防电击。防电击基本安全措施如下。

1）作业人员穿戴的个人防护用品必须符合相关安全要求。

2）焊接与切割作业所用电源设备必须经检查确认具有可靠的接地后，方可接通电源。

3）焊枪或割枪的枪体及手触摸部位必须可靠绝缘。

4）转移型等离子弧焊接或切割时，可采用低电压引燃非转移弧后，再接通较高电压的转移弧回路。

5）更换喷嘴和电极时必须先切断电源。

6）焊枪外露的启动开关必须套上绝缘橡胶套管。

7）尽可能采用自动焊接操作方法。

8）其余有关安全防护措施，与其他几种弧焊方法基本相同。

（2）防电弧光辐射　电弧光辐射主要由紫外线辐射、可见光辐射与红外线辐射组成。等离子弧较其他电弧的光辐射强度更大，尤其是紫外线强度，对皮肤损伤严重。操作者在焊接或切割时必须戴上安全可靠的面罩、手套，颈部也要保护。自动焊接操作时，可在操作者与操作区设置防护屏。等离子弧切割时，可采用水中切割方法，利用水来吸收光辐射。

（3）防灰尘与烟气　等离子弧焊接和热切割过程中伴随大量气化的金属蒸汽、臭氧、氮化物等。尤其切割时，由于气体流量大，工作场地上的灰尘大量扬起，这些烟气与灰尘会对操作人员的呼吸道、肺等产生严重影响。因此，要求工作场地必须配置良好的通风设施。切割时，在栅格工作台下方还可设置排风装置，也可采取水中切割方法。

（4）防噪声　等离子弧会产生高强度、高频率的噪声，尤其采用大功率等离子弧切割时，噪声更大，其噪声频率集中在2～8kHz。要求操作者必须戴耳塞，有条件时可尽量采用自动化切割，使操作者在隔声良好的操作室内工作，也可以采取水中切割方法，利用水来吸收噪声。

（5）防高频　等离子弧焊接和切割都采用高频振荡器引弧，但高频对人体有一定危害。引弧频率选择在20～60kHz较为合适，同时还要求工件接地可靠，转移弧引燃后，立即可靠地切断高频振荡电源。

## 2.2　职业健康

焊接工艺方法很多、可产生多种有害因素。焊工的劳动条件也不同，如室内、室外、高空、密闭环境等，因此焊工在作业过程中可能受到不同程度的危害。烟尘、有毒气体、弧光辐射、噪声等有害因素，均会对焊工造成不良影响。因此，改进工艺方法、采用环保焊接材料、改善生产环境，能有效防止焊接有害因素对焊工的伤害。

焊接对人体健康的影响主要有以下5个方面。

1）焊接烟尘和气体的浓度与性质及其他有害因素的强度。

2）焊工接触有害因素的机会和持续时间。

3）焊工个体因素与个人防护状况。

4）焊工所处生产环境的优劣以及各种有害因素的相互作用。

5）改进工艺方法、焊接材料，改善生产环境，能有效地防止焊接有害因素对焊工身体健康的伤害。只有在焊工作业环境很差或缺乏劳动保护的情况下长期作业，才有引起职业病的可能性。

### 1. 粉尘和有毒有害气体对呼吸系统的影响

（1）粉尘对呼吸系统的影响——焊工尘肺　焊工尘肺是指长期吸入超过规定浓度的粉

尘所引起的肺组织弥散性纤维化的病症。

焊工尘肺发病缓慢，发病工龄一般在10年以上，但也有特例，如长期在密闭环境中工作，焊工吸入高浓度的焊接烟尘，经4～5年而发病。

焊工尘肺主要表现为呼吸系统症状，在早期多为轻度干咳，合并肺部感染时则有咳痰，晚期咳嗽加剧，有时甚至咳血、胸闷，胸痛多为隐痛、胀痛和刺痛，气候变化或阴雨天加重。

焊工尘肺患者经确诊后，应及时调离焊接作业。一般认为，患者在脱离与焊接烟尘接触后，肺部病变不再继续进展或进展较为缓慢。目前尚无特效治疗。应注意适当的劳动、休息，有规律的生活，适当锻炼，注意加强营养和预防呼吸道感染。

（2）有毒有害气体对呼吸道的影响

1）吸入高浓度的氮氧化物后，可引起急性哮喘症或产生肺水肿。长期慢性作用可引起慢性呼吸道炎症。

2）臭氧被吸入人体后，刺激呼吸系统，引起胸闷、咳嗽，严重时引起肺水肿及支气管炎。

3）吸入高浓度的氟化氢，可立即引起鼻、呼吸道刺激症状，严重时会导致支气管炎、肺炎等。

（3）焊工的急、慢性呼吸道疾病　由于焊工与焊接烟尘及有毒有害气体的接触，尤其是环境通风不良，缺乏个人防护，且焊接时间过长，因此，焊工患感冒、喉痛、声音嘶哑者比非焊工高。

**2. 光辐射对眼睛和视觉的影响**

（1）过度紫外线辐射对眼睛的影响——电光性眼炎　电光性眼炎为眼部受紫外线过度照射所引起的角膜结膜炎。焊条电弧焊电弧温度达4000～6000K，氩弧焊可达8000K或更高，因此可产生很强的中、短波紫外线辐射，其中角膜、结膜上皮吸收最高，使组织分子改变其运动状态，从而产生光电性损害。大部分焊工都有发生数次或更多次电光性眼炎的病史，尤其是初学焊工的技术工人更易发生这种病症。紫外线对眼睛的伤害，与照射时间成正比，与电弧至眼睛的距离平方成反比，眼距离电弧1m以内，如无防护，十几秒甚至几秒照射，就可产生电光性眼炎。

电光性眼炎发病需要经过一定的潜伏期，潜伏期长短取决于照射剂量，短则30min，最长不超过24h，一般发病在受照后6～8h，故发作常在夜间或清晨。

轻症或早期患者，眼部有异物感或轻度不适；重症患者眼部有烧灼感和剧痛，并伴有高度畏光、流泪和眼痉挛。轻者可于12～18h自行消退，1～2天内可恢复，重症要持续3～5天。

屡次重复的紫外线照射，可引起慢性睑缘炎和结膜炎，甚至引起类似结节状角膜炎的角膜变性，造成严重的视力障碍。短时重复的紫外线照射，可起累积作用。

电光性眼炎只要及时处理，一般不会影响视力，急性期应卧床闭目休息，戴墨镜，以避免强光对眼睛的刺激。

（2）红外线辐射对眼睛的影响——白内障及其他对眼睛的损害　焊接弧光的红外线辐射有可能引起白内障。

眼睛在未适当保护下，或防护眼镜不当，长期慢性小剂量暴露于红外线，也可能发生眼睛调视机能减退，发生早期花眼，对工作和生活造成不利影响。

**3. 对神经系统的影响**

（1）锰中毒对神经系统的影响　焊条焊芯、药皮和被焊金属在电弧高温下发生冶金反应，在焊接烟尘中可含大量氧化锰及锰尘。据国内外资料报道，焊接作业环境空气中 $MnO_2$ 浓度在0.3～47.0mg/m³，焊工长期吸入含锰量高的焊接烟尘，可能引起锰中毒。

焊工锰中毒发病很慢，约在3～5年，有的长达10年才逐渐发现。

早期症状为乏力、头痛、头晕、失眠、记忆力减退及植物神经功能紊乱，进一步发展为神经系统病症明显。

锰烟毒性大于锰尘，锰对大脑皮质下部位有明显的毒作用，可能由于锰而使脑血管受损。为了防止锰中毒，我国已基本上不使用氧化锰型焊条，进行高锰钢焊接的焊工还需注意锰中毒的危害。

（2）铅中毒对神经系统的影响　焊条电弧焊烟尘中只含微量铅，不可能引起铅中毒。但是，过去在车辆、船舶、管道等的钢结构表面都涂以含铅的红丹（$Pb_3O_4$）作为防锈底漆，在焊接过程中，由于红丹漆在高温下燃烧可形成大量的含铅烟雾，若排风、排毒设备不良或缺乏，会引起焊工发生急、慢性铅中毒。

铅可作用于全身各系统和器官，主要影响神经系统、造血系统、血管和消化系统。铅中毒早期多有头晕、头痛、失眠、多梦、记忆力减退、乏力、食欲不振、口内金属味、恶心、腹部隐痛、贫血、肝脏肿大等。

解决铅中毒的根本途径是改进工艺，采用无铅防锈底漆；对已涂红丹漆的工件，在焊接或切割时加强局部通风；焊工应加强个人防护，戴过滤式防铅烟口罩，有铅吸收的焊工应早期驱铅治疗。

（3）一氧化碳对人的影响　吸入过量的一氧化碳进入肺部，经肺泡进入血液，与血红蛋白结合，使组织缺氧。另外，直接抑制细胞内呼吸，造成窒息。中枢神经对缺氧特别敏感，会出现头痛、头晕、眼花、耳鸣、恶心、呕吐及心悸等，重者可意识模糊，甚至昏迷。

一般应及时脱离中毒现场，吸入新鲜空气，及时抢救，数日恢复，无明显并发症和后遗症。

**4. 高频电磁场的影响**

高频电磁场对人体的影响是头昏、头痛、乏力、记忆力减退、失眠、多梦、心悸、易激动、消瘦和脱发等。但对于氩弧焊和等离子弧焊来说，不仅所使用的高频振荡器频率为250kHz，属长波段低频率范围，而且仅在引弧时使用，引弧后自动切断，所以对焊工的影响甚小，对肌体不至于造成危害。

# 第 3 章 焊接基础知识

## 3.1 焊接方法代号

焊接方法编号是焊接结构图样上使用的统一符号，也是一种工程语言，利用数字组合可以简单、清晰地表明所使用的焊接方法。

国际上常用数字编号来表示焊接工艺，如主组（1 位数）、组（2 位数）和分组（3 位数），任何一种工艺方法引用编号最多只有 3 位数字，具体见表 3-1。

**表 3-1 焊接方法及数字代号**（摘自 ISO 4063：2009）

| 主组 | 焊接工艺 | 组 | 焊接工艺方法 | 分组 | 焊接工艺 | 字母代号 |
|---|---|---|---|---|---|---|
| 1 | 电弧焊 | 11 | 无气体保护金属电弧焊 | 111 | 焊条电弧焊 | SMAW |
| | | | | 112 | 药皮焊条重力焊 | |
| | | | | 114 | 自保护管状药芯焊条电弧焊 | |
| | | 12 | 埋弧焊 | 121 | 单丝埋弧焊 | |
| | | | | 122 | 带极埋弧焊 | |
| | | | | 123 | 多丝埋弧焊 | |
| | | | | 124 | 金属粉末埋弧焊 | |
| | | | | 125 | 药芯焊丝埋弧焊 | |
| | | | | 126 | 药芯带极埋弧焊 | |
| | | 13 | 熔化极气体保护电弧焊 | 131 | 熔化极惰性气体保护焊 | MIG |
| | | | | 132 | 药芯电极惰性气体保护焊 | |
| | | | | 133 | 金属芯电极惰性气体保护焊 | |
| | | | | 135 | 熔化极活性气体保护焊 | MAG |
| | | | | 136 | 药芯焊丝活性气体保护焊 | |
| | | | | 138 | 金属芯焊丝活性气体保护焊 | |
| | | 14 | 非熔化极惰性气体保护焊 | 141 | 实芯焊丝钨极惰性气体保护焊 | TIG |
| | | | | 142 | 非熔化极惰性气体保护自熔焊 | |
| | | | | 143 | 管状芯钨极惰性气体保护焊 | |

（续）

| 主组 | 焊接工艺 | 组 | 焊接工艺方法 | 分组 | 焊接工艺 | 字母代号 |
|---|---|---|---|---|---|---|
| 1 | 电弧焊 | 14 | 非熔化极惰性气体保护焊 | 145 | 实芯焊丝钨极还原气体保护焊 | |
| | | | | 146 | 管状芯钨极还原气体保护焊 | |
| | | | | 147 | 钨极非惰性气体保护自熔焊 | TAG |
| | | 15 | 等离子弧焊 | 151 | 等离子惰性气体保护焊 | |
| | | | | 152 | 等离子弧粉末堆焊 | |
| | | | | 153 | 转移电弧等离子弧焊 | |
| | | | | 154 | 非转移电弧等离子弧焊 | |
| | | | | 155 | 半转移电弧等离子弧焊 | |
| | | | | 185 | 磁驱动电弧焊 | |
| 2 | 电阻焊 | 21 | 电阻点焊 | 211 | 间接点焊 | |
| | | | | 212 | 直接点焊 | |
| | | 22 | 缝焊 | 221 | 搭接缝焊 | |
| | | | | 222 | 滚压电阻缝焊 | |
| | | | | 223 | 预搭接缝焊 | |
| | | | | 224 | 线状缝焊 | |
| | | | | 225 | 箔片对接缝焊 | |
| | | | | 226 | 带状焊条缝焊 | |
| | | 23 | 凸焊 | 231 | 间接凸焊 | |
| | | | | 232 | 直接凸焊 | |
| | | 24 | 闪光焊 | 241 | 预热闪光焊 | |
| | | | | 242 | 非预热闪光焊 | |
| | | 25 | 电阻对焊 | | | |
| | | 26 | 电阻螺柱焊 | | | |
| | | 27 | 高频电阻焊 | | | |
| | | 29 | 其他电阻焊工艺 | | | |
| 3 | 气焊 | 31 | 氧焰气焊 | 311 | 氧乙炔气焊 | |
| | | | | 312 | 氧丙烷气焊 | |
| | | | | 313 | 氢氧气焊 | |
| 4 | 压力焊 | 41 | 超声波焊接 | | | |
| | | 42 | 摩擦焊 | 421 | 直接驱动摩擦焊 | |
| | | | | 422 | 惯性摩擦焊 | |
| | | | | 423 | 摩擦螺柱焊 | |
| | | 43 | 搅拌摩擦焊 | | | |
| | | 44 | 高能焊接 | 441 | 爆炸焊 | |
| | | | | 442 | 磁脉冲焊接 | |
| | | 45 | 扩散焊 | | | |
| | | 47 | 氧燃料气体压力焊接 | | | |
| | | 48 | 冷压焊 | | | |
| | | 49 | 热压焊 | | | |

（续）

| 主组 | 焊接工艺 | 组 | 焊接工艺方法 | 分组 | 焊接工艺 | 字母代号 |
|---|---|---|---|---|---|---|
| 5 | 高能束焊 | 51 | 电子束焊 | 511 | 真空电子束焊 | |
| | | | | 512 | 常压电子束焊 | |
| | | | | 513 | 保护气氛电子束焊 | |
| | | 52 | 激光焊 | 521 | 固体激光器焊接 | |
| | | | | 522 | 气体激光器焊接 | |
| | | | | 523 | 半导体激光焊接 | |
| 7 | 其他焊接工艺 | 71 | 铝热焊 | | | |
| | | 72 | 电渣焊 | 721 | 带极电渣焊 | |
| | | | | 722 | 丝极电渣焊 | |
| | | 73 | 气电焊 | | | |
| | | 74 | 感应焊 | 741 | 感应对焊 | |
| | | | | 742 | 感应缝焊 | |
| | | | | 743 | 高频感应焊 | |
| | | 75 | 光辐射焊 | 753 | 红外线焊接 | |
| | | 78 | 电弧螺柱焊 | 783 | 拉弧螺柱焊（代陶瓷环或保护气体） | |
| | | | | 784 | 短周期拉弧螺柱焊 | |
| | | | | 785 | 储能式螺柱焊 | |
| | | | | 786 | 储能式螺柱焊 | |
| | | | | 787 | 易熔环拉弧螺柱焊 | |
| 8 | 切割和刨削 | 81 | 火焰切割 | | | |
| | | 82 | 电弧切割 | 821 | 空气电弧切割 | |
| | | | | 822 | 氧气电弧切割 | |
| | | 83 | 等离子切割 | 831 | 氧化性气体等离子弧切割 | |
| | | | | 832 | 无氧化性气体等离子弧切割 | |
| | | | | 833 | 空气等离子弧切割 | |
| | | | | 834 | 高精度等离子弧切割 | |
| | | 84 | 激光切割 | | | |
| | | 86 | 火焰刨削 | | | |
| | | 87 | 电弧刨削 | 871 | 空气电弧刨削 | |
| | | | | 872 | 氧气电弧刨削 | |
| | | 88 | 等离子刨削 | | | |
| 9 | 钎焊，软钎焊和硬钎焊 | 91 | 钎焊 | 911 | 红外线钎焊 | |
| | | | | 912 | 火焰钎焊 | |
| | | | | 913 | 激光束钎焊 | |
| | | | | 914 | 电子束钎焊 | |
| | | | | 916 | 感应钎焊 | |
| | | | | 918 | 电阻钎焊 | |
| | | | | 919 | 扩散钎焊 | |

（续）

| 主组 | 焊接工艺 | 组 | 焊接工艺方法 | 分组 | 焊接工艺 | 字母代号 |
|---|---|---|---|---|---|---|
| 9 | 钎焊，软钎焊和硬钎焊 | 92 | 整体加热钎焊 | 921 | 炉内钎焊 | |
| | | | | 922 | 真空钎焊 | |
| | | | | 923 | 浸浴钎焊 | |
| | | | | 924 | 盐浴钎焊 | |
| | | | | 925 | 溶剂浴钎焊 | |
| | | | | 926 | 浸渍钎焊 | |
| | | 93 | 其他钎焊工艺 | | | |
| | | 94 | 局部加热软钎焊 | 941 | 红外锡焊 | |
| | | | | 942 | 火焰锡焊 | |
| | | | | 943 | 烙铁锡焊 | |
| | | | | 944 | 拖焊 | |
| | | | | 945 | 激光锡焊 | |
| | | | | 946 | 感应锡焊 | |
| | | | | 947 | 超声锡焊 | |
| | | | | 948 | 电阻锡焊 | |
| | | | | 949 | 扩散锡焊 | |
| | | 95 | 整体加热软钎焊 | 951 | 波峰焊 | |
| | | | | 953 | 炉内锡焊 | |
| | | | | 954 | 真空锡焊 | |
| | | | | 955 | 浸浴锡焊 | |
| | | | | 957 | 盐浴锡焊 | |
| | | 96 | 其他软钎焊 | | | |
| | | 97 | 硬钎焊 | 971 | 气体硬钎焊 | |
| | | | | 972 | 电弧硬钎焊 | |
| | | | | 983 | 气体保护金属电弧硬钎焊 | |
| | | | | 984 | 气体保护钨极电弧硬钎焊 | |
| | | | | 985 | 等离子弧硬钎焊 | |
| | | | | 986 | 激光硬钎焊 | |
| | | | | 987 | 电阻硬钎焊 | |

## 3.2　焊缝符号

### 3.2.1　基本符号

焊缝可采用基本符号来表示，基本符号表示焊缝横截面的基本形式或特征，即焊缝符号的形状大体与实际的焊缝相同，见表 3-2。

表 3-2　基本符号

| 序号 | 名　称 | 示 意 图 | 符　号 |
| --- | --- | --- | --- |
| 1 | 卷边焊缝（卷边完全熔化） |  |  |
| 2 | I 形焊缝 |  |  |
| 3 | V 形焊缝 |  |  |
| 4 | 单边 V 形焊缝 |  | 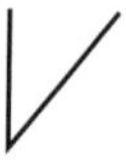 |
| 5 | 带钝边 V 形焊缝 |  |  |
| 6 | 带钝边单边 V 形焊缝 | 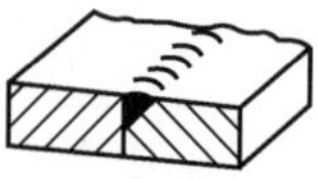 |  |
| 7 | 带钝边 U 形焊缝 |  |  |
| 8 | 带钝边 J 形焊缝 |  |  |
| 9 | 封底焊道 |  | 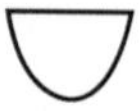 |
| 10 | 角焊缝 |  |  |
| 11 | 塞焊缝或槽焊缝 |  |  |

注：如果卷边焊缝（序号 1）为非全熔透接头，则采用带焊缝厚度 *s* 的 I 形坡口对接焊缝（序号 2）方式标注。

### 3.2.2　基本符号组合

如果要求，可以将基本符号组合使用，双面焊接的焊缝可以将基本符号组合使用。可以在参考线的两侧对称地安排适用的基本符号，见表 3-3。

**表 3-3　对称焊缝的组合符号**

| 序号 | 名　称 | 示意图样 | 符　号 |
|---|---|---|---|
| 1 | 双面 V 形焊缝<br>（X 焊缝） | 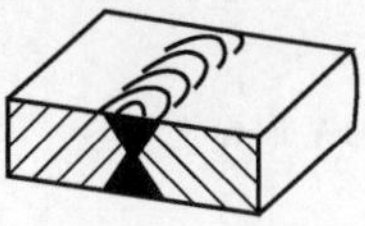 |  |
| 2 | 双面单 V 形焊缝<br>（K 焊缝） | 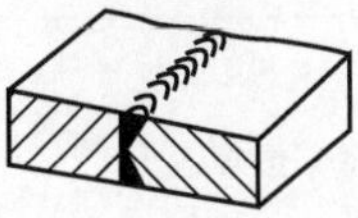 |  |
| 3 | 带钝边的双面 V 形焊缝 | 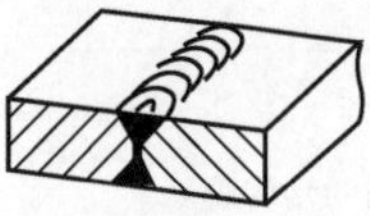 |  |
| 4 | 带钝边的双面单 V 形焊缝 | 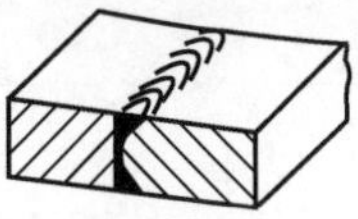 | 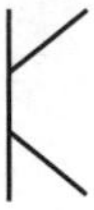 |
| 5 | 双面 U 形焊缝 | 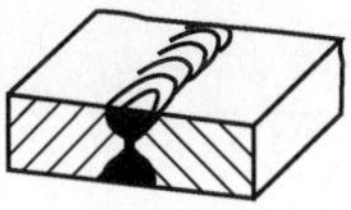 | 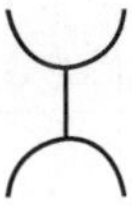 |

## 3.2.3　补充符号

补充符号用来补充规定焊缝形状或外表面形状的符号。表 3-4 给出了建议的补充符号。如无补充符号意味着焊缝表面的形状不需要被清楚的表示出来。基本符号和补充符号联合使用的示例见表 3-5。

尽管不限制同时组合几个符号，但如果简化表示太难时，则应在单个图样上表示焊缝。

**表 3-4　补充符号**

| 序　号 | 名　称 | 说　明 | 符　号 |
|---|---|---|---|
| 1 | 平面 | 焊缝表面通常经过加工后平整 |   |
| 2 | 凸面 | 焊缝表面凸形 |  |
| 3 | 凹面 | 焊缝表面凹陷 |  |
| 4 | 圆滑过渡 | 焊脚处过渡圆滑 |  |
| 5 | 永久衬垫 | 衬垫永久保留 | 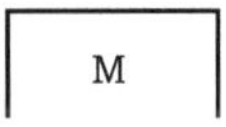  |
| 6 | 临时衬垫 | 衬垫在焊接完成后拆除 | 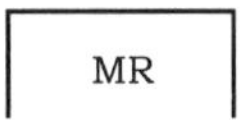  |

**表 3-5 补充符号的应用图例**

| 序号 | 名称 | 示意图 | 符号 |
| --- | --- | --- | --- |
| 1 | 平齐的 V 形焊缝 | 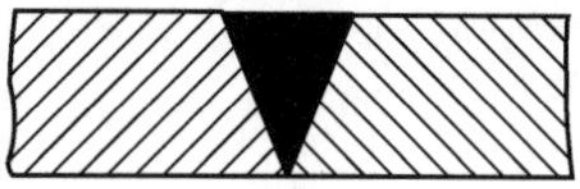 |  |
| 2 | 凸双面 V 形焊缝 |  |  |
| 3 | 凹陷的角焊缝 | 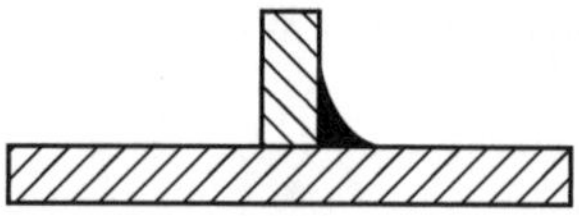 |  |
| 4 | 带封底焊道的 Y 形坡口对接焊缝 |  |  |
| 5 | 表面加工平的 V 形坡口对接焊缝 | 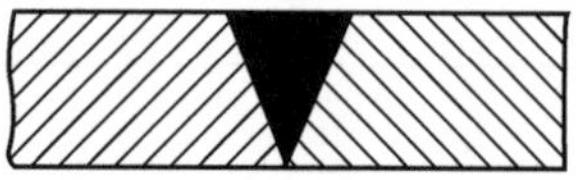 |  ① |
| 6 | 表面过渡平滑的角焊缝 | 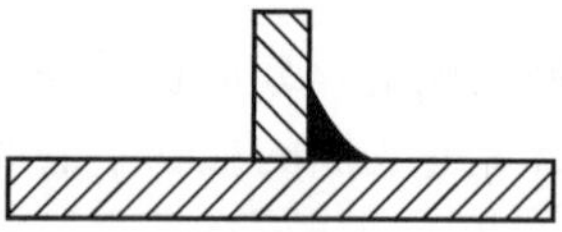 |  |

① 此符号为 ISO 1302：2016⊖标准中规定，也可用符号 √‾ 代替。

### 3.2.4 焊接位置表示符号

主要焊接位置：PA（平焊位置，见图 3-1）、PB（平角焊位置，见图 3-2）、PC（横焊位置，见图 3-3）、PD（仰角焊位置，见图 3-4）、PE（仰焊位置，见图 3-5）、PF（向上立焊位置，见图 3-6）等。

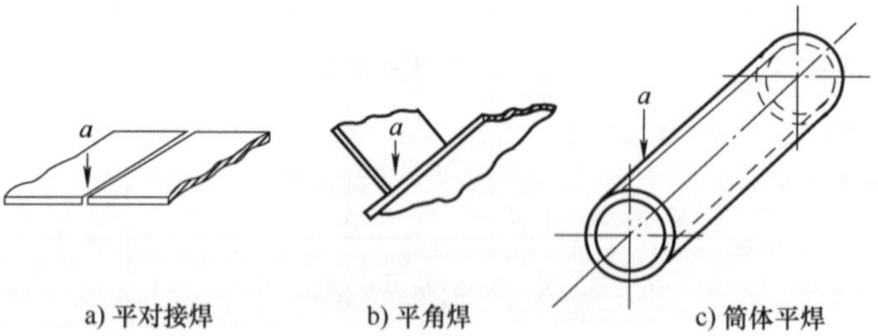


a) 平对接焊　　b) 平角焊　　c) 筒体平焊

图 3-1 PA 焊缝（平焊位置）

注：*a* 为箭头指向焊接位置。

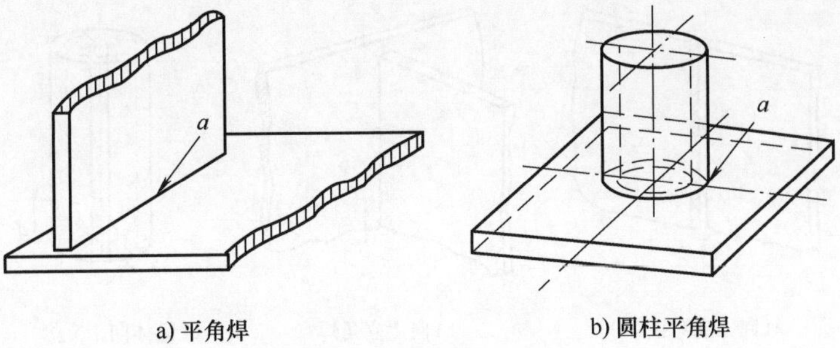


图 3-2　PB 焊缝（平角焊位置）

注：a 箭头指向焊接位置。

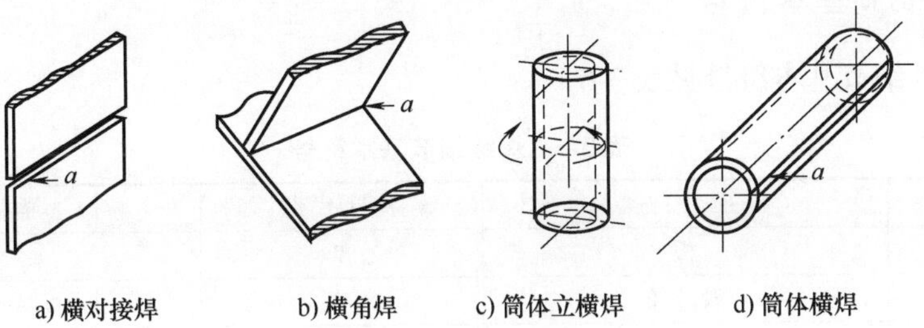


图 3-3　PC 焊缝（横焊位置）

注：a 箭头指向焊接位置。

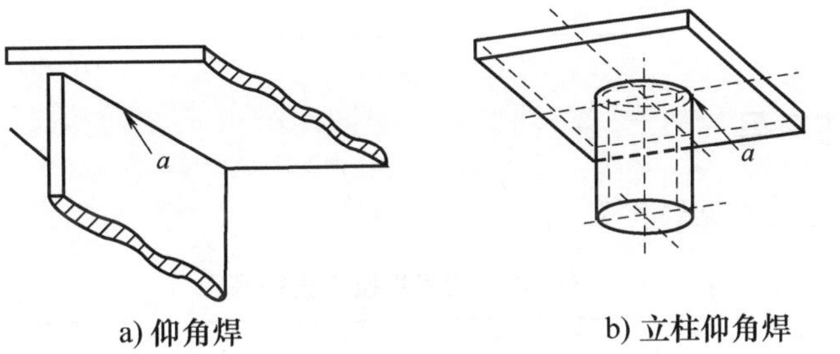


图 3-4　PD 焊缝（仰角焊位置）

注：a 箭头指向焊接位置。

图 3-5　PE 焊缝（仰焊位置）

注：a 箭头指向焊接位置。

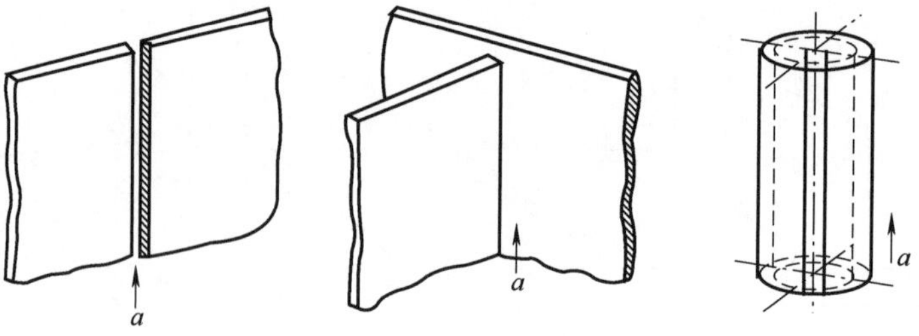


a) 向上立对接焊　　b) 向上立角焊　　c) 筒体向上立焊

图 3-6　PF 焊缝（向上立焊位置）

注：*a* 箭头指向焊接位置。

### 3.2.5　焊缝细节基本符号

常用的焊缝细节基本符号见表 3-6。

**表 3-6　焊缝细节基本符号**

| 字母代号 | 描　述 | 字母代号 | 描　述 |
|---|---|---|---|
| P | 板 | T | 管 |
| D | 管外径 | t | 板厚或管壁厚 |
| FW | 角接 | BW | 对接 |
| bs | 双面焊 | ss | 单面焊 |
| mb | 带衬垫 | nb | 不带衬垫 |
| ml | 多层（道） | sl | 单层（道） |
| nm | 无填充金属 | S | 实芯焊丝/填充丝 |

### 3.2.6　焊接工艺符号

常用的焊接工艺符号见表 3-7。

**表 3-7　常用焊接工艺符号**

| 序　号 | 数字代号 | 字母代号 | 描　述 |
|---|---|---|---|
| 1 | 111 | E | 焊条电弧焊 |
| 2 | 141 | TIG | 非熔化极惰性气体保护焊 |
| 3 | 131 | MIG | 熔化极惰性气体保护焊 |
| 4 | 135 | MAG | 熔化极活性气体保护焊 |

# 第 4 章

# 焊接方法及设备

## 4.1 弧焊电源

弧焊电源是为焊接电弧提供电能的一种专用设备，是电弧焊机中的核心部分。和一般电力电源不同，弧焊电源的负载是电弧，它必须具有弧焊工艺所要求的电气性能，如合适的空载电压，一定形状的外特性，良好的动特性和灵活的调节特性等。

### 4.1.1 弧焊电源的类型

弧焊电源主要有以下几种分类方法：按输出电流的种类可分为直流、交流和脉冲三大弧焊电源类型；按输出外特性特征可分为恒流（垂直下降）外特性、恒压（平）外特性和介乎这两者之间的缓降外特性三大弧焊电源类型；按对外特性和焊接参数等的控制与调节可分为机械控制、电磁控制和电子控制三大弧焊电源类型。

按输出电流的种类进行分类，比较便于选用，在每一大类中又按其工作原理、结构特征或使用的关键器件不同细分成若干种形式，如图 4-1 所示。

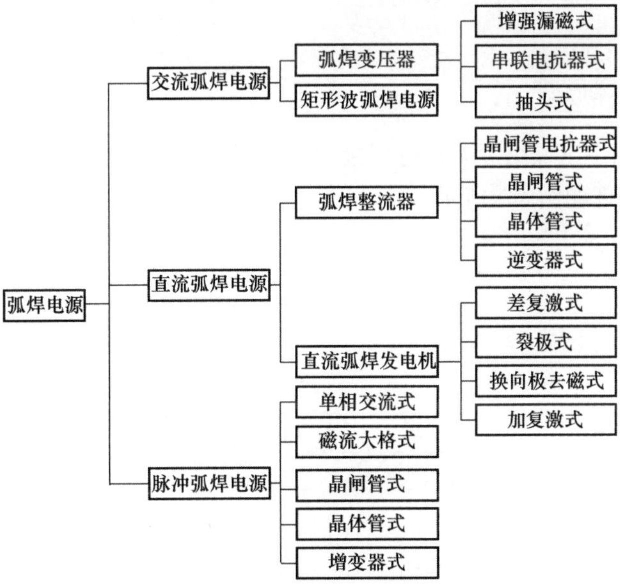


图 4-1　弧焊电源分类

### 4.1.2 弧焊电源的基本特点和适用范围

工业上普遍应用的是交流和直流弧焊电源，而脉冲弧焊电源目前只在有限范围内使用。它们的基本特点和适用范围列于表 4-1。

**表 4-1 弧焊电源基本特点和适用范围**

| 类型 | | 特点 | 适用范围 |
|---|---|---|---|
| 交流弧焊电源 | 弧焊变压器 | 把网络电压（220V 或 380V）的交流电变成适用于弧焊的低压交流电。结构简单，易造易修，耐用，成本低，磁偏吹小，空载损耗小，噪声小。其电流波形为正弦波、电弧稳定性较差，功率因数低 | 酸性焊条电弧焊、埋弧焊和 TIG 焊 |
| | 矩形波（方波）弧焊电源 | 网络电压经降压后运用半导体控制技术获得矩形波的交流电。电流过零点极快，其电弧稳定性好，可调节参数多，功率因数高、设备较复杂、成本较高 | 碱性焊条电弧焊、埋弧焊和 TIG 焊 |
| 直流弧焊电源 | 直流弧焊发电机 | 由柴（汽）油发动机驱动发电机而获得直流电。输出电流脉动小，过载能力强，但空载损耗大，效率低、噪声大 | 各种弧焊 |
| | 弧焊整流器 | 把网络交流电经降压和整流后获得直流电。与直流弧焊发电机相比，制造方便，省材料、空载损耗小、节能、噪声小。由电子控制的近代弧焊整流器的控制与调节灵活方便，适应性强，技术和经济指标高 | 各种弧焊 |
| 脉冲弧焊电源 | | 一般由普通弧焊电源与脉冲发生电路组成，也有其他结构形式。输出幅值大小周期变化的电流，效率高，可调参数多，调节范围宽而均匀。热输入可精确控制，设备较复杂、成本高 | TIG、MIG、MAG 焊和等离子弧焊 |

## 4.2 焊条电弧焊

### 4.2.1 焊条电弧焊原理

焊条电弧焊是用手工操纵焊条进行焊接的电弧焊方法，焊条电弧焊的符号标记为 E，数字标记为 111，其原理如图 4-2 所示。

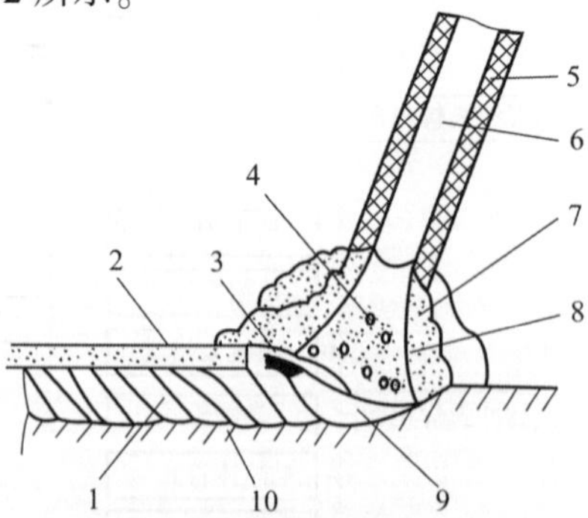


图 4-2 焊条电弧焊原理

1—焊缝 2—焊渣 3—熔渣 4—熔滴 5—药皮 6—焊芯 7—保护气 8—电弧 9—熔池 10—母材

### 4.2.2　焊条电弧焊电弧的特性

**1. 外特性**

焊条电弧焊时，焊工很难保持弧长恒定。因此，具有平外特性（恒压）的弧焊电源不适用，而应选用陡降外特性的弧焊电源。这是因为在陡降的外特性下，弧长发生变化时，电流只发生很小的变化。当用于焊接非平焊位置的焊缝或装配间隙大小不均的接头根部时，宜采用缓降外特性的弧焊电源，这样焊工可以利用弧长的变化在一定范围内调节焊接电流，以控制焊缝成形及焊缝质量。

**2. 动特性**

焊条电弧焊动特性一般考虑从空载至短路及从负载至短路两种情况，因为都出现瞬时短路电流峰值，要求此值大小要适当。从空载至短路时若电流太小，则不利于引弧，若太大则易造成飞溅或烧穿；从负载至短路峰值电流若过小，则熔滴过渡困难，若过大则飞溅严重。

### 4.2.3　焊接设备

焊条电弧焊的焊接设备主要由弧焊电源、焊钳、地线及焊接电缆等组成。

**1. 对焊条电弧焊的设备要求**

焊条电弧焊时，欲获得优良的焊接接头，首先应使电弧稳定地燃烧，决定电弧稳定燃烧的因素很多，如电源设备、焊条成分、焊接参数及操作工艺等，其中主要因素是电源设备。其次是焊接电弧在引弧和燃烧时所需要的能量，是靠电弧电压和焊接电流来保证的，为确保能顺利引弧和稳定地燃烧。焊条电弧焊对设备的要求如下。

1）焊接电源在引弧时，应供给电弧以较高的电压和较小的焊接电流（几安培），但考虑到操作人员的安全，电弧电压不宜太高，通常规定该空载电压为 50 ~ 90V；引燃电弧并稳定燃烧后，又能供给电弧以较低的电弧电压（16 ~ 40V）和较大的焊接电流（几十至几百安培）。即电源具有下降外特性。

2）焊接电源还应满足可以灵活调节焊接电流的要求，以满足焊接不同厚度的工件时所需的电流。此外，还应具有良好的动特性。

3）焊钳应导电性好、外壳应绝缘、轻便并夹持牢固及安全耐用等。

**2. 焊条电弧焊的焊接电源**

焊条电弧焊的电源设备依据其输出形式，分为交流弧焊电源、直流弧焊电源。

（1）交流弧焊电源　交流弧焊电源是一种特殊的降压变压器，它具有结构简单、噪声小、价格便宜、使用可靠、维护方便等优点。交流弧焊电源分动铁式和动圈式两种。BX1-300 型动铁式弧焊机是目前用得较广的一种交流弧焊机。交流弧焊机可将工业用的电压（220V/380V）降低至空载 60 ~ 70V、电弧燃烧时的 20 ~ 35V。它的电流调节通过改变活动铁心的位置来进行。具体操作方法是借转动调节手柄，并根据电流指示盘将电流调节至所需大小。动圈式弧焊电源则通过变压器的一次和二次线圈的相对位置来调节焊接电流的大小。

（2）直流弧焊电源　直流弧焊电源输出端有正、负极之分，焊接时电弧两端极性不变。如图 4-3 所示是直流弧焊机正、负两极与焊条、焊件两种不同的接线法：将焊件接到弧焊机正极，焊条接至负极，这种接法称正接，又称正极性；反之，将焊件接到负极，焊条接至正极，称为反接，又称反极性。焊接厚板时，一般采用直流正接，这是因为电弧正极的温度和热量比负极高，采用正接能获得较大的熔深。焊接薄板时，为了防止烧穿，常采用反接。在使用碱性低氢钠型焊条时，均采用直流反接。

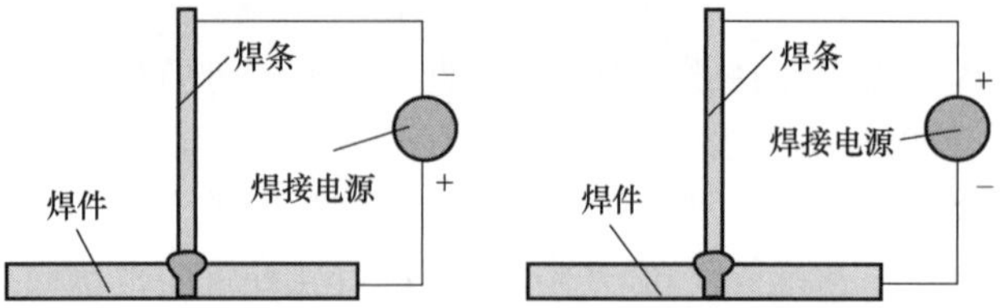


a) 正接法　　b) 负接法

图 4-3　直流弧焊机的不同极性接法

直流弧焊电源主要分为三种形式：旋转式直流弧焊电源、整流式直流弧焊电源、逆变式弧焊电源，具体特点分别如下。

1）旋转式直流弧焊电源。旋转式直流弧焊电源是由一台三相感应电动机和一台直流弧焊发电机组成，又称弧焊发电机。它的特点是能够得到稳定的直流电，因此，引弧容易，电弧稳定，焊接质量较好。但这种直流弧焊电源结构复杂，价格比交流弧焊电源贵得多，维修较困难，使用时噪声大。目前，这种弧焊电源正在逐步淘汰。

2）整流式直流弧焊电源。整流式直流弧焊电源的结构相当于在交流弧焊电源上加上整流器，从而把交流电变成直流电。它既弥补了交流弧焊电源电弧稳定性差的缺点，又比旋转式直流弧焊电源结构简单，消除了噪声。现已逐步取代旋转式直流弧焊电流。

3）逆变式弧焊电源。逆变是指将直流电变为交流电的过程。它可通过逆变改变电源的频率，得到想要的焊接波形，其特点是：提高了变压器的工作频率，使主变压器的体积大大缩小，方便移动；提高了电源的功率因数；有良好的动特性；飞溅小，可一机多用，可完成多种焊接。

**3. 辅助器具**

（1）焊钳　焊条电弧焊时，用以夹持焊条并传导电流以进行焊接的工具称为焊钳，俗称为电焊把。对焊钳的要求是导电性能好、外壳应绝缘、重量轻、装换焊条方便、夹持牢固和安全耐用等。

电接触不良或超负荷使用是焊钳发热的原因，因此不允许采用浸水方法冷却焊钳。

（2）面罩和护目镜　面罩是为防止焊接时的飞溅、弧光以及其他辐射对焊工面部及颈部损伤的一种遮盖工具；有手持式和头盔式两种。对面罩的要求是质轻、坚韧、绝缘性和耐热性好。

面罩正面安装有护目滤光片，即护目镜，起减弱弧光强度，过滤红外线和紫外线以保护焊工眼睛的作用。滤光片有各种颜色，根据人眼对颜色的适应性，以墨绿、蓝绿和黄褐色为好。颜色有深浅之分，应根据焊接电流大小和焊接方法以及焊工的年龄与视力情况选用。

护目滤光片的质量应符合 GB/T 3609.1—2008《职业眼面部防护 焊接防护 第 1 部分：焊接防护具》的规定。

（3）焊条保温筒　焊条保温筒是存放已烘干的焊条，且能保持一定温度以防止焊条受潮的一种筒形容器。焊条保温筒有立式和卧式两种，内装焊条 2.5 ~ 5kg，焊工可随身携带到现场，随用随取。通常是利用弧焊电源二次电压对筒内加热，温度一般在 100 ~ 450℃，能维持焊条药皮含水率≤0.4%。用碱性低氢型焊条焊接重要结构时（如压力容器等产品），焊工每人应配备一个焊条保温筒。

### 4.2.4　焊条

焊条主要由焊芯及药皮组成，如图 4-4 所示，其中焊芯主要用于传导焊接电流及作为熔敷金属填充焊缝。药皮的作用主要是稳定电弧、焊接过程中产生熔渣和气体保护熔池、脱氧、渗入合金元素等。

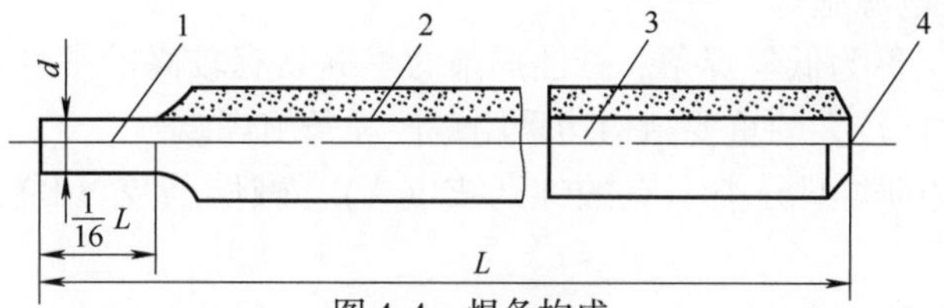


图 4-4　焊条构成

1—夹持端　2—药皮　3—焊芯　4—引弧端

注：$d$ 为焊芯直径

**1. 焊条药皮的组成**

焊条药皮一般由各种矿物类、铁合金有机物和化工产品（水玻璃类）等原料组成，焊条药皮的成分比较复杂，根据用途不同，有下列数种成分。

（1）稳弧剂　是一种容易电离的物质，多采用 K、Na、Ca 的化合物，如碳酸钾、长石、白垩、水玻璃等，能提高电弧燃烧的稳定性，并使电弧易于引燃。

（2）造渣剂　都是些矿物质，如大理石、锰矿、赤铁矿、金红石、高岭土、花岗石、长石、石英等。造成熔渣后，主要是一些氧化物，其中有酸性的二氧化硅、二氧化锑、五氧化二硫等，也有碱性的氧化钙、氧化锰、一氧化铁等。

（3）造气剂　有机物，如淀粉、糊精、木屑等；无机物，如碳酸钙等。这些物质在焊条熔化时能产生大量的一氧化碳、二氧化碳、氢气等，包围电弧，保护金属不被氧化和氮化。

（4）脱氧剂　常用的有锰铁、硅铁、钛铁等。

（5）合金剂　常用的有锰铁、铬铁、钼铁、钒铁等钛合金。

（6）稀渣剂　常用萤石或二氧化钛来稀释熔渣，以增加其活性。

（7）黏接剂　用水玻璃，其作用是使药皮各组成黏结起来并黏结于焊芯周围。

（8）增塑剂　主要作用是改善涂料的塑性和润滑性，使之易于压涂在焊芯上。

**2. 焊条的分类**

（1）按用途分类　具体见表 4-2。

表 4-2　按焊条用途分类

| 序　号 | 焊 条 分 类 | 国 家 标 准 |
|---|---|---|
| 1 | 非合金钢及细晶粒钢焊条 | GB/T 5117—2012 |
| 2 | 热强钢焊条 | GB/T 5118—2012 |
| 3 | 不锈钢焊条 | GB/T 983—2012 |
| 4 | 堆焊焊条 | GB/T 984—2001 |
| 5 | 铸铁焊条及焊丝 | GB/T 10044—2006 |

（续）

| 序　　号 | 焊 条 分 类 | 国 家 标 准 |
|---|---|---|
| 6 | Ni 及 Ni 合金焊条 | GB/T 13814—2008 |
| 7 | Cu 及 Cu 合金焊条 | GB/T 3670—1995 |
| 8 | Al 及 Al 合金焊条 | GB/T 3669—2001 |

（2）按焊接熔渣的酸碱度分类

1）酸性焊条：焊条工艺性能好，所焊的焊缝外表美观、波纹细密。熔渣的氧化性强，一般可采用交、直流电源施焊。

2）碱性焊条：又称为低氢焊条。碱性焊条的焊缝具有较高的塑性和冲击韧度，一般承受动载的工件或刚性比较大的重要结构均采用碱性焊条施焊。

（3）按焊条药皮的类型分类　有酸性药皮（A）、碱性药皮（B）、金红石药皮（R）、纤维素型焊条（C）等。

**3. 焊条的选择原则**

1）等强度原则（同等级结构钢）。

2）低强度原则（不同等级的结构钢）。

3）等同性原则（特殊性能钢：耐热钢、低温钢、不锈钢等）。

4）重要结构件选用碱性焊条。

5）满足性能的前提下选用酸性焊条。

**4. 焊条的使用**

1）焊条使用前，在焊条说明书无特殊规定时，一般应进行烘干，酸性焊条视受潮情况在 75～150℃烘干 1～2h，碱性低氢型结构钢焊条应在 350～400℃烘干 1～2h，烘干的焊条应放在 100～150℃保温箱（筒）随用随取，使用时注意保持干燥。

2）低氢焊条在常温下放置超过 4h，应从新烘干，重复烘干次数不宜超过 3 次。

3）烘干焊条时，禁止将焊条突然放入炉内，或从高温中突然取出冷却，防止焊条因骤冷骤热而出现药皮开裂现象。

4）焊条烘干时应作记录，记录上应有牌号、批号、温度、时间等内容。在焊条烘干期间，应由专业技术人员负责对操作过程进行检查和核对，对每批焊条不得少于一次，并在操作记录上签名。

5）当天用不完的焊条，应及时的退回焊条库，不允许露天存放，应在低温烘箱中恒温保存，待次日使用。

## 4.2.5　焊接参数

**1. 焊条直径**

焊条直径可根据焊件厚度、接头形式、焊接位置等因素选择。一般焊件厚度越大，选用的焊条直径越大（见表 4-3）。平焊位置比其他位置选择的焊条直径更大一些。

**表 4-3　推荐焊条直径与焊件厚度关系**　（mm）

| 焊件厚度 | ≤1.5 | 2 | 3 | 4～5 | 6～12 | ≥12 |
|---|---|---|---|---|---|---|
| 焊条直径 | 1.2 | 2 | 3.2 | 3.2～4 | 4～5 | 4～6 |

**2. 焊接电流**

在焊接速度、电弧电压一定时，焊接电流越大，熔深越大，余高增加；焊条易发红，药皮易变质，烧穿、咬边等缺陷倾向增大。而焊接电流较小时，焊缝窄而高，熔深浅，未焊透、夹渣等缺陷倾向增大。

焊条电弧焊的焊接电流可参考经验公式 $I=kd$（式中，$d$ 为焊条直径，单位为 mm，$k$ 为经验系数，一般为 30 ~ 50）初步给定，经试验评定后最终确定。

**3. 电弧电压**

电弧电压主要由电弧长度决定。在其他因素一定时，电弧电压增大，焊缝熔宽增加，熔深减小，电弧不稳定，咬边、气孔倾向增大，焊缝成形较差；电弧电压减小，熔宽减小，余高增大，易黏焊条。

**4. 极性**

直流电弧焊时一般酸性药皮和金红石药皮使用直流正接；碱性焊条和高合金钢焊条使用直流反接。

## 4.2.6 焊条电弧焊平焊教学要点

焊条电弧焊进行平位置焊接时，在焊接电弧的作用下，形成焊缝的操作比较简单，焊条熔滴受电弧气体的吹力、重力、电磁力、等离子弧力等作用力的影响过渡到熔池，其操作相对比较容易。对初学者来说，要注重引弧、稳弧、熄弧的操作要领，保证起头、接头和收尾的焊缝成形，把握好焊条沿焊条垂直轴线的送进、沿焊条纵向轴线移动和横向摆动等多种形状的运条方法以及正确的焊条角度。焊接过程中通过找、看、听、稳、运的技巧，控制好熔池和熔渣，分清熔渣和铁液，保证焊缝成形美观，并结合平位置单面焊和平位置单面焊双面成形的实例。通过标准、规范的操作手法、操作技巧和注意事项的讲解指导，使学员达到熟练掌握的目的。

**1. 焊条电弧焊单面焊双面成形平焊位置操作掌握要点**

1）熟悉交流或直流焊条电弧焊机各个功能，能够熟练、规范调节调钮、安装地线等。

2）练习操作过程中，学会运用单面焊接、单面焊双面成形操作理论的知识点，正确、规范调整焊接参数，如：焊接电流、焊接速度、电弧长度等。

3）单面焊或单面焊双面成形焊接操作过程中，能够正确、规范掌握焊条的角度、焊接方向、运条方法等。

4）焊接操作过程中，能够掌握引弧、熄弧、接头的操作要点以及每层的焊接厚度，尤其是打底焊熔孔形状的控制至关重要。

5）焊接操作完成后，能够认真检查焊接试板，通过外部检查识别焊缝缺陷，如：焊缝表面裂纹、未熔合、夹渣、气孔、焊瘤、咬边和未焊透等。

**2. 焊条电弧焊单面焊双面成形平焊位置操作技术难点分析**

水平位置单面焊焊接操作技术比较容易掌握，可以选用较大直径的焊条和较大的焊接电流，加快焊接速度从而达到提高生产率的目的，但是如果焊接参数选择不当或者焊接操作中不能很好地控制焊条，那么就会产生焊接缺陷。单面焊双面成形平位置打底焊熔孔形状的控制，关系到焊缝成形，中间接头时，要注意穿孔时的焊条位置、熔池形状和停留时间，穿孔时要注意听穿透的“噗噗噗”声音。熄弧时，注意防止产生过热，穿孔过大或未焊透等。

多层焊接时，注意控制层间厚度≤4mm。焊接时，要注意出现焊缝尺寸达不到要求，焊缝起头余高过高、焊偏、熄弧弧坑、夹渣、气孔等缺陷。下面以板厚6mm Ⅰ形坡口对接平焊和板厚12mm试板V形坡口平对接单面焊双面成形为例进行介绍。

**3. 板厚6mm Ⅰ形坡口对接平焊**

（1）安全护具准备　棉或皮质工作服、绝缘鞋、防护帽、绝缘手套、防尘口罩、防护镜、披肩和套袖（有条件情况下配备）、安全帽和焊接面罩等。

（2）设备工具准备

1）选用交流或直流焊机，熟悉焊接电流、电弧电压、电流推力等各个功能的调节。

2）选用直流焊机（或交流焊机），检查电缆线接头是否接触良好，焊枪电缆是否松动，避免因接触不良造成电阻增大发热而烧毁焊接设备。

3）检查接地线是否接牢，避免因设备漏电造成人身安全隐患。

4）备好手锤、敲渣锤、扁铲、钢锯条、角磨机、钢丝刷、钢板尺及焊缝检测尺等。

（3）试板准备

1）试板选用300mm×125mm×6mm的Q355钢板1对，用肉眼或500mm钢板尺检查钢板坡口面的平直度。

2）Ⅰ形坡口加工可以通过剪切或火焰切割的方式制作。

3）用肉眼或500mm钢板尺检查钢板平面度并修复平整，如果剪切端面是焊接侧，则要把端面修磨平整。

4）打磨清除坡口两侧正、反面20mm内锈、油等杂质，露出金属光泽，避免产生气孔、裂纹，否则难以引弧。

（4）焊接参数选择　当板厚为2～6mm时，对接平焊焊接参数选择见表4-4。

**表4-4　对接平焊焊接参数**

| 焊缝截断面形式 | 焊条选用 | 焊件厚度/mm | 第一层焊缝 | | 打底焊缝 | |
|---|---|---|---|---|---|---|
| | | | 焊条直径/mm | 焊接电流/A | 焊条直径/mm | 焊接电流/A |
| 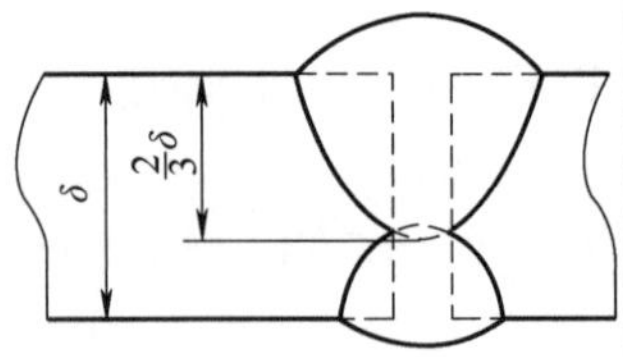 | E5001<br>E5003<br>E5015<br>E5016 | 2 | 2 | 50～60 | 2 | 55～60 |
| | | 2.5～3.5 | 3.2 | 80～110 | 3.2 | 85～120 |
| | | 4～5 | 3.2 | 90～130 | 3.2 | 100～130 |
| | | | 4 | 160～200 | 4 | 160～210 |
| | | | 5 | 200～260 | 5 | 220～260 |
| | | 5～6 | 4 | 160～200 | 3.2 | 100～130 |
| | | | | | 4 | 180～210 |
| | | >6 | 4 | 160～200 | 4 | 180～210 |
| | | | | | 5 | 220～260 |

（5）组装定位

1）确定间隙0.5～2.5mm，反变形0°～1°，错边量≤0.5mm。板厚6mm对接间隙始端1.5mm，终端2mm，反变形约1°，错边量≤0.5mm。

2）根据板的厚度确定所选焊条的直径规格，当板厚为 2 ~ 6mm 时，焊接选用 $\phi$2. 0mm、$\phi$3. 2mm 或 $\phi$4. 0mm 的焊条；当板厚≥6mm 时，选用 $\phi$3. 2mm 或 $\phi$4. 0mm 的焊条。

3）定位焊时，选择和正式焊接同型号的焊丝，在试件两端坡口内侧定位焊，焊接电流尽量大于正常焊接电流，厚度板厚 6mm 对接焊接，定位焊长度 10 ~ 15mm，高度 1 ~ 1. 5mm，以保证定位焊缝强度。焊接前，当定位焊焊缝高于 1. 0mm 时，将定位焊焊缝高度打磨低于 1. 0mm，便于接头；当定位焊焊缝焊穿时，采用段焊（或定位焊）将定位焊焊缝高度补足 1. 0mm，便于接头，保证 2/3 的焊透深度。

（6）焊接操作过程

1）引弧。引弧前，检查焊条端头药皮在焊芯周围是否均匀，有无脱落。检查焊钳夹持是否牢固，调整好焊钳与焊条的角度使之呈 70° ~ 110°（根据自己的手持焊钳的习惯调整）。引弧时，采用划擦法或直击法，采用直击法对初学者较难掌握，一般容易发生电弧熄灭或造成短路现象，这是没有掌握好离开焊件时速度和保持一定距离的原因。采用划擦法引弧比较容易掌握，运用手腕弯曲轻轻将焊条距离焊缝端头 10mm 左右，在焊接试板间隙边缘上划擦，引燃电弧，迅速抬高 4 ~ 6mm，下压稳定好电弧，借助弧光的照射看清焊缝，将焊条迅速调整到焊缝端头，将电弧抬起 3 ~ 10mm 进行 0. 2 ~ 0. 5s 预热（见图 4-5a），再下压 2 ~ 3mm（见图 4-5b），防止起头焊偏、焊穿或焊高，保证焊条在 2 ~ 3mm 短弧稳定燃烧。

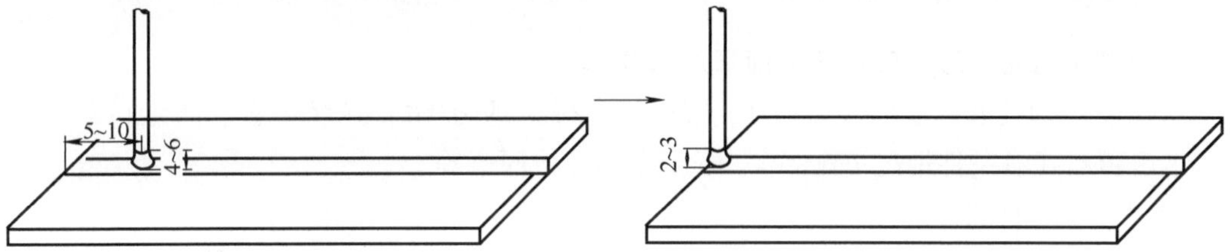


a) 引燃电弧位置　　　　b) 电弧焊接起头位置

图 4-5　焊接引弧

2）熄弧。首先，圆圈收尾法：适用于厚板焊接，对于薄板则有烧穿的危险；其次，反复断弧收尾法：当焊接到终点时，在弧坑作数次反复熄弧后再引弧，直到填满弧坑为止。此法适用于薄板焊接，但碱性焊条不宜用此法；最后，回焊收尾法：当焊接到终点时，不熄弧而适当改变焊条角度，向反方向移动一下，然后压低、拉断电弧，碱性焊条宜用此法。

3）焊接。焊接时，调整身体与试板的相对距离，保证戴上焊帽可以观察整条焊缝焊接熔化的整个过程，调整身体状态保证呼吸自然不憋气，从试板左边定位焊接的始焊处开始引燃电弧后，稍作电弧抬起停顿预热后，横向摆动（或者锯齿形摆动），如图 4-6 所示。向右施焊，待电弧到达定位焊缝右侧前沿终点时，将焊条下压并稍作停顿，在弧坑作数次反复熄弧后再引弧，直至填满弧坑为止。

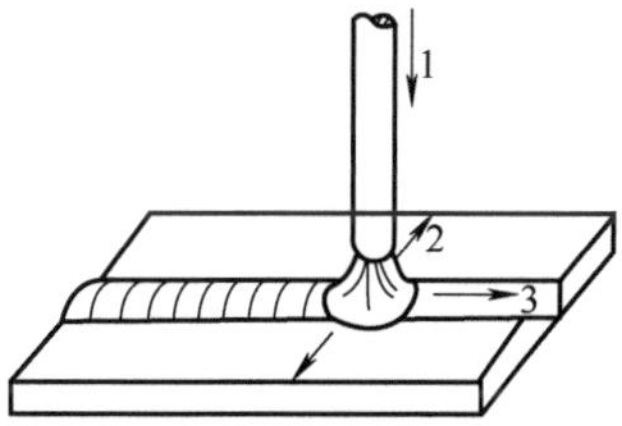


图 4-6　焊条运动方向

1—焊条送进方向　2—焊条摆动方向　3—焊接方向

4）焊接过程注意事项。焊接过程中，保证焊条与焊缝前倾角呈 75° ~ 85°（见图 4-7），与试件之间的夹角为 90°（见图 4-8）。为保证得到良好的背面成形和优质焊缝，焊接电弧应短些，运条要均匀，前进速度不宜过快。焊接时，应注意观察熔池的情况，要注意将焊接电弧的2/3覆盖在熔池上，电弧的1/3保持在熔池前，看试件坡口边缘两边1～2mm熔化，并下塌形成熔池，再根据熔池前方稍下凹的熔化情况，严格控制熔池的变化。焊接熔池的熔宽和余高，决定焊缝的最终宽度和高度，保证熔池成椭圆形，从而达到焊缝成形美观的目的。焊接过程中，应控制铁液和熔渣的流动方向，电弧要控制在铁液的前面，利用电弧产生的定向吹力，将铁液吹向熔池后方，保证熔渣与铁液分离（初学者一定要学会分清铁液、气孔和熔渣的形状、颜色、流动性），调整焊条的角度和电弧长短，用焊接电弧把熔池表面的熔渣吹到铁液前方，使熔池金属露出来，便于观察熔池的状态，保证熔渣均匀紧随熔池凝固，控制焊接熔池表面熔渣的能力，直接影响焊缝的最终形态和焊接操作技能的提高，防止产生夹渣和气孔。焊接时，焊工应注意听焊条熔化的爆裂声，看焊条熔化的飞溅和焊条尾部发红状态确定电流大小。

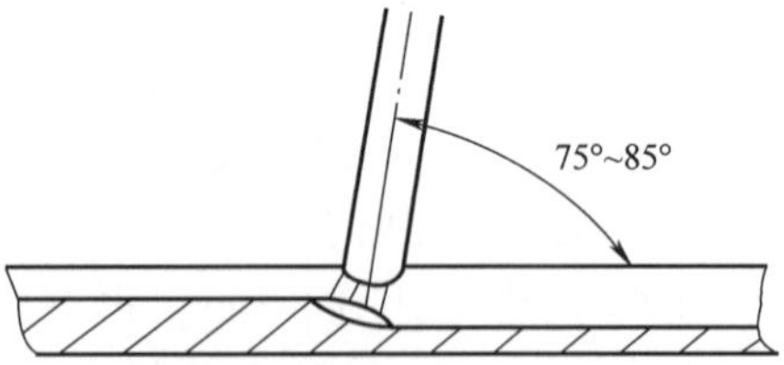


图4-7　焊条与焊缝前倾角

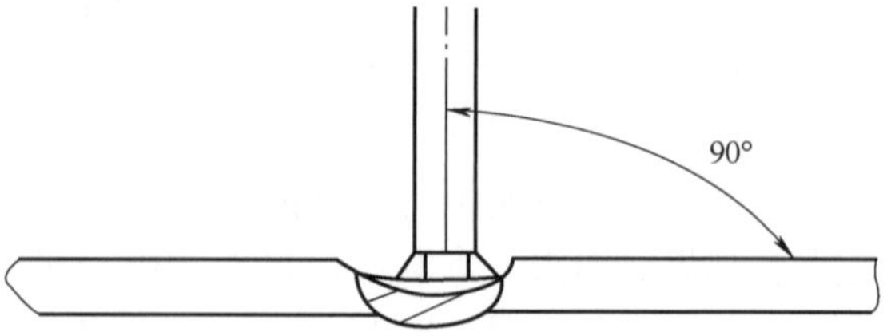


图4-8　焊条与焊缝左右夹角

**4. 板厚12mmV形坡口对接单面焊双面成形**

（1）安全护具准备　棉或皮质工作服、绝缘鞋、防护帽、绝缘手套、防尘口罩、防护镜、披肩套袖（有条件情况下配备）、安全帽和焊接面罩等。

（2）设备工具准备

1）选用交流或直流焊机，熟悉焊接电流、电弧电压、电流推力等各个功能的调节。

2）选用直流焊机（或交流焊机），检查电缆线接头是否接触良好，焊枪电缆是否松动，避免因接触不良造成电阻增大发热而烧毁焊接设备。

3）检查接地线是否接牢，避免因设备漏电造成人身安全隐患。

4）备好手锤、敲渣锤、扁铲、钢锯条、角磨机、钢丝刷、钢板尺及焊缝检测尺等。

（3）试板准备

1）焊接试板材质为Q450NQR1高强度耐候钢，尺寸为300mm×125mm×12mm，数量2件。

2）焊接试板坡口采用机械加工或火焰切割加工，坡口单边加工角度为30°，不留钝边（见图4-9）。

3）检查焊接试板平直度，并修复平整。

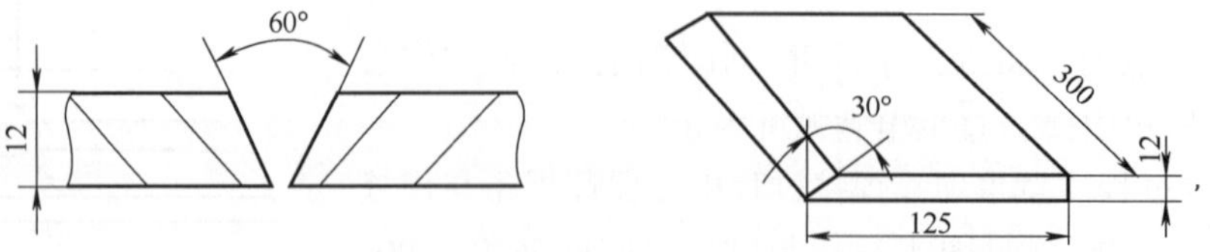


a) V形坡口　　b) 加工角度

图4-9　坡口加工形式

4）打磨清除坡口及两侧正、反面20mm内锈、油等杂质，露出金属光泽，避免产生气孔、裂纹，否则难以引弧。

5）焊接试板坡口钝边修磨，尺寸为0～0.5mm。

（4）焊接参数选择　当板厚为12mm时，单面焊双面成形对接平焊焊接参数选择见表4-5。

表4-5　单面焊双面成形对接平焊焊接参数

| 焊道分布 | 焊接层数 | 焊条直径/mm | 焊接电流/A | 材质 |
|---|---|---|---|---|
| 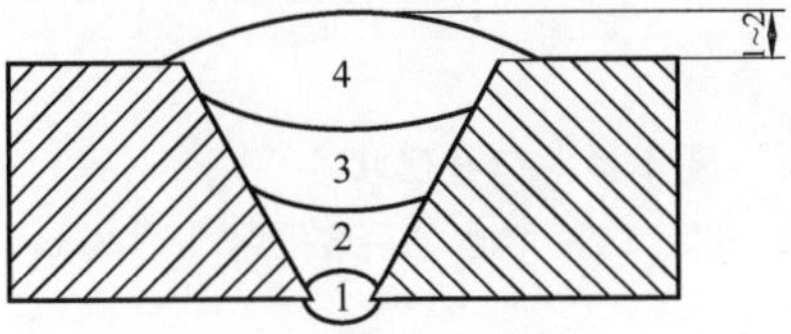  | 打底焊1 | 3.2 | 80～110 | Q450NQR1（J556NiCrCu） |
| | 填充焊2 | 3.2 | 110～130 | |
| | | 4 | 160～180 | |
| | 填充焊3 | 3.2 | 110～130 | |
| | | 4 | 160～180 | |
| | 盖面层4 | 3.2 | 110～130 | |

（5）组装定位

1）为了保证焊透，防止焊偏，必须留有合适的对接间隙。确定间隙2.7～3.2mm（见图4-10），反变形2°～3°，错边量≤0.5mm。

2）焊条直径一般选用$\phi$3.2mm或$\phi$4.0mm。

3）定位焊时，选择和正式焊接同型号的焊条，在试件两端坡口背面内侧定位焊，焊接电流尽量大于正常焊接电流，焊缝长度10～15mm（见图4-11），高度为2.0～3.5mm，以保证焊缝强度。当定位焊焊缝焊穿时，采用段焊（或定位焊）将定位焊高度补足2.0～3.5mm；当定位焊正面焊缝高于3.0mm时，将定位焊焊缝尾部高度打磨低于1.0mm斜坡便于接头。

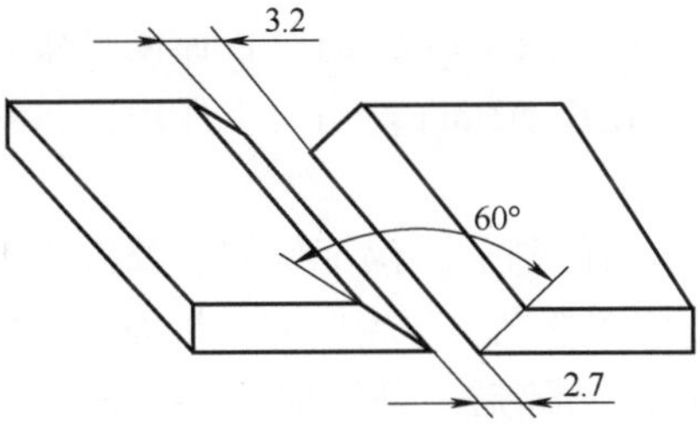


图4-10　组对间隙

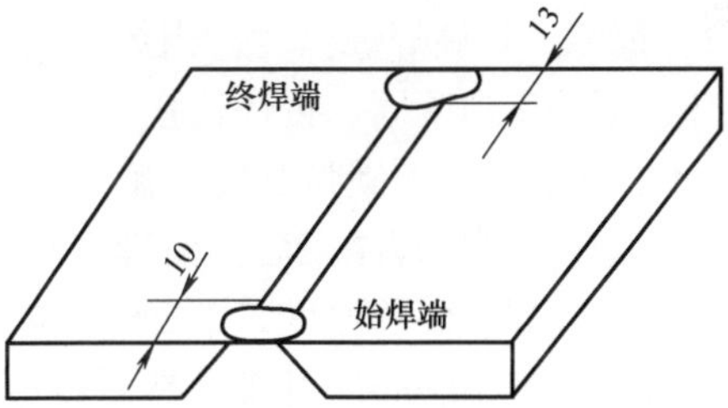


图4-11　定位长度

（6）焊接操作过程

1）引弧。引弧前检查焊条端头药皮在焊芯周围是否均匀，有无脱落。检查焊钳夹持是否牢固，调整好焊钳与焊条的角度（根据自己的手持焊钳的习惯调整），焊接过程中，保证焊条与焊缝前倾角70°～80°（见图4-12），与试件之间的夹角左右为90°（见图4-13）。

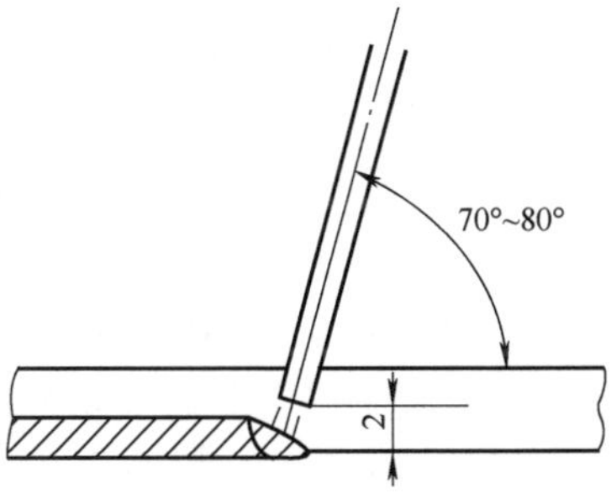


图4-12　前倾角

首先，打底焊引弧时，采用划擦法运用手腕弯曲轻轻将焊条距离焊缝端头10mm左右，在焊接试板间隙边缘上划擦，引燃电弧后将电弧抬起下压在2～3mm看到坡口熔化有 0.5mm 左右熔孔，听到“噗噗噗”声时熄弧，采用短弧焊，灭弧焊断续焊向右端焊接（见图 4-14），保证打底焊厚度为 3～4mm，打底焊采用一点击穿法和一点平移击穿法。

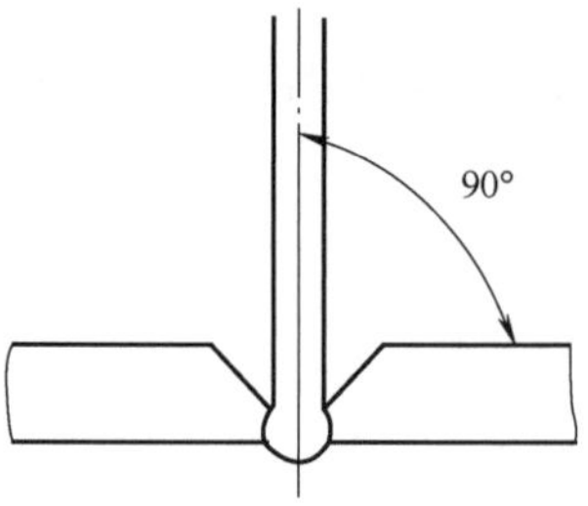


图 4-13　夹角

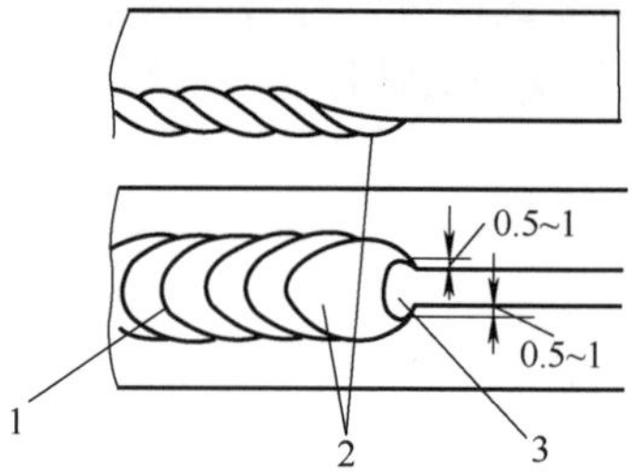


图 4-14　熔孔形状

1—焊缝　2—熔池　3—熔孔

其次，打底焊接头再引弧时，引燃电弧在熔孔前 5～10mm 处，将电弧抬起下压到坡口熔孔前 1～2mm 处（见图 4-15、图 4-16），抬弧预热使近表面熔化后迅速下压电弧，待坡口熔化有 0.5mm 左右熔孔，听到“噗噗噗”声时熄弧，这样循环直至收弧。

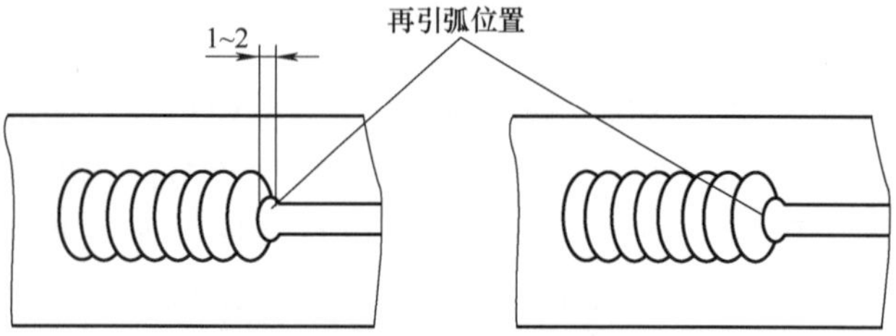


图 4-15　电弧再引弧位置

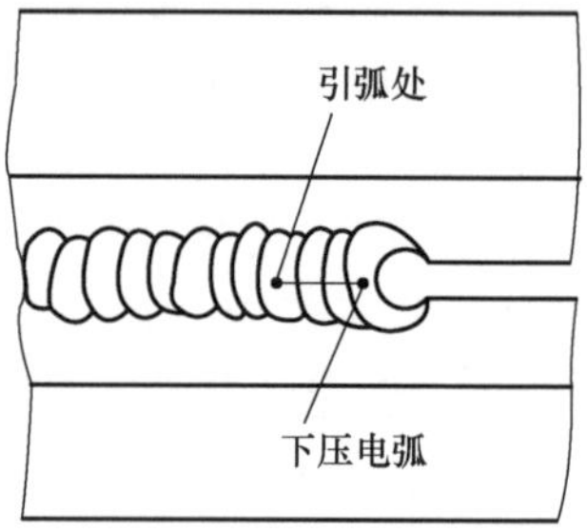


图 4-16　电弧再引弧处

2）熄弧。打底焊熄弧时，当焊接到终点与定位焊距离 5～8mm 时，快速使焊条对定位焊预热，不等熔池凝固，再快速接头往复 2～3 次，熔孔在 $\phi$3mm 左右时下压电弧，往弧坑送 2～4 滴铁液直到填满弧坑后熄弧。

3）填充。打底焊结束后，清理飞溅，修磨焊缝过高的部分，保证层间焊缝表面平或下凹。根据打底焊，焊缝厚度、下凹、凸起形状，确定焊缝摆动、停留时间。填充第一层焊道时，在焊缝前端 10mm 处引弧，然后将电弧拉回始焊端稍停后，做横向锯齿形或月牙形摆动，保证焊缝厚度为 3～4mm，并在坡口两侧略作停留，停留时看熔池与坡口熔化情况，防止夹渣，及时调整焊条角度控制好熔渣前涌，要注意将焊接电弧的 2/3 覆盖在熔池上，电弧的 1/3 保持在熔池前，熄弧时保证好熔池成椭圆形，迅速灭弧；接头时，更换焊条要迅速，熄弧要领与上述相同（见图 4-17）。焊至距离终端 10mm 时，采用回焊或反复灭弧填满弧坑。填充第二层焊道时，焊接过程与填充第一层焊道操作相同，但是要注意，不要破坏两侧坡口边缘，尽量保证填充焊缝距离母材表面 0.5～1.5mm。

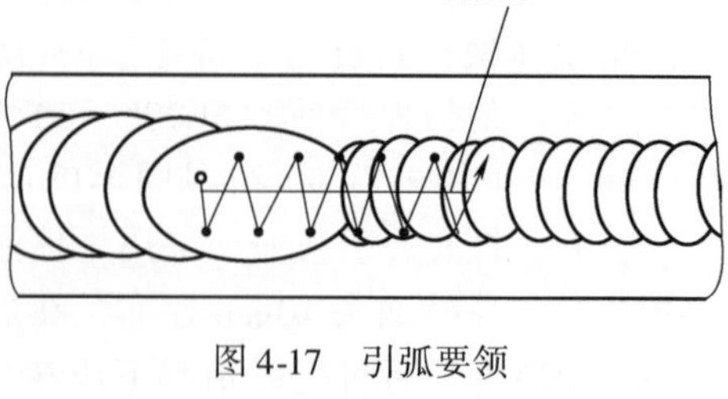


图 4-17　引弧要领

4）盖面。填充焊结束后，待试件冷却 10min 左右再进行盖面焊，有利于内部组织和焊缝美观成形，填充焊结束后，清理飞溅，修磨焊缝过高的部分，保证焊缝表面平或凹，盖面焊操作要领与上述填充一样，注意摆动至坡口两侧时，稍微停留，使边缘熔化 0.5～1.5mm，保证边缘熔化一致、匀速、有节奏运条，接头时更换焊条速度要快，位置要准，防止焊缝接偏、脱节或者过高。接头位置如图 4-18 所示，熄弧要将弧坑填满，保证试件端头熄弧时弧坑填满，盖面焊缝高度≤2mm（见图 4-19），焊缝形状呈圆滑过渡。

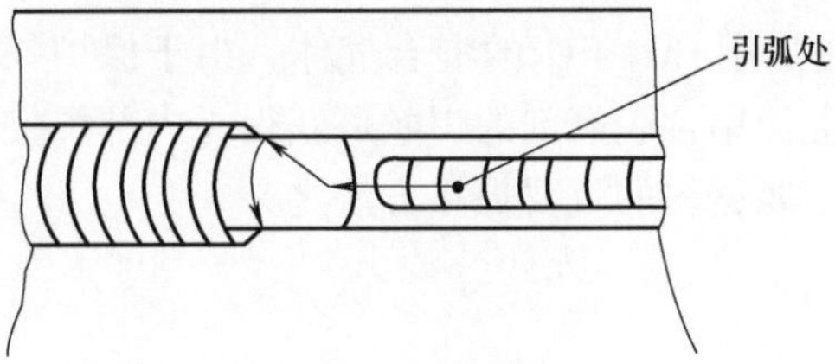


图 4-18 接头位置

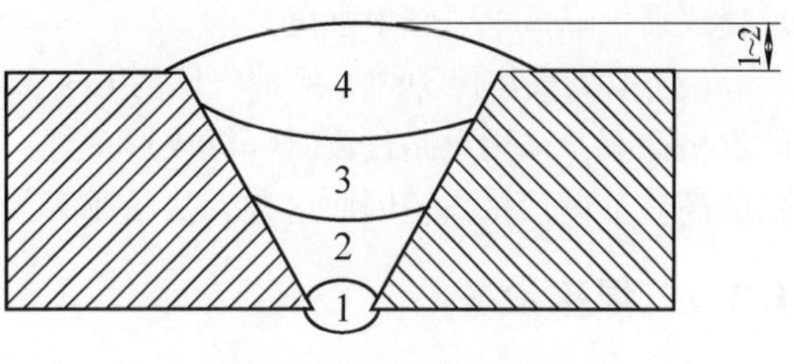


图 4-19 盖面焊缝高度

（7）焊后清理 焊接完成后，用钢丝刷、扁铲、手锤等清理试件熔渣、表面飞溅等，保证焊缝表面处于原始状态。

（8）质量检查 焊缝外观应符合如下要求。

1）焊缝表面处于原始状态，不得有锤击、錾削、补焊、修磨等破坏行为。

2）焊缝表面不得有裂纹、未熔合、夹渣、气孔、焊瘤和未焊透。

3）焊缝边缘直线度≤1.5mm；宽度比坡口宽度增宽 0.5～1.5mm，宽度差≤3mm。

4）焊缝与母材圆滑过渡；焊缝余高 0～4mm，余高差≤3mm。

5）咬边深度≤0.5mm，咬边总长≤10%焊缝长度；背面凹坑深度≤20%板厚，总长不得超过 10%焊缝长。

# 4.3 熔化极气体保护焊

## 4.3.1 基本原理

熔化极气体保护焊（GMAW）是指可熔化的金属焊丝作电极并由气体作保护介质的电弧焊。连续送进的焊丝金属不断熔化并过渡到熔池，与熔化的母材金属熔合形成焊缝金属，从而使焊件间相互连接起来。熔化极气体保护焊原理如图 4-20 所示。

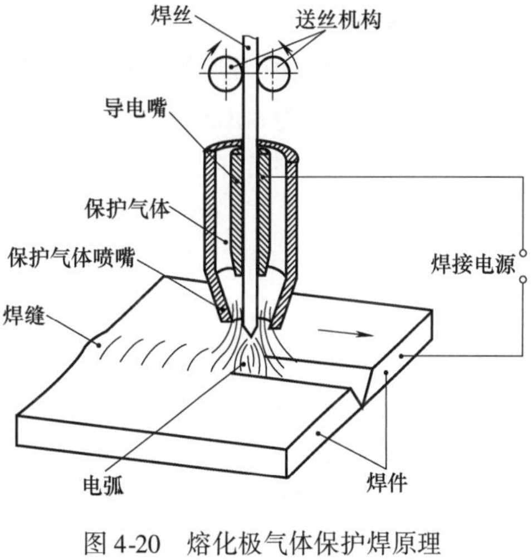


图 4-20 熔化极气体保护焊原理

熔化极气体保护焊根据保护气体的种类不同可分为：熔化极惰性气体保护焊、熔化极活性混合气体保护焊、$CO_2$气体保护焊。

（1）熔化极惰性气体保护焊（MIG） 保护气体采用氩气、氦气或氩气与氦气的混合气体，它们不与液态金属发生冶金反应，只起保护焊接区使之与空气隔离的作用。因此电弧燃烧稳定，熔滴过渡平稳，无激烈飞溅。这种方法特别适用于铝、铜、钛等有色金属的焊接。

（2）熔化极活性混合气体保护焊（MAG） 保护气体由惰性气体和少量氧化性气体混合而成。由于保护气体具有氧化性，所以常用于黑色金属的焊接。在惰性气体中混入少量氧化性气体的目的是在基本不改变惰性气体电弧特性的条件下，进一步提高电弧的稳定性，改善焊缝成形，降低电弧辐射强度。

（3）$CO_2$气体保护焊 保护气体为 $CO_2$，有时采用 $CO_2+O_2$的混合气体。由于保护气体的价格低廉，采用短路过渡时焊缝成形良好，加上使用含脱氧剂的焊丝可获得无内部焊接缺陷的高质量焊接接头，因此这种方法已成为黑色金属材料的重要焊接方法之一。

## 4.3.2 焊接设备

熔化极气体保护焊设备主要由焊接电源及控制装置、送丝装置、焊枪、气体装置、连接电缆和软管等组成（见图 4-21）。

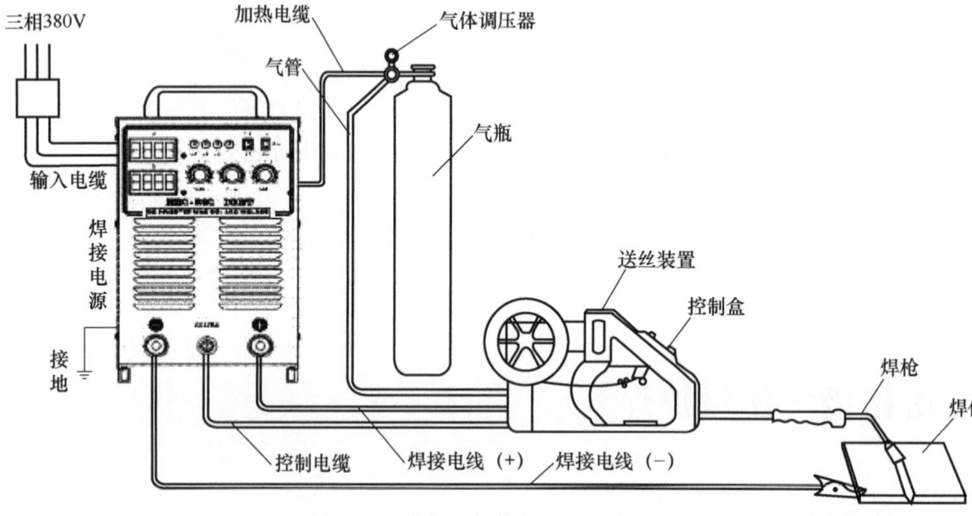


图 4-21 熔化极气体保护焊设备组成

### 1. 焊接电源

熔化极气体保护焊一般使用直流焊接电源，通常额定电流为500A，空载电压为55～80V，负载持续率为60%～100%，外特性曲线为平特性，同时配合等速送丝机构，实现电弧长度在焊接过程中的自动调节。

### 2. 送丝装置

送丝装置由焊丝送进电动机、保护气体开关电磁阀、送丝轮等构成。焊丝从送丝机单元的焊丝导入嘴进入，经送丝轮向前导送焊丝，再经过送丝轮前面的导向嘴，以固定的方向将焊丝送入焊枪软管。送丝轮由一个旋转速度可无级调节的直流电动机驱动。现代焊接允许控制焊接过程，送丝速度由速度计测量并且根据负载进行控制。送丝单元不允许破坏焊丝的表面，因而送丝轮需要与焊丝匹配的直径来保证作用于焊丝表面的单位压力不至于过大。目前主要的送丝方式有拉式、推式及推拉结合方式。

在铝合金的 MIG 焊接中，由于铝焊丝较软，所以焊枪中的送丝软管是采用塑料或特氟绞制成的专用软管，焊接钢结构所用的弹簧软管不适合于铝焊接。对于铝焊丝，必须使用与之匹配的较大直径的铝送丝软管。对于纯铝和铝硅合金焊丝，最好使用推拉式送丝方式。

**3. 焊枪**

熔化极气体保护电弧焊焊枪（见图4-22）主要作用是将保护气体输送到焊接位置、输送焊丝及将电流传导至焊丝。按照冷却方式大致有空冷式和水冷式两种形式，空冷式焊枪一般用于中小焊接电流，水冷式焊枪用于大电流焊接。

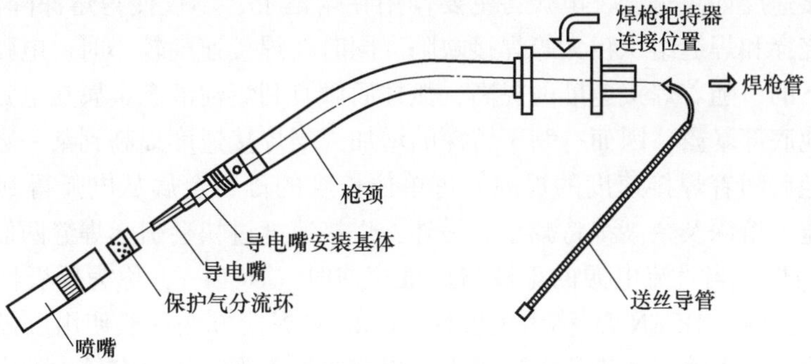


图 4-22　熔化极气体保护焊焊枪

MIG 焊枪与 $CO_2$/MAG 焊枪形状相似，但存在以下差异：

1）为了无故障地传送比较柔软的铝焊丝，有专用的铝焊接 MIG 焊枪。

2）为了顺利地传送如不锈钢、镍合金、高强度钢等硬质材质的焊丝，有其专用的 MIG 焊枪。总之，对应不同的使用目的和不同的用途，采用的焊枪结构也不同。

**4. 气体装置**

气体流量调整器安装在气瓶出口处，设定焊接时所必需的气体流量。气体流量调整器包括用以降低气瓶内高压的“压力调整器”和控制气体流量的“流量计”等。

小型 $CO_2$气体流量调整器中，由于气路不会结冰，所以使用非加热式气体流量调整器，而在大型 $CO_2$气体流量调整器中，由于能把气瓶内高压减压至0.2MPa（约2kgf/$cm^2$），气体的快速膨胀带走热量导致气路结冰，因此在 $CO_2$气体流量调整器中配置有加热装置。

## 4.3.3　消耗材料

熔化极气体保护焊消耗材料主要有焊丝、保护气体、导电嘴、喷嘴等。

## 4.3.4　焊接参数

影响焊缝的熔深、焊道的几何形状和焊接质量的参数主要有：焊接电流、电源极性、电弧电压、焊接速度、焊丝干伸长、焊枪角度、接头位置、焊丝直径、保护气体的成分和气体流量等。

（1）焊接电流的影响　当其他参数保持不变时，焊接电流的增加对焊缝熔深的影响最为显著，几乎呈正比关系。焊接电流对熔滴过渡频率和熔滴的体积有较大的影响，随着焊接电流的增大，熔滴过渡频率提高，熔滴体积变小。

（2）电弧电压的影响　电弧电压的设定取决于焊接材料、保护气体和熔滴过渡类型。

为了获得最佳的电弧特性和焊道形状，进行工艺试验是非常必要的，因为最佳的电弧电压取决于多种因素，如金属厚度、接头类型、焊接位置、焊丝直径、保护气体成分和焊接方法等。通常电弧电压越高，电弧就越长，焊缝余高越小，焊缝熔宽将增加，熔深略有减小。但电弧电压过大将产生气孔、飞溅和咬边；反之电弧电压越低，则电弧长度越短，焊缝余高越大，熔深将增加，焊缝宽度变窄。但过低的电弧电压会导致焊丝插入熔池。

（3）焊接速度的影响　当其他条件不变，焊接速度降低时，单位长度上填充金属的熔敷量增加。焊接速度如果过慢，电弧将主要作用在熔池上，不仅使得熔深降低，焊缝增宽，而且容易产生烧穿和焊缝组织粗大等焊接缺陷。同时在焊接速度较小时，电弧力的作用方向几乎是垂直向下的，随着焊接速度的提高，弧柱后倾有利熔池液态金属在电弧力作用下向尾部流动，使熔池底部暴露，因而有利于熔深的增加，当焊接速度提高到某一数值时焊缝熔深达到最大值。随后随着焊接速度的提高，每单位长度的母材金属从电弧得到的热量逐渐减少，焊缝的熔宽、熔深及余高都将减小。另外，焊接速度过快会引起焊缝两侧咬边。

（4）电源极性　当直流电源的正极与焊枪相连时（DCEP），称为反极性；当直流电源的负极与焊枪相连时（DCEN），称为正极性。GMAW 焊接方法一般使用反极性。因为这种连接方法电弧稳定，熔滴过渡平稳，飞溅少，焊缝成形美观，所以在较大的电流范围内都能获得较大的熔深。但在堆焊和补焊焊件时，则采用正极性比较合适。因为阴极发热量较阳极大，焊丝的熔化系数大，约为反极性的 1.6 倍，金属熔敷效率高，可以提高生产率，由于熔深浅，对保证熔敷金属的性能有利。

（5）保护气体的成分及流量　气体的成分及流量依据待焊工件的材质、接头设计、焊接速度等因素制定。通常如果保护气体流量过小或过大时，均会导致保护效果差，焊缝出现气孔、发黑等缺陷。一般细丝小参数时，气体流量通常为 5 ~ 15L/min，中等参数焊接时约为 20L/min，粗丝大参数一般为 25 ~ 50L/min。

（6）焊丝直径　焊丝直径对焊缝的熔深有较大影响。在相同的焊接参数下，随着焊接直径的减小，焊缝熔深增加。当焊丝干伸长度较大时，焊丝直径对焊丝的熔化速度也有影响，随着焊丝直径的变小，焊丝的熔化速度提高。在选择焊接参数时，一般应根据板厚、坡口形状及焊接位置，选择焊丝直径，然后再确定焊接电流。表 4-6 为不同直径焊丝短路过渡时的焊接参数适用范围。

**表 4-6　不同直径焊丝短路过渡时的焊接参数适用范围**

| 焊丝直径/mm | 短路过渡 | |
|---|---|---|
| | 焊接电流/A | 电弧电压/V |
| 0.6 | 30 ~70 | 17 ~19 |
| 0.8 | 50 ~100 | 18 ~21 |
| 1.0 | 70 ~120 | 18 ~22 |

（7）焊枪的操作　焊枪的操作对焊缝的形状及熔深影响较大。焊枪操作分前进焊和后退焊两种。前进焊焊枪的指示方向与焊接方向相同，后退焊焊枪的指示方向与焊接方向相反。

前进焊的特点：熔融金属向前流动，焊道宽、熔深小。

后退焊的特点：焊道窄、熔深大；易形成凸形焊缝；电弧稳定；飞溅少；在深坡口内熔渣较多时效果良好。

在焊接中，一般采用前进焊，这种方法不会使空气混入保护气体内，从而获得稳定的电弧，在焊接比较深的焊缝时，为了防止过多的飞溅，有时也采用后退焊。

焊枪的前进角保持在10°～15°以内，可使电弧有较强的硬直性和增强在焊丝传送方向上的电弧力；如果焊枪过于倾斜的话，在焊枪前进方向上推动熔化金属的力就增大，从而使飞溅增多，出现熔化不好的结果。对于一些材料，如铝合金焊接时最好采用前进焊，对前面熔池金属有“清洁”作用，可提高润湿性，减少金属氧化物。

水平角焊缝焊接时，除了焊枪角度以外，还必须注意焊接的目标位置。在大电流情况下进行焊接时，焊枪与垂直板的夹角为35°～45°，让焊枪在水平板上偏离角焊缝根部1～3mm，否则，不仅会使焊缝成形恶化，还会造成垂直板侧的咬边现象。

（8）焊缝位置　喷射过渡一般用于平焊和横焊位置，脉冲喷射过渡可用于全位置的焊缝。在立焊和仰焊位置为了克服重力的作用，一般采用较细的焊丝，对于短路过渡和脉冲喷射过渡，直径小于1.2mm的焊丝则较适合全位置焊接。薄板的立焊缝采用向下焊接可取得较好的效果。

工件倾斜时，焊缝成形可因焊接方向的不同而有明显的不同。当上坡焊时，熔池液态金属在重力和电弧力的作用下流向熔池尾部，电弧能深入地加热熔池底部的金属，使熔深和余高都增加。同时，熔池前部加热作用减弱，电弧斑点飘动范围减小，熔宽减小。上坡角度越大，影响也越显著。上坡角度（工件与水平面的夹角）大于62°时，焊缝就会因余高过大，两侧出现咬边而明显恶化。

下坡焊时，情况正好与上述相反，即熔深和余高略有减少，而熔宽将略有增加。因此倾角小于68°时可使焊缝表面成形得到改善，如果倾角过大，会导致未焊透、未熔合和焊缝流溢等缺陷。

## 4.3.5　熔化极气体保护焊的应用

熔化极气体保护焊焊缝成形美观、对环境的污染也很小，使用这种焊接方法，在实际生产中容易实现机械化及智能化，进而节省焊接成本，提高生产效率，在市场竞争中显示出很大的优势。因此，GMAW焊接方法在众多熔焊方法中应用最为广泛。

熔化极惰性气体保护焊目前主要应用于有色金属及不锈钢的焊接，其中铝及铝合金、铜及铜合金以及不锈钢的熔化极惰性气体保护焊已经得到了长足的发展。例如，对于铝及铝合金的熔化极惰性气体保护焊焊丝，针对不同的被焊材料，相应地有不同种类焊丝的选择，并且在焊接参数上主要包括短路过渡熔化极惰性气体保护焊、脉冲熔化极惰性气体保护焊、射流过渡熔化极惰性气体保护焊以及大电流熔化极惰性气体保护焊。由于熔化极惰性气体保护焊方法操作方便，通常可以进行对接立焊、横焊、仰焊以及船形焊、水平角焊等位置的焊接。

$CO_2$气体保护焊是一种易于实现自动化的焊接方法。它具有高效、节能、抗锈低氢、低成本以及可进行全位置焊接等优点，因此在中、薄板和全位置焊接中得到了广泛的应用。$CO_2$气体保护焊以短路过渡为主，但其飞溅大和焊缝成形差，这是$CO_2$气体保护焊进一步推广所需解决的一个突出问题。尤其是在$CO_2$气体保护焊机器人弧焊系统，这带来了辅助工作时间的增加，阻碍了$CO_2$气体保护焊高速、优质特点的充分发挥。

混合气体保护焊由于具有良好的焊接工艺性能，焊缝成形美观，目前被广泛应用于轨道车辆、汽车、压力容器、集装箱及阀门等的焊接。混合气体保护焊生产效率高，可降低工人的劳动强度，也可以改善焊缝的外观质量和均匀性。

**1. 焊丝的选择**

熔化极气体保护焊的焊丝一般都是连续送进，一般包装形式为盘式或桶式。所选焊丝的化学成分与母材的化学成分匹配，并且具有良好的焊接工艺性能和焊缝力学性能。

**2. 保护气体的选择**

（1）MIG 焊保护气体　主要有 Ar、Ar + He、He、$N_2$及 Ar + $H_2$，各种气体的适用范围及其特点见表 4-7。

**表 4-7　不同材料焊接时的保护气体及其特点**

| 被焊材料 | 保护气体 | 混合比 | 特点 |
|---|---|---|---|
| 铝及铝合金 | Ar | 纯氩气 | 直流反接，有阴极破碎作用 |
| | Ar + He | 26% ~90% He | 电弧温度高。适于焊接厚铝板，可增加熔深，减少气孔。随着 He 的比例增大，有一定飞溅 |
| 钛、锆及其合金 | Ar | 纯氩气 | 焊接薄板 |
| | Ar + He | 75% Ar + 25% He | 可增加热输入。适于射流电弧、脉冲电弧及短路电弧 |
| 铜及其合金 | Ar | 纯氩气 | 板厚大于 5 ~6mm 时需预热 |
| | Ar + He | 50% Ar + 50% He 或 30 Ar % +70% He | 输入热量比纯 Ar 大，可以减小预热温度 |
| | $N_2$ | 纯氮气 | 增大了输入热量，可降低或取消预热温度，但有飞溅及烟雾 |
| | Ar + $N_2$ | 80% Ar + 20% $N_2$ | 输入热量比纯 Ar 大，但有一定的飞溅 |
| 不锈钢及高强度钢 | Ar | 纯氩气 | 焊接薄板 |
| 镍基合金 | Ar | 纯氩气 | 对于射流、脉冲及短路电弧均适用，是焊接镍基合金的主要气体 |
| | Ar + He | 85% ~80% Ar + 15% ~20% He | 增加热量输入 |
| | Ar + $H_2$ | 94% Ar + 6% $H_2$ | 加 $H_2$有利于抑制 CO 气孔 |

（2）MAG 焊保护气体

1）Ar + $CO_2$。Ar + $CO_2$混合气体分两种类型。一种为 Ar +（1% ~5%）$CO_2$，用于焊接不锈钢等高合金钢及级别较高的高强度钢；另一种为 Ar + 20% $CO_2$，用于焊接低碳钢及低合金高强度结构钢。焊接不锈钢时，$O_2$的含量不应超过 2%，否则焊缝表面氧化严重，接头质量下降。Ar + 20% $O_2$焊接碳素钢和低合金高强度结构钢时，抗氮气孔性能比 Ar + 20% $CO_2$及纯 $CO_2$好，焊缝缺口韧性较 Ar + 20% $CO_2$气体焊接的焊缝稍有提高。

2）Ar + $CO_2$ + $O_2$。据试验，80% Ar + 15% $CO_2$ + 5% $O_2$对于焊接低碳钢、低合金钢是最佳的。无论焊缝成形，接头质量以及金属熔滴过渡和电弧稳定性方面均较为满意。其焊缝比较理想，熔深呈三角形。焊接不锈钢及高强钢的常用气体为 Ar + 5% $CO_2$ +（1% ~2%）$O_2$，但焊缝有增碳现象。

常用氧化性混合气体的特点及应用范围见表4-8。

表4-8 常用氧化性混合气体的特点及应用范围

| 被焊材料 | 保护气体 | 特点和应用范围 |
| --- | --- | --- |
| 碳素钢及低合金钢 | Ar+（1%~5%）$O_2$<br>或者<br>Ar+20% $O_2$ | 采用射流过渡，使熔滴细化，降低了射流过渡的临界电流值，提高了熔池的氧化性，提高抗 $N_2$ 气孔的能力，降低焊缝含 $H_2$ 量、含 $O_2$ 量及夹杂物，提高焊缝的塑性及抗冷裂的能力。用于焊缝要求较高的场合 |
| | Ar+（20%~30%）$CO_2$ | 可采用各种过渡形式，飞溅小，电弧稳定，焊缝成形好，有一定的氧化性，克服了单一 Ar 保护时阴极漂移及金属黏稠的现象，改善蘑菇形熔深，焊缝力学性能优于纯 Ar 保护 |
| | Ar+15% $CO_2$+5% $O_2$ | 可采用各种过渡形式，飞溅小，电弧稳定，焊缝成形好，有较好的焊接质量，焊缝断面形状及熔深理想，是焊接碳素钢及低合金钢的最佳混合气体 |
| 不锈钢及高强度钢 | Ar+（1%~2%）$O_2$ | 提高熔池的氧化性，降低焊缝金属含氢量，增大熔深，成形好，液体金属黏度及表面张力有所降低，不易产生气孔及咬边，克服阴极漂移现象 |
| | Ar+5% $CO_2$+（1%~2%）$O_2$ | 提高了氧化性，熔深大，焊缝成形较好，但焊缝可能有少量增碳 |
| 铝及其合金 | Ar+2% $CO_2$ | 可简化焊前清理工作，电弧稳定，飞溅小，抗气孔能力强，焊缝力学性能较高 |

**3. 焊接设备的选择**

目前熔化极气体保护焊接设备主要有晶闸管式、IGBT 式、全数字焊机等形式，焊接设备的选择主要是在确定待焊材料的类别、厚度、焊接位置等信息后，对焊机的主要参数，如空载电压、负载持续率、送丝方式、焊枪形式、控制系统及价格等进行综合考虑选择。

## 4.3.6 气体保护焊单面焊双面成形平焊教学要点

气体保护焊与焊条电弧焊相比，操作方法简单、焊接熔池易于观察。焊丝作为电极，对于母材焊接来说，焊接电弧同时作用于母材和焊丝，对焊工操作的稳定、电弧控制、熔池形状控制要求非常高，焊接参数的选择非常关键，尤其是焊接电流和电弧电压的最佳匹配需要焊工长时间的积累。本节对气体保护焊单面焊双面成形平焊位置操作技术的掌握要点、难点分析、焊前准备、引弧、熄弧、接头、打底焊、填充焊、盖面焊等方面的操作要点进行了详细地讲授，将有助于焊工尽快达到技能要求，满足焊缝的质量要求。

**1. 操作技术要点**

1）熟悉气体保护焊机各个功能，应能够熟练、规范调节焊机的各个按钮、正确安装气瓶，加热器、规范安装焊枪、焊丝盘等。

2）操作过程中，学会运用气体保护焊单面焊双面成形理论操作知识，正确、规范调整焊接参数，如：焊接电流和电弧电压的匹配、焊丝干伸长度、气体流量等。

3）气体保护焊单面焊双面成形焊接操作过程中，应能够正确、规范掌握持枪的姿势、位置、焊枪的角度、焊接方向及运枪方法等。

4）气体保护焊单面焊双面成形焊接操作过程中，应能够正确、规范掌握引弧、熄弧、接头的操作要点以及每层的焊接厚度。

5）焊接操作完成后，能够认真检查焊接试板，通过外部检查识别焊缝缺陷，如：焊缝表面裂纹、未熔合、夹渣、气孔、焊瘤、咬边和未焊透等。

**2. 操作技术难点分析**

气体保护焊单面焊双面成形平焊位置的焊接熔池呈悬空状态，液态金属受重力作用极易产生下坠现象。焊接参数选择不当或焊枪角度不当均会造成在焊缝背面产生凹陷或烧穿，焊缝正面中部凸起，两侧凹坑，气体保护焊是自动化送丝，焊工实际操作的稳定性非常关键。焊接过程中要长时间稳定控制焊枪，保证焊丝干伸长度，并且为了保证熔池的一定形状，需要及时灵活调整焊枪角度、焊接速度、运枪方法等。通过熔池形状来保证焊缝成形美观，从而达到质量控制。

**3. 焊前准备**

（1）安全护具准备　棉或皮质工作服、绝缘鞋、防护帽、绝缘手套、防尘口罩、防护镜、披肩和套袖（现场批量情况下使用）、安全帽和焊接面罩等。

（2）设备工具准备

1）选用松下 KRII-350 型气体保护焊机。

2）采取直流焊机反接法，检查电缆线接头是否接触良好，焊枪电缆是否松动，避免因接触不良造成电阻增大发热而烧毁焊接设备。

3）检查接地线是否接牢，避免因设备漏电造成人身安全事故。

4）熟悉气体保护焊机各个功能、能够熟练调节，安装气瓶，加热器等。

5）熟练、标准、安全、规范地使用手锤、敲渣锤、扁铲、钢锯条、角磨机、钢丝刷、钢板尺及焊缝检测尺等。

（3）母材准备和焊接材料准备

1）焊接试板材质为 Q450NQR1 高强度耐候钢，尺寸为 300mm × 125mm × 12mm，数量为 2 件。

2）焊接试板坡口采用机械加工或火焰切割加工，坡口单边角度为 30°，不留钝边（见图 4-23）。

3）检查焊接试板平直度，并修复平整。

4）打磨干净焊接试板坡口两侧正反面 20mm 内的锈、油，露出金属光泽，避免产生气孔、裂纹，否则难以引弧。

5）焊接试板坡口修磨钝边，尺寸为 0 ~ 0.5mm。

6）保护气体为 80% Ar + 20% $CO_2$。

7）气体流量为 15 ~ 20L/min。

8）焊丝牌号为 TH550-NQ-II。

9）焊丝直径为 $\phi$1.2mm。

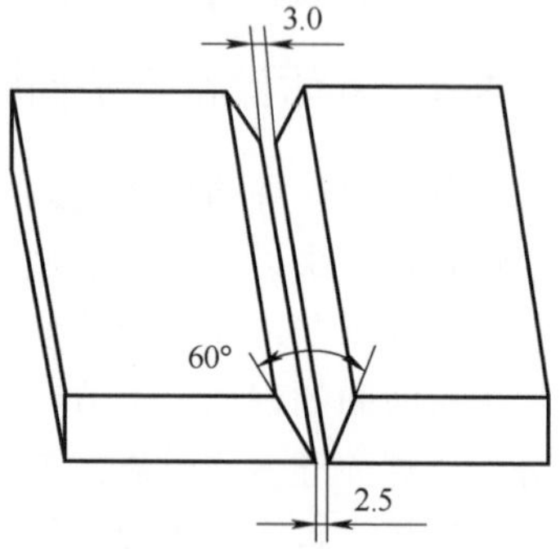

图 4-23　试件坡口加工

（4）焊接参数的选择　在表 4-9 焊接参数的基础上根据操作习惯，选择焊接电流，在焊接电流的基础上调整电弧电压。通过听飞溅的声音、看飞溅大小、看熔池形状，感觉焊丝与母材接触时焊丝顶枪的熔化状态等调整焊接电流和电弧电压，并且要预先设置好熄弧电压和焊接电流，保证填满弧坑。

**表 4-9　焊接参数（推荐）**

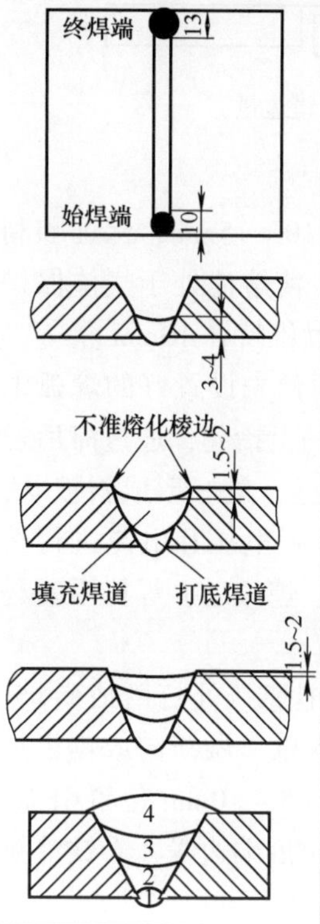


| 焊接层次 | 焊丝直径/mm | 焊接电流/A | 电弧电压/V | 干伸长度/mm | 气体流量/L·min$^{-1}$ | 焊接手法/摆动方法 |
|---|---|---|---|---|---|---|
| 组对定位焊 | 1.2 | 90~120 | 15~17 | 13~15 | 15~20 | 断弧 |
| 打底焊 | 1.2 | 90~120 | 15~17 | 13~15 | 15~20 | 连弧焊/锯齿形摆动/断弧焊 |
| 填充第一层 | 1.2 | 140~180 | 19~22 | 10~13 | 15~20 | 连弧焊/锯齿形摆动 |
| 填充第二层 | 1.2 | 150~200 | 20~23 | 10~13 | 15~20 | 连弧焊/锯齿形摆动 |
| 盖面焊 | 1.2 | 160~190 | 21~25 | 10~13 | 15~20 | 连弧焊/锯齿形摆动/断弧焊 |

（5）试板组装与定位焊　试板的装配质量关系到焊缝的最终质量，为了保证即焊透又不能烧穿，必须留有合适的对接间隙和合理的钝边。根据板的厚度和所选焊条的规格及打底焊方法，选择和正式焊接同型号的焊丝，在试件两端坡口内侧定位焊，焊缝长度 10~15mm（见图 4-24），确定间隙 2.5~3.0mm，反变形约 3°，错边量≤0.5mm（见图 4-25~图 4-27）。定位焊时，高度 3~5mm，以保证焊缝强度，抵抗焊接变形时的收缩，并打磨斜坡便于接头。

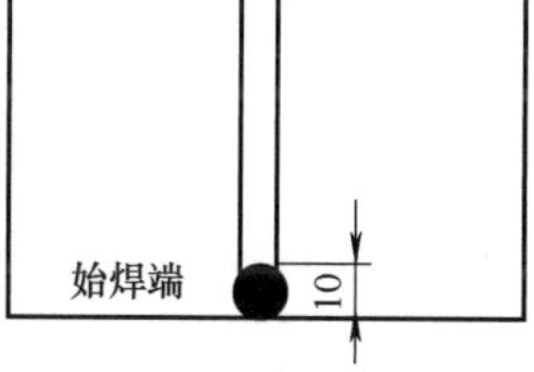


图 4-24　定位焊位置

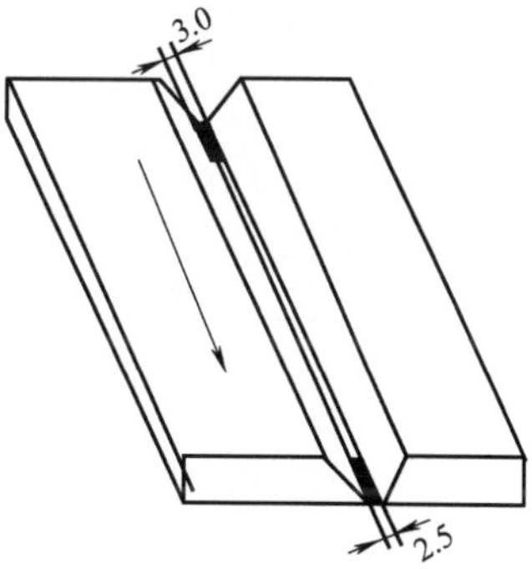


图 4-25　间隙

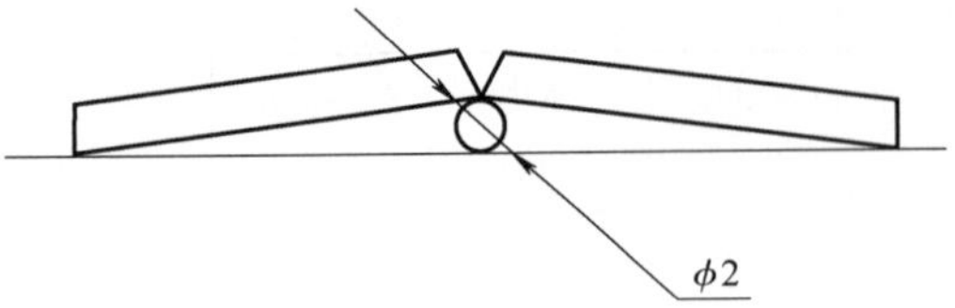


图 4-26　反变形角度

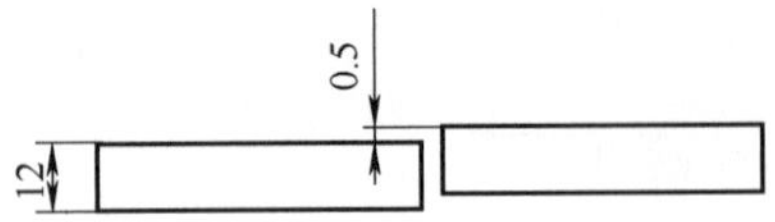


图 4-27　错边量

**4. 引弧、熄弧、接头的操作要点**

（1）引弧　先将焊丝端部用尖嘴钳切成斜坡状，焊丝干伸长度为 10～15mm，保证顺利引弧。引弧位置在定位焊缝的斜坡尖端，起动焊枪，提前送气 1～2s，使熔池处于气体保护状态，引弧时下压焊枪，保证平稳引弧，引弧后，焊接时焊丝干伸长度维持在 10mm 左右。

（2）熄弧　焊接中间过程需要熄弧时，起动焊枪熄弧按钮，利用预先设置好的熄弧电压和电流进行熄弧，熄弧过程中，在熄弧处稍停，熄弧后，焊枪不要马上抬起，通过滞后送气使熔池处于保护状态，一般时间为 2～3s，注意弧坑的深度低于焊缝，最好形成斜坡状，有利于二次焊接接头。焊接收尾处需要熄弧时，利用预先设置好的熄弧电压和电流进行熄弧，熄弧过程中，在熄弧处采用回焊或者画圈收尾法，保证弧坑填满，熄弧后，焊枪不要马上抬起，通过滞后送气使熔池处于保护状态，一般时间为 2～3s。

（3）接头　由于气体保护焊引弧时，电弧预热热量不足，一般把熄弧处打磨成斜坡，打底焊接头时，在熄弧弧坑处前端 5～10mm 位置引弧，并快速移动焊枪，做横向或锯齿形摆动进行正常焊接。填充焊缝、盖面焊缝焊接接头时，在弧坑处前端 5～10mm 位置引弧，快速移动焊枪并在弧坑中心停留，稳定电弧形成熔池后，用电弧沿弧坑后端边缘，看铁液拱起保证焊缝表面高度一致后，向左做横向或锯齿形摆动进行正常焊接。

**5. 焊接操作过程**

（1）打底焊　焊缝开始焊接时，首先，焊接打底层焊缝时，采用左向焊接，焊接参数的选择见表 4-9。焊枪与焊缝前倾角为 80°～90°（见图 4-28），前倾角太大，容易造成穿丝，保护气体不到位导致背面焊缝成形不良等缺陷；焊枪前倾角太小，会影响操作视线，易使焊丝端部脱离熔池造成穿丝，造成断弧。焊枪与焊件之间的夹角为 90°（见图 4-29），角度偏离 90°会造成一侧未熔合等缺陷，焊枪摆动方式采用锯齿形或月牙形。

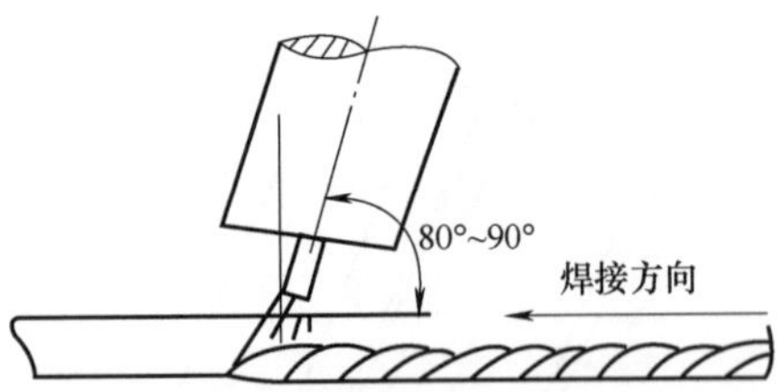


图 4-28　焊接方向及焊枪倾角

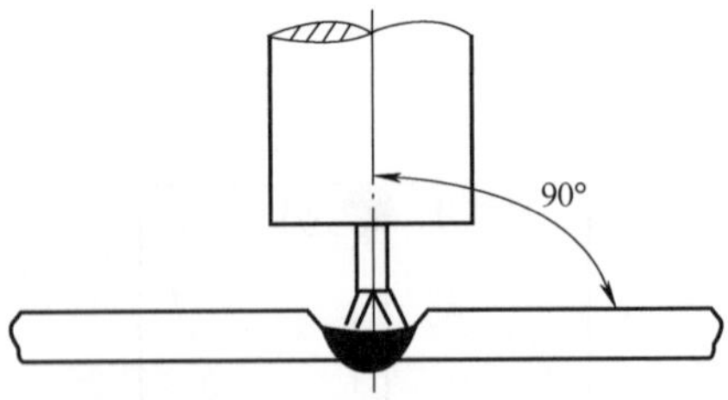


图 4-29　焊枪与焊件夹角

电弧引燃后，沿斜坡向坡口根部运行焊接，至坡口根部后作小幅度横向摆动，击穿根部打开熔孔，稍作停顿形成熔池，然后采用锯齿形摆动方法焊接（见图 4-30）。

焊接时注意观察熔孔尺寸，熔孔直径比坡口间隙大 0.5～1mm（见图 4-31），根据坡口间隙和熔孔直径的变化，调整焊枪横向摆动幅度和焊接速度。当坡口间隙和熔孔增大时，焊枪横向摆动幅度也要加宽，防止熔池下坠。为了保证获得均匀一致的背面焊缝成形，焊接过程中，焊丝端部应始终在熔池前半部燃烧，焊丝不得脱离熔池。并且要严格控制喷嘴高度，既不能遮挡操作视线，又要使气体保护效果良好。一般一次连续焊接完成，若需要有焊接接头，则应打磨熄弧处，再次引弧，焊接方法与前述相同。

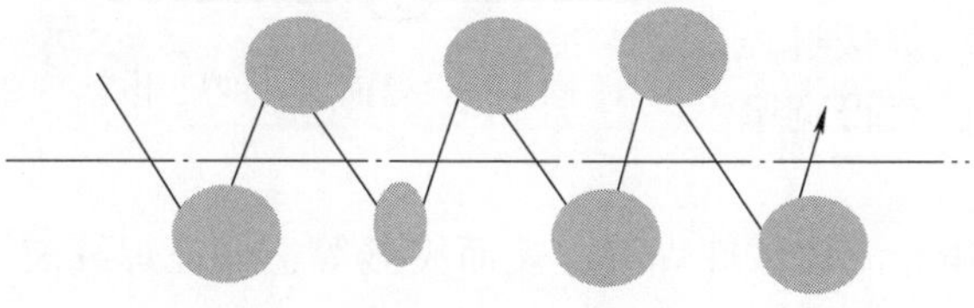

图 4-30 锯齿形摆动法

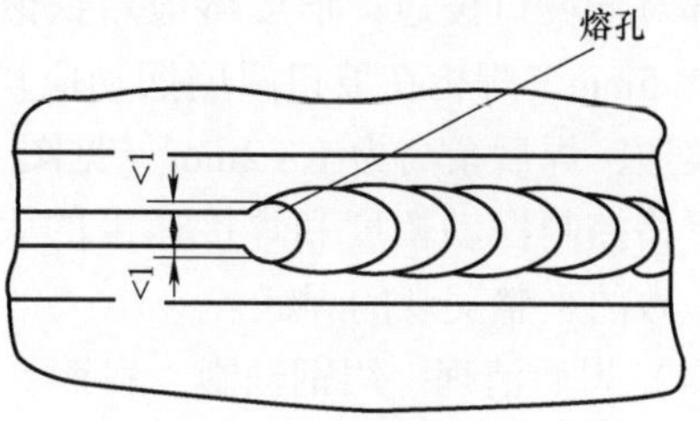


图 4-31 熔孔形状

（2）填充焊 第一层填充：填充层焊接前，将打底层焊缝表面的焊渣和飞溅物清理干净，焊接参数见表 4-9，选用稍大焊接电流。在试件远端引弧，压低电弧稍作停顿，待形成熔池，连弧小锯齿形或小月牙形摆动，中间稍快，坡口两边稍作停顿，填充层每层厚度 3 ~ 4mm（见图 4-32）。由于坡口较窄，焊接速度要快，否则会在坡口两侧形成棱角过渡，其焊缝断面形状以平或稍凹为最好，保证坡口两侧的熔合。填充层焊接时焊接方向、焊枪角度及焊枪横向摆动方法与打底焊相同。

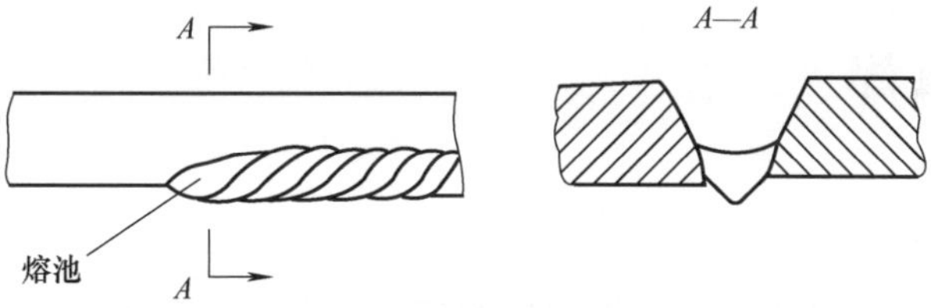


图 4-32 焊接熔池及焊缝断面

第二层填充：焊接参数见表 4-9，采用连弧焊月牙形或锯齿形摆动，摆动速度根据形状调整摆动速度和向前迈步，熔池形状最好为长圆形。当熔池变为圆形或者椭圆形时，调整摆动速度防止熔池中部温度过高，或者增加坡口两侧停顿时间，减少中间停留时间。摆动幅度大于第一填充层，注意熔合坡口棱角，以使整条焊缝平整，坡口圆滑过渡。坡口两侧停顿时间以不破坏坡口棱边为好，焊完后焊缝表面距试件表面以预留 1 ~ 1.5mm 为宜，且不得破坏坡口边缘棱角。熔池两侧坡口边缘卷边、不明亮，说明坡口两侧没有熔合，需要放慢焊接速度，延长两侧停留时间，运枪摆动速度决定熔池温度。不同运枪速度的熔池形状如图 4-33 ~ 图 4-35 所示。

图 4-33 运枪速度太慢

图 4-34 运枪速度适中

图 4-35 运枪速度中间过快

（3）盖面焊　盖面层焊接前，先将填充层焊缝表面的焊渣及金属飞溅物清理干净，焊接参数见表4-9，焊接参数稍大于填充层。焊接时焊枪角度、摆动方法与填充焊时相同，摆动幅度稍大。根据填充焊道深度大小，焊接熔池拱起的高度，调整焊接速度快慢，焊枪摆动到坡口两侧时，焊丝端部对准坡口棱边，形成熔池后铁液拱起并熔化棱边0.5~1.5mm，焊枪在坡口两侧摆动应均匀缓慢，以防止产生咬边，焊后余高为1~2mm（见图4-36），焊接过程中应严格控制摆动幅度和焊接速度的大小，以获得宽窄高低一致的平整美观的焊缝。

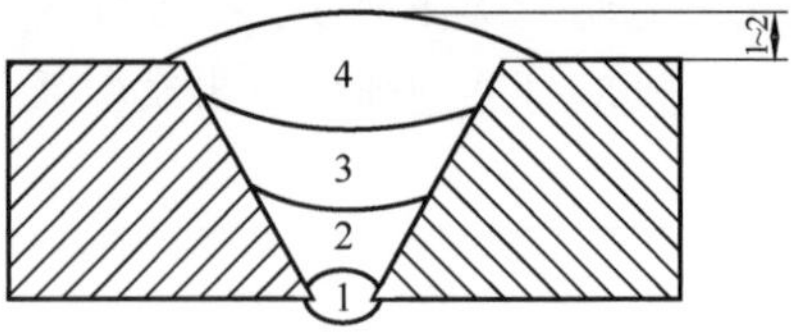

图4-36　盖面层高度尺寸

（4）焊后清理　用钢丝刷、扁铲、敲渣锤等清理试件焊渣、表面飞溅等，保证焊缝表面处于原始状态。

（5）质量检查　焊缝外观应符合下列要求。

1）焊缝表面处于原始状态，不得有锤击、錾削、补焊、修磨等破坏行为。

2）焊缝表面不得有裂纹、未熔合、夹渣、气孔、焊瘤和未焊透等缺陷。

3）焊缝边沿直线度≤1.5mm；宽度比坡口宽度增宽0.5~1.5mm，宽度差≤3mm。

4）焊缝与母材圆滑过渡；焊缝余高0~4mm，余高差≤3mm。

5）咬边深度≤0.5mm，咬边总长≤10%焊缝长度；背面凹坑深度≤20%板厚，总长不得超过10%焊缝长度。

# 4.4　钨极氩弧焊

## 4.4.1　钨极氩弧焊原理、分类及特点

钨极氩弧焊通常称为TIG焊，是指使用纯钨或活化钨（钍钨、铈钨等）为电极的惰性气体保护电弧焊。是一种在非消耗性电极和工作物之间产生热量的电弧焊方式；电极棒、熔池、电弧和工作物临近受热区域有保护气体避免空气混入。此保护气体是由单一气体或混合气体供应，通常是惰性气体，必须是能提供全保护，因为即使很微量的空气混入也会污染焊缝。焊接时氩气从焊枪的喷嘴中连续喷出，在电弧周围形成保护层隔绝空气，以防止其对钨极、熔池及邻近热影响区的影响，从而获得优质的焊缝。焊接过程中根据工件的具体要求可以加或不加填充焊丝。钨极氩弧焊是用钨棒作为电极加上氩气进行保护的焊接方法，其方法与构成如图4-37、图4-38所示。

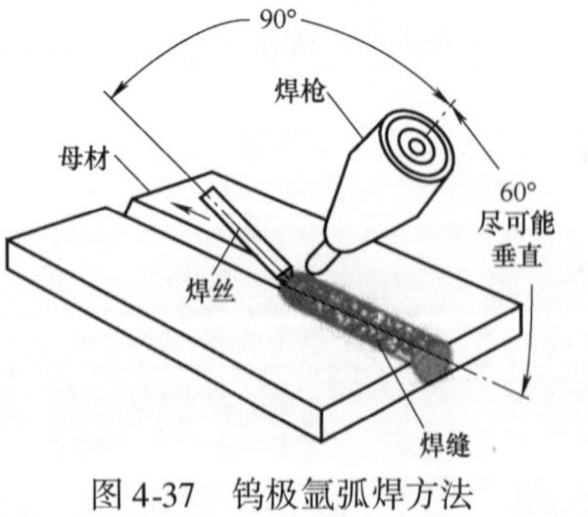

图4-37　钨极氩弧焊方法

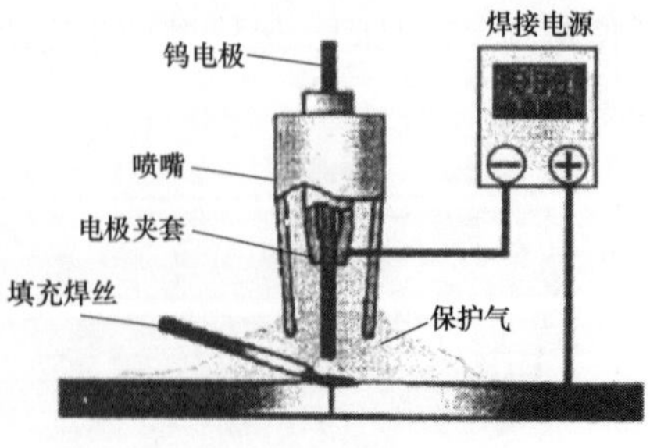

图4-38　钨极氩弧焊构成

钨极氩弧焊按操作方法可分为手工钨极氩弧焊和自动化焊接两种。对于长直焊缝和规则的曲线焊缝，可采用自动化焊接；而对于不规则或较短的焊缝，则采用手工钨极氩弧焊。使用较多的是直流手工钨极氩弧焊，直流钨极氩弧焊通常分为以下两种。

（1）直流反极性　在钨极氩弧焊中，虽很少用直流反极性，但它有一种去除氧化膜作用。所谓去除氧化膜作用，就是交流焊的反极性半波也同样存在，它是成功地焊接铝、镁及其合金的重要因素。铝、镁及其合金的表面存在一层致密难熔的氧化膜覆盖在焊接熔池表面，如不及时清除，焊接时会造成未熔合；在焊缝表面还会形成皱皮或产生内部气孔、夹渣，直接影响焊接质量。实践证明，反极性时，被焊金属表面的氧化膜在电弧的作用下，可以被清除掉而获得成形美观的焊缝。这种作用要求阴极斑点的能量密度要很高和被质量很大的正离子撞击，致使氧化膜破碎。

（2）直流正极性　直流正极性时，焊件接正极，焊件接受电子轰击放出的全部动能和逸出功，产生大量的热，因此熔池深而窄，生产效率高，焊件的收缩和变形都小（见图 4-39）。当采用直流正极性时，钨极是阴极，其熔点高，在高温时电子发射能力强，电弧燃烧稳定性好。除焊接铝、镁及其合金外，一般均采用直流正极性接法进行焊接。

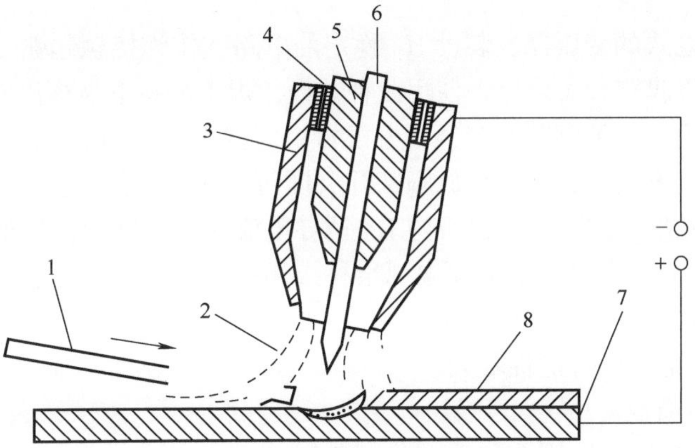


图 4-39　钨极氩弧焊原理

1—焊丝　2—氩气流　3—喷嘴　4—绝缘套　5—导电嘴　6—钨极　7—焊件　8—焊缝

TIG 焊接方法由于电弧是在氩气中进行燃烧，因此具有以下优缺点。

1）氩气具有极好的保护作用，能有效地隔绝周围空气；它本身既不与金属起化学反应，也不熔于金属，使得焊接过程中的冶金反应简单易控制，因此为获得较高质量的焊缝提供良好条件。

2）钨极电弧非常稳定，即使在很小电流情况下（ <10A）仍可稳定燃烧，特别适用于薄板材料焊接。

3）由于热源和填充焊丝可分别控制，使热输入容易调整，所以这种焊接方法可进行全方位焊接，也是实现单面焊双面成形的理想方法。

4）由于填充焊丝无电流，故不产生飞溅，焊缝成形美观。

5）交流氩弧焊在焊接过程中能够自动清除焊件表面的氧化膜，因此，可成功地焊接一些化学性活泼的有色金属，如铝、镁及其合金。

6）钨极承载电流能力较差，过大的电流会引起钨极的熔化和蒸发，其微粒有可能进入熔池而引起夹钨。因此，熔敷速度小、熔深浅、生产率低。

7）采用氩气较贵，熔敷率低，且氩弧焊机又较复杂，与其他焊接方法（如焊条电弧焊、埋弧焊、$CO_2$气体保护焊）相比，生产成本较高。

8）氩弧周围受气流影响较大，不适于室外焊接作业。

### 4.4.2 钨极氩弧焊设备

钨极氩弧焊的焊机有：①变压器-整流器式，直流输出。②变压器式，交流输出。③动力驱动发电机-电力电动机驱动（只供 AC 输出）或引擎驱动（可供 AC 或 DC 输出）。

变压器和整流器式焊机具有优于动力驱动发电机式的诸多优点：低的最初成本，暖机期间没有电流降，操作安静，保养和操作成本低，没有转动部分，停顿时功率输入低。

引擎驱动发电机的优点是可使用于电力供应的区域。

（1）高频稳定　将火花间隙式或管式振荡器接于焊接变压器线路中起引弧作用，且在大多数早期以高频稳定的交流电在 TIG 焊接中，发生的“无线干扰”引起相当多的麻烦。然而，现今震动式电驿，“电子管”制动电器和独特相位的高频变压器供给火花较弱的放电，使“无线干扰”现象减少。

为改装一些较老式的变压器，装设 HF 稳定的电路，作为接触起弧，或加入一磁动接触器于交流焊机中，以脚踏开关启停；使用此种装设，焊工能将电极棒依靠焊件指向需要开始的位置下面罩，然后，接下脚踏开关，当电极棒由焊件上提升时，即起弧。此程序较简单，且当焊工欲停止焊接电流时，仅需释放脚踏开关即可。HF 诱导放电需要的强度取决于接头设计、电极棒伸出长度和焊工能以最小的 HF 诱导电流起弧之能力，如果在深的沟槽接头中焊接，则 HF 电流强度必须较低，否则电弧会桥接沟槽的宽度而不会进入接头的根部。

过度的高频稳定会有下列不良效应。

1）操作人员受电震的可能性较大。

2）焊接电弧不稳定。

3）如果使用金属喷嘴，则会“遇电”至喷嘴。

4）降低焊接缆线的寿命，因为高频会渗透绝缘。

5）增加无线接收干扰。

如果在焊接电流上附加高频电路时，最重要的是在装入或调整电极棒之前，或将手放在或接近焊接接头的金属部分之前，必须将电源关掉，否则会发生猛烈的电震，特别是在操作者接触到接近于焊件的温度时。在以高频稳定交流电焊接时，熄弧后电极棒仍热时，其尖端显现紫色的晕，当电极棒冷却，紫色晕剧烈褪色，且当电极棒达到某一温度时，即突然的消失，在紫晕仍可见时，电极棒接近焊件仍有相当大的距离时即会引发电弧，故必须特别小心，以避免在不想要的位置突然引发电弧和弧燃。

（2）热启动装置　对于某些焊接，需提供布设骤增的电流（高于正常电流很多），以便能在最短的时间延迟下起弧，这在自动或半自动焊接中非常有用。在电路中连接热启动装置，提供开端（起弧）的骤增电流，通常此装置能预先调整以供所需的外加电流大小和时间幅度。

（3）缓和电力　在以短持续时间的高电流值和经常启动的焊接时，可使用感应电动机横跨（并联）于连接焊机的端子缓和线路上电力的聚增量。此电动机不具外部负荷，电动机的额定功率必须超过焊机的额定 kVA，这时当因在起弧中的短路使电流骤增而线电压降时，在转动电枢中会有足够的动能转换成大量的电力输入线路中，在线电压中的尖锐陡降会引起电动机转慢，且在电动机中的转动能量被转换成电能，帮助保持线电压上升，除非是起弧时，紧急的减缓线电压降。否则在做此类装设之前必须小心地做成本分析。

（4）熔坑填充　在某些应用中，焊道终端需做匀称的收尾，且避免在焊道熔坑中的熄弧点上突然的凹陷，如在铝合金和镁合金的焊接中，在收尾之前需开始减少焊接电流，然而，镍基和钴基合金等对“鼓震”很敏感的金属，除非以逐渐减少电流的方式熄弧，并且有助于填充金属的温度焊接（也可从熔池消减数量），否则必然会发生熔坑龟裂。为避免熄弧后在熔坑中产生“渴”或凹陷，焊道必须持续越过焊道终端，且电流必须逐渐减小至金属不再熔化为止，否则当电弧停止时，在焊件中会形成凹处或弧形疤痕，此疤痕可能存在的显微裂纹会增加腐蚀的敏感性。

有多种方法可使各种焊机能逐渐减小电流。

1）在马达发电机上用控制法。

2）在整流器上用可变电抗器控制法。

3）在控制变压器的可动线圈和可饱和的电抗器上使用电动机或空气驱动的圆筒隔离一次和二次线圈控制。

（5）焊枪　手工钨极氩弧焊的焊枪必须坚实、重量轻且完全绝缘，必须有手把供持压且供输送保护气体至电弧区，且具有筒夹、夹头或其他方式能稳固的压紧钨电极棒且能导引焊接电流至电极棒上。焊枪组合一般包括各种不同的缆线，软管和连接焊枪至电源、气体和水的配合件，图 4-40 表示典型的水冷式手工操作焊枪。保护气体通过的整个系统必须气密，

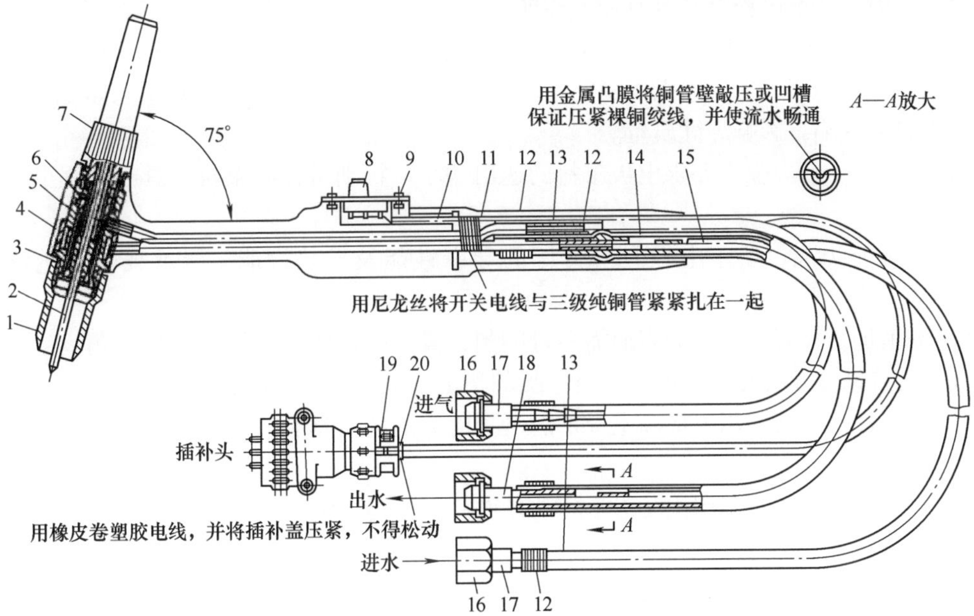


图 4-40　典型水冷式焊枪结构图

1—陶瓷喷嘴　2—钨电极　3、4—封环　5—枪体塑料压制件　6—轧头套筒　7—绝缘帽　8—拨动式波段开关　9—球面　圆柱螺钉　10—双股并联塑胶线　11—手柄　12—尼龙线　13、14—聚氯乙烯半透明塑料管　15—镀锡裸绞线　16—螺母　17、18—管接头　19—直式电缆插头（阳插头）　20—软橡胶

软管中接头处漏泄会使保护气体大量损失，且熔池无法得到充分的保护，空气吸入气体系统中时常是主要的问题，需小心地维护以确保气体系统的气密性。

钨极氩弧焊的焊枪有不同的尺寸和种类，焊枪尺寸是以能使用的最大焊接电流而定，而且可配用不同尺寸的电极棒和不同种类和尺寸的喷嘴，电极棒与手把的角度也随着不同的焊枪而变化，最普通的角度是约120°，但其也有使用90°的头角度焊枪，这种是直线焊枪，甚至可调整角度的焊枪，有些焊枪在其手把中装置辅助开关和气体阀。

钨极氩弧焊的焊枪主要分为气冷式和水冷式。因为气冷式大多数的冷却是由保护气体提供，故较正确的说法应为GAS—COOLED，真正空气冷却仅是辐射散热至周围的空气中；水冷式焊枪有些冷却是由保护气体提供，其他则由循环透过焊枪的水补充冷却。

气冷式焊枪通常重量轻，体积小且坚实，且比水冷式焊枪便宜，但是，一般受限使用于<125A的焊接电流，正常情况下是用于焊接薄板且使用率低之处，钨电极棒的操作温度比在水冷式焊枪中操作的较高，且因为如此，在使用纯钨电极棒时或在接近额定电流容量下焊接时，会引起钨粒子脱落掉入熔池中。

水冷式焊枪是被设计用于持续的高电流焊接，能以>200A的焊接电流做持续的操作，有些被设计可用于500A的最大焊接电流，比气冷式焊枪重且价格贵。焊枪连接水管和有关的接头，通常由电焊机携带电流至电极棒的电缆线是包在冷却水的出口管路内，可提供缆线的冷却，且容许使用小直径，重量轻且可绕的导线。

## 4.4.3 电极材料

（1）对电极材料的要求 TIG焊用电极材料对电弧的稳定性、连续工作时间及焊接质量影响很大，因此要求电极材料具有如下性能。

1）耐高温要求：电极在焊接过程中不熔化烧损，否则不仅使电极本身消耗很快，而且还会使电弧发生飘移，造成电弧不稳定。此外，电极一旦熔化，电极材料进入熔池会污染焊缝，产生焊接缺陷，影响焊缝质量。

2）发射电子能力强：要求电极材料的逸出功小。特别是在高温时应具有较强的热电子发射能力。

3）载流能力大：要求电极具有良好的导电性能及导热性能，能承载较大电流而不过热。

4）磨削加工性好：电极的表面需经过磨削，具有一定的尺寸精度和端部角度，从而保证电极的夹持精度及可靠的导电，保持电弧的稳定，提高电弧热量的集中性。

5）放射性小：某些用于提高电极发射电子能力的物质具有放射性，因此应选用放射性小的电极材料。

（2）电极材料 目前所用的电极材料有纯钨、钍钨、铈钨、锆钨及镧钨等，其中最常用的是钍钨和铈钨。

1）纯钨：钨的熔点很高，约为3410℃，沸点约为5900℃，因此不易熔化和蒸发。用纯钨可以制成各种直径的电极，并具有较好的磨削加工性能。纯钨的逸出功较高，为4.31～5.16eV，因此冷态引弧困难较大。但钨的熔点高，在高温时，钨的热电子发射能力很强，一旦电弧引燃，电弧很稳定。在直流正极性焊接时（钨极为负极），由于有较强的热电子发射能力，故许用焊接电流较大；在直流负极性焊接时（钨极为正极），钨极不能发挥热电子发射的优势，许用电流较小。交流焊时，介于上述两者之间，许用电流值也居于两者之间。

2）钍钨：在纯钨中加入质量分数为 1%～2% 的氧化钍（$ThO_2$），不但使电极的逸出功大大降低，电子发射能力显著增强，并改善电极的引弧性和稳弧性，而且还能提高电极的载流能力，延长电极的使用寿命。但是钍钨极中所含的少量 $ThO_2$ 具有较强的放射性，因此目前使用较少。

3）铈钨：为降低电极的放射性，改用放射性较低的铈（Ce）来代替钍。实践证明，在纯钨中加入质量分数为 2% 左右的氧化铈（CeO），同样能明显地降低电极的逸出功，提高电极的引弧性和稳弧性。特别在小电流焊接时，铈钨极的弧束比钍钨极还细，电弧的热量更集中。同时电极的烧损率下降，减少修磨次数。但在大电流焊接时，铈钨极的抗过热能力还不如钍钨极。铈钨极由于放射性弱，是很有发展前途的电极材料。

3 种钨极性能比较见表 4-10。成分中含有的 $SiO_2$、$Fe_2O_3$、$Al_2O_3$ 等为冶金杂质，应予以限制，否则将会降低电极熔点，影响使用性能。

**表 4-10　三种钨极性能比较**

| 名称 | 空载电压 | 电子逸出功 | 小电流下段弧间隙 | 弧压 | 许用电流 | 放射性剂量 | 化学稳定性 | 大电流时烧损 | 寿命 |
|---|---|---|---|---|---|---|---|---|---|
| 纯钨 | 高 | 高 | 短 | 较高 | 小 | 无 | 好 | 大 | 短 |
| 钍钨 | 较低 | 较低 | 较长 | 较低 | 较大 | 小 | 好 | 较小 | 较长 |
| 铈钨 | 低 | 低 | 长 | 低 | 大 | 无 | 较好 | 小 | 长 |

为了使用方便，钨极一端常涂有颜色，以便识别，钍钨极为红色，铈钨极为灰色，纯钨极为绿色。常用钨极的直径有 0.5mm、1.0mm、1.6mm、2.0mm、2.4mm、3.2mm、4.0mm 等几种规格。

## 4.4.4　保护气体

焊接时，保护气体不仅仅是焊接区域的保护介质，也是产生电弧的气体介质。因此保护气体的特性（如物理特性、化学特性等）不仅影响保护效果，也影响到电弧的引燃，焊接过程的稳定以及焊缝的成形与质量。用于 TIG 焊的保护气体大致有 3 种，首先使用最广泛的是氩气。因此，通常把 TIG 焊简称氩弧焊。其次是氦（He）气，由于氦气比较稀缺，提炼困难，价格昂贵，国内用得极少。最后一种是混合气体，由两种不同成分的气体按一定的配比混合后使用。表 4-11 为常用保护气体性能参数。

**表 4-11　常用保护气体性能参数**

| 气体 | 分子量（或相对原子质量） | 密度（273K，0.1MPa）$/kg \cdot m^{-3}$ | 电离电位/V | 比热容（273K 时）$/J \cdot (g \cdot K)^{-1}$ | 热导率（273K 时）$/W \cdot (m \cdot K)^{-1}$ | 5000K 时离解程度 |
|---|---|---|---|---|---|---|
| Ar | 39.944 | 1.782 | 15.7 | 0.523 | 0.0158 | 不离解 |
| He | 4.003 | 0.178 | 24.5 | 5.230 | 0.1390 | 不离解 |
| $H_2$ | 2.016 | 0.089 | 13.5 | 14.232 | 0.1976 | 0.96 |
| $N_2$ | 28.016 | 1.250 | 14.5 | 1.038 | 0.0243 | 0.038 |
| 空气 | 29 | 1.293 | — | 1.005 | 0.0238 | — |

不同金属焊接时对氩气纯度要求见表4-12。

**表4-12 不同母材金属对氩气纯度要求**

| 母材材质 | 厚度/mm | 焊接方法 | 氩气纯度（纯度分数）(%) | 电流种类 |
|---|---|---|---|---|
| 钛及其合金 | 0.5以上 | 手工及自动焊 | 99.99 | 直流正接 |
| 镁及其合金 | 0.5~2.0 | 手工及自动焊 | 99.90 | 交流 |
| 铝及其合金 | 0.5~2.0 | 手工及自动焊 | 99.90 | 交流 |
| 铜及其合金 | 0.5~3.0 | 手工及自动焊 | 99.80 | 直流正接或交流 |
| 不锈钢，耐热钢 | 0.1以上 | 手工及自动焊 | 99.70 | 直流正接或交流 |
| 低碳钢、低合金钢 | 0.1以上 | 手工及自动焊 | 99.70 | 直流正接或交流 |

（1）氩气　氩气是惰性气体，几乎不与任何金属产生化学反应，也不溶于金属中。氩气的性能见表4-11。其密度比空气大，而比热容和热导率比空气小。这些特性使氩气具有良好的保护作用，并且具有良好的稳弧特性。

（2）氦气　氦气也是惰性气体，从表4-11可知，氦气的电离电位很高，故焊接时引弧较困难。氦气和氩气相比较，由于其电离电位高，热导率大，在相同的焊接电流和电弧长度下，氦弧的电弧电压比氩弧高（即电弧的电场强度高），使电弧有较大的功率。氦气的冷却效果好，使得电弧能量密度大，弧柱细而集中，焊缝有较大的熔透率。氦气的原子质量轻、密度小，为有效地保护焊接区域，其流量要比氩气大得多。由于价格昂贵，只在某些特殊场合下应用，如核反应堆的冷却棒、大厚度的铝合金等。钨极氦弧焊一般用直流正接。即使对于铝镁及其合金的焊接也不采用交流电源。原因是电弧不稳定，阴极清理作用也不明显。由于氦弧发热量大且集中，电弧穿透力强，在电弧很短时，正接也有一定的去除氧化膜效果。直流正接氦弧焊焊接铝合金，单道焊接厚度可达12mm，正反双面焊可达20mm。与交流氩弧焊相比，熔深大、焊道窄、变形小、软化区小、金属不易过烧。对于热处理强化铝合金（如锻铝LDl0），其接头的常温及低温力学性能均优于交流氩弧焊。

（3）混合气体　在单一气体的基础上加入一定比例的某些气体可以改变电弧形态，提高电弧能量，改善焊缝成形及力学性能，提高焊接生产率。目前用得较多的混合气体有以下几种配比。

1）氩-氦混合气体。其特点是电弧燃烧稳定，阴极清理作用好，具有高的电弧温度、大的焊接热输入、大的熔深，焊接速度几乎为氩弧焊的两倍。一般混合气体体积比例是（75%~80%）氦加（25%~20%）氩（体积分数）。

2）氩-氢混合气体。氩气中添加氢气也可提高电弧电压，从而提高电弧热功率，增加熔透性，并有防止咬边，抑止CO气孔的作用。氩-氢混合气体中氢是还原性气体，该气体只限于焊接不锈钢、镍基合金和镍-铜合金。常用的比例是 $Ar + H_2$（5%~15%）体积分数，用它焊接厚度为1.6mm以下的不锈钢对接接头，焊接速度比纯氩气快50%。含 $H_2$ 量过大易出现氢气孔，焊后焊缝表面很光亮。

（4）气体保护效果　钨极氩弧焊时，由于氩气保护层是柔性的，故极易受到外界因素干扰而遭破坏，其保护效果主要与下列因素有关。

1）气体流量。对于一定孔径的喷嘴，气体流量越大，保护层抵抗流动空气影响的能力越强。但流量过大时，保护层会产生不规则流动，易使空气卷入，反而降低了保护效果，因此，气体流量要选择适当。例如孔径在 5～14mm 的喷嘴，氩气流量为 5～15L/min。

2）喷嘴直径。喷嘴直径与气体流量同时增大，则保护区必然增大，但喷嘴直径过大时，则某些焊缝位置不易焊到或妨碍焊工视线，从而影响焊接质量。手工钨极氩弧焊的喷嘴直径通常选用 5～14mm。

3）喷嘴至工件距离。喷嘴距离工件越远，保护效果越差；反之，距离越近，保护效果越好，但过近会影响焊工视线，操作不便。一般焊接时，喷嘴至工件距离以 10mm 较为适宜。

4）焊接速度与外界气流。由于空气阻力对保护气体层的影响，焊接速度过快或者施焊时遇到侧向气流的侵袭，都可能使保护层偏离钨极和熔池，从而使保护效果变坏，因此应选用合适的焊接速度。为提高保护效果，钨极氩弧焊应在室内或无风处进行操作。

5）焊接接头形式。不同的焊接形式会使气体产生不同的保护效果。焊接对接和 T 型接头时，由于氩气被挡住并反射回来，所以保护效果较好；而搭接和角接接头，因空气易侵入电弧区，故保护效果较差。

6）被焊金属材料。对于氧化与氮化非常敏感的金属及其合金（钛和钛合金等），氩弧焊时要求有更好的保护。

其具体措施是：加大喷嘴直径，采用拖罩以增大保护区域，以及采用特殊装置对焊缝正反面进行保护。此外，焊接电流、电弧电压、焊枪倾斜角度、填充焊丝送入情况等对保护效果均有一定的影响。总之，为了得到质量满意的焊缝，在焊接时应综合考虑上述因素。

### 4.4.5　TIG 焊的应用

钨极氩弧焊适宜人工或自动操作，且能用于持续焊接、间续焊接（有时称为“跳焊”）和定位焊，因为其电极棒是非消耗性的，故可不需加入熔填金属而仅熔合母材金属进行焊接，然而对于个别的接头，依其需要也许需使用熔填金属。钨极氩弧焊是一种全姿势位置焊接方式，且特别适于薄板的焊接，最薄可至 0.005in（1in＝25.4mm）。

钨极氩弧焊的特性使其能适用于大多数的金属和合金的焊接，可用钨极氩弧焊焊接的金属包括碳素钢、合金钢、不锈钢、耐热合金、难熔金属、铝合金、镁合金、铍合金、铜合金、镍合金、钛合金和锆合金等。

铅和锌很难用钨极氩弧焊方式焊接，这些金属的低熔点使焊接控制极端的困难，锌在 1663℉汽化，而此温度仍比电弧温度低很多，且由于锌的挥发而使焊道不良。表面镀铅、锡、锌、镉或铝的钢和其他在较高温度熔化的金属，可用电弧焊接，但需特殊的焊接工艺。

在镀层的金属中的焊道由于“交互合金”的结果，很可能具有低的机械性能。为防止在镀层的金属焊接中产生交互合金作用，必须将要焊接的区域的表面镀层清除，焊接后再修补。钨极氩弧焊能应用于广泛厚度范围的金属焊接，此方式非常适合于焊接厚 3mm 以下物件，因为其电弧产生强烈的、集中的热量，而产生高的焊接速度，使用熔填金属能做多道焊接。

虽然 6mm 以上厚度的母材金属，通常使用其他焊接方式。但对焊缝质量要求较高时，仍可采用钨极惰性气体保护焊。例如，在 $\phi$8m 的火箭发动器在厚 15mm 的外壳制造中，钨极氩弧焊使用填充金属做纵向和圆周多道焊接，虽然对此厚的金属而言，此焊接方式较慢，但因为焊道的高品质要求，故而使用 TIG 焊接。

钨极氩弧焊可成功的焊接多种“箔厚度”的合金，薄板焊接需要精密的装置固定，对于箔厚度的金属，需使用机械或自动焊接，“高温电离子电弧焊接”经常被记为是钨极氩弧焊的一种变化，对于焊接薄板具有更多的优点。

### 4.4.6 焊接参数

在钨极氩弧焊中，其热量是由电击棒和焊件之间的电弧产生，将焊件边缘熔化，且当焊道熔池凝固时，焊件接合在一起。

为了使钨极氩弧焊得到良好品质的焊道，必须将待焊焊件的所有焊缝表面和临近的区域清理干净，即使使用填充金属也必须清洁。对待焊件进行组装时，须在正确的位置上进行定位焊，当组合方式要求高，且焊件薄，形状复杂，不使用填充金属焊接或使用自动焊接时，应使用工装夹具。

（1）引弧　“引弧”的原理是通过施加电场引起电子发射和气体电离的方式，一般采用两种方法：接触引弧和非接触引弧。接触引弧经由钨极接触焊件后快速回抽到其所需的电弧长度；非接触引弧或使用导弧装置引弧，或使用辅助装置在钨极和焊件之间产生高频脉冲从而引弧。在钨极从焊件上做机械式回抽的方式只能用于直流焊机的机械化焊接；虽然导弧起动方式可用于手工操作或机械化焊接，但也只限于直流焊机；高频脉冲引弧方式可应用于交流或直流焊机的手工操作焊接，目前，许多焊机都有产生高频脉冲的装置。

一旦引弧成功后，立即保持焊枪使钨极与焊件表面夹角约75°，且指向焊接行进方向。开始焊接时，电弧通常以打圆圈的方式移动，直到有足够的母材金属熔化产生适宜大小的熔池。当达到适当的熔合后，将焊枪沿着焊缝的相邻边缘逐渐移动，逐步熔接焊件。若填充金属是以手动填加，需保持焊丝与焊件表面夹角约15°，且缓慢地送进熔池中，必须小心地送入填充金属以避免扰乱气体保护或接触钨极，造成焊丝端部氧化或钨极污染。填充金属可持续地加入或反复地“加入”与“抽回”。

在接头为V形坡口的多道焊接中，通常采用焊丝与焊道成线状排列并持续加入焊丝的方式焊接，而在表面堆叠金属时，通常采用焊丝和焊枪左右摆动将焊丝送入熔池的方式焊接。

停止焊接时，将填充金属从熔池中抽回，但熔池应暂时保持气体保护，以防止填充金属端头氧化；然后在熄弧之前移动焊枪至熔池的前方边缘，将焊枪提升至刚好足以熄弧但又不足以引起熔坑和钨极污染的高度而断弧。最佳的操作是通过脚踏控制方式逐渐地减少电流，而不需提升焊枪。

（2）电弧长度　在许多全自动钨极氩弧焊应用中，使用的电弧长度约为1.5倍的钨极直径，虽然可根据特定应用而变化，也可根据焊工的习惯而定，但需要注意的是电弧长度越长，扩散到周围大气中的热量越高，而且长电弧通常会妨碍（至某一程度）焊接的稳定进行。

（3）操作方式　手工和全自动钨极氩弧焊之间有一个区别，即：手工焊接是以“焊工”为主体，全自动焊接是以“焊接操作者”为主体。在手工焊接的基础上进行脚踏控制焊接电流和转换开关的改良是趋向自动焊接的初级阶段；若使用加持装置带动焊枪以定速或按照计划的速度移动，且能自动调整电弧电压（电弧长度），再加上自动开关和关停设备，即为全自动焊接。

（4）焊工技能　焊工或焊接操作工的培训主要是取决于其使用设备的自动化程度。同时，由于钨极氩弧焊更多应用于生产组合件中的单个配件，焊工需花费大部分的时间用于清洁、组装固定和定位焊等操作，因此焊工除了需要培训手工焊接技能，以得到良好质量的焊道以外，有时还需培训组装拼接技术，对待焊的组合件进行适当的组装或夹装固定。

当由一种焊接方法改为使用另一种焊接方法时，需进行特定的焊接技术培训，例如从事气体保护焊焊接的焊工，需经过特定培训才能获得从事钨极氩弧焊的资质。另外，是否采用衬垫、是否是修补焊接等特殊工艺也需进行针对性培训。

（5）检测　所有的非破坏性检测方法均可用于钨极氩弧焊焊缝的检测，如对焊缝表面进行目视检测、磁粉检测或渗透检测，对焊缝内部进行射线检测或超声波检测。

（6）焊接电流　在所有焊接方法的操作中，“电流”都是最重要的参数，因为其与焊接质量息息相关。基本上，钨极氩弧焊中较常使用的焊接电流极性有 3 种：直流负极性、直流正极性、交流。

直流负极性在钨极氩弧焊中应用最为广泛，几乎可用于焊接所有的金属及其合金，并能获得良好质量的焊道。在直流负极性焊接中，钨极是负极，焊件是正极，电子由钨极流向焊件。使用相同钨极直径时，采用直流负极性的电弧具有最高的热量，这是由于直流电弧中 70% 的热量是在电弧的正极（或阳极）端部产生，因此直流负极性焊接可产生深而窄的焊道，其熔深优于其他两种电流极性，然而深而窄的熔深使直流负极性在焊接薄金属焊件时较为困难。

直流负极性焊接不能清理铝、镁及其合金的表面氧化物，若以直流负极性焊接铝、镁及其合金时，需对电流进特殊处理，并在焊前对焊件进行机械或化学清洁。使用直流负极性焊接比使用高频交流电弧焊接时对焊工技能的要求更高，主要是因为直流负极性焊接在引弧时没有高频放电，因此解决办法是在标准机器上附加额外装置，即将高频附加于直流电流上。

直流正极性在钨极氩弧焊中应用最少。在直流正极性的焊接中，钨极接焊机正极，焊件接负极。电子从焊件经电弧加速撞向钨极，在钨极处产生较高热量，而在焊件中产生较低热量，同等条件下对钨极的烧损比其他两种电流极性高。相同的电流大小和电弧长度下，直流正极性电弧的电压稍高于直流负极性电弧，因此直流正极性电弧具有较多的总能量，焊接时可产生宽而浅的焊道熔深。同时，其电弧对焊件表面氧化物具有阴极雾化（清理）作用。

（7）移除氧化物　原理：当钨极为正极时，氩气或氦气电离后形成的阳离子在电弧力的作用下向焊件金属表面加速运动，这些气体阳离子具有相当的质量，从而获得大量的动能，当这些阳离子与金属表面碰撞时，如同喷砂的方式一样，击碎氧化物粒子起到清洁作用。

（8）极性判断　在全自动钨极氩弧焊中，由于重复操作存在以错误极性开始焊接的危险，且在手工焊接中，也会存在偶然改变焊机端头而颠倒极性的情况，因此最好在开始焊接之前，先检验电流极性，可避免钨极损坏，否则直流正极性电流施加在小的钨极上时，钨极会发生损坏。

（9）交流电流　交流电流可视为一系列的 DCSP 和 DCRP 的交互脉动，且每秒钟转换电流方向 120 次。在交流电中，每一周期之间，电压由最大的正值变化至最大的负值，且每发生一次变化，电弧即熄灭一次；在惰性气体中焊接时，传统的电弧焊接变压器无法产生高至足以在电弧熄灭后再建立电弧的电压，相同地，除非使用具有足够的固有电压的变压器，否则必须附加高频电流于电弧上，以便在每半周期上能再建立焊接电弧。

交流电能提供良好的渗透，且使表面氧化物减少（或还原）；AC 的钨极氩弧焊产生的焊道比 DCSP 焊道较宽且较浅，但是比 DCRP 焊道较窄且较深，且其焊道加强部比 DCSP 或 DCRP 的焊道加强部较大，因此交流电较适合铝、镁和铍铜焊接。

（10）整流预防　由于电压的正和负半周期跨过交流电弧期间产生不等的电流阻力，而引起不平衡的电流正弦波，产生整流作用上升现象，因此其交流电流一般指大小和方向随时间周期性变化的电流或电压，它的最基本的形式是正弦电流。采用交流电源进行焊接时，由于电流和电压方向的改变，并且每秒钟电弧要熄灭和重新引燃 120 次，所以电弧不能连续稳定燃烧。

交流电源焊接能够提供良好的熔深，且能够清理表面氧化物（还原），交流电源的钨极氩弧焊形成的焊道比直流正接的焊道宽而浅，但比直流反接的焊道窄而深，因此交流电比较适合于焊接铝、镁和铍铜材料。

在 AC 弧中会产生直流电压部分，高到足以引起电弧飘动和不稳定。钨极氩弧焊使用较老式的变压器，因为没有新式的平衡波形组件，所以较可能发生整流作用。钨极和焊接金属放射不等量的电子而发生整流作用，其受到钨极端和焊件端电弧的电流密度的影响（电流密度控制两者的温度），也受到电弧长度和使用的保护气体至某一程度的影响，整流作用会产生高至 12V 的直流电压。

可使用平衡波形变压器消除整流作用和其有害的效应，此组件中加入一电容器串联于焊接电路中，此电容器的电容量虽然容许交流的焊接电流有效的流过，但也阻止了部分流通，这些组件通常被设计为具有 100 ~ 150V 的开路电压，需高频电流引弧，广泛应用于焊接铝合金和镁合金。

（11）脉冲电流焊接　脉冲电流的钨极氩弧焊，是以高的电流上升与衰退速率和高的重复脉冲速率进行焊接的方法，广泛应用于精密器件的焊接。通过调节脉冲频率、脉冲宽度比、脉冲电流值等参数来控制热输入量的大小以达到控制熔池的体积、熔深、热影响区大小的目的，最后达到完美的焊缝成形。

它的焊接过程是由基本电流维持电弧稳定燃烧，用可控的脉冲电流加热熔化焊件，每一个脉冲形成一个点状熔池，脉冲间隙熔池凝固成焊点，下一个脉冲电流作用时，在部分凝固的焊点上又有部分填充金属和母材金属被熔化，形成新的熔池，通过焊接速度和脉冲间隙的调节，得到相互搭接的焊点，最后获得连续的焊缝。

脉冲电流的钨极氩弧焊的优点如下：

1）焊道的深宽比增加。在不锈钢焊接时可将焊道深宽比增大到 2：1。

2）防止烧穿。在薄板焊接或厚板打底焊时，借助峰值电流通过时间，将焊件焊透，在熔池明显下陷之前即转到基值电流，使金属凝固。而且有小电流维持电弧直至下一次峰值电流循环。

3）减小热影响区。焊接热敏感材料时，减小脉冲电流通过时间和基值电流值，能把热影响区范围降低到最小值，这样焊接变形小。

4）增加熔池的搅拌作用。当平均电流相同值时，脉冲电流的峰流值比恒定电流大，因此电弧力大，搅拌作用强，有助于减少接头底部可能产生的气孔和未熔合现象。在小电流焊接时，较大的脉冲电流峰值增强了电弧挺度，消除了电弧漂移现象。

## 4.4.7　钨极氩弧焊平焊教学要点

钨极氩弧焊是一种非熔化电极的焊接方法，钨极在焊接过程中不熔化，需借助钨极与焊件之间产生的电弧加热熔化母材（同时添加焊丝也被熔化）实现焊接的方法。氩气用于保护焊缝金属与钨极熔池，在电弧加热区域不被空气氧化。

本节将对手工钨极氩弧焊单面焊双面成形平焊位置操作技术要点、难点进行了分析，对于焊前准备、引弧、熄弧、接头、打底焊、填充焊、盖面焊等的操作要点方面进行了详细的讲解，将有助于大家尽快达到技能要求，保证焊缝的质量要求。

**1. 操作技术要点**

1）熟悉钨极氩弧焊直流、交流焊机的各个功能，应能够熟练、规范地调节焊机，并且能够正确使用保护气体和焊枪等，尤其要注意根据焊件的材质选取不同的电源（交、直流）和极性（正负极），焊接低碳钢、低合金钢及不锈钢时，采用直流正接法；焊接铝及铝合金时一般采用交流电源。

2）操作练习过程中，应能够正确、规范地选择焊接参数，其中钨极直径是一个很重要的参数，根据所用电流种类和大小选择钨极直径，钨极直径也决定了焊接电流的大小（见表 4-13），不同的的板厚、材料和焊接位置，选用不同的钨极端部形状（见图 4-41）。当进行薄板焊接时，会使用较小的焊接电流，此时，可选用小直径的钨极并将其端部磨成尖锥角，这样电弧比较稳定。当使用较大的电流焊接厚板时，钨极端部磨成钝角或带有平台的锥形，这样会使焊接过程稳定。不同的焊接电流下焊接时，应选择不同的喷嘴孔径和氩气流量的范围（见表 4-14）。另外，焊接参数还包括电源种类、极性的选择、钨极伸出长度等。

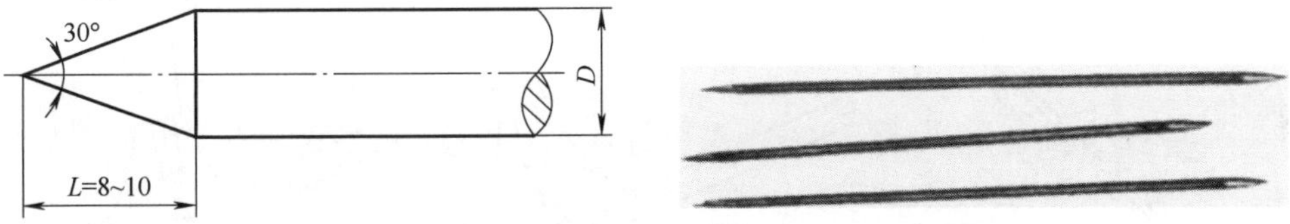


a) 示意图　　b) 实物图

图 4-41　钨极端部磨削

**表 4-13　钨极直径与许用电流的关系**

| 电极直径/mm | 直流/A | | | | 交流/A | |
|---|---|---|---|---|---|---|
| | 正接（电极 -） | | 反接（电极 +） | | | |
| | 纯　钨 | 钍钨、铈钨 | 纯　钨 | 钍钨、铈钨 | 纯　钨 | 钍钨、铈钨 |
| 1.0 | 10 ~ 75 | 10 ~ 75 | — | — | 15 ~ 55 | 15 ~ 70 |
| 1.6 | 40 ~ 130 | 60 ~ 150 | 10 ~ 20 | 10 ~ 20 | 45 ~ 90 | 60 ~ 125 |
| 2.0 | 75 ~ 180 | 100 ~ 200 | 15 ~ 25 | 15 ~ 25 | 65 ~ 125 | 85 ~ 160 |
| 2.5 | 130 ~ 230 | 160 ~ 250 | 17 ~ 30 | 17 ~ 30 | 80 ~ 140 | 120 ~ 210 |
| 3.2 | 160 ~ 310 | 225 ~ 330 | 20 ~ 35 | 20 ~ 35 | 150 ~ 190 | 150 ~ 250 |
| 4.0 | 275 ~ 450 | 350 ~ 480 | 35 ~ 50 | 35 ~ 50 | 180 ~ 260 | 240 ~ 350 |

**表 4-14　喷嘴孔径和氩气流量的选择范围**

| 焊接电流 /A | 直流正极性 | | 交　流 | |
|---|---|---|---|---|
| | 喷嘴孔径 /mm | 氩气流量 /L · min⁻¹ | 喷嘴孔径 /mm | 氩气流量 /L · min⁻¹ |
| 10 ~ 100 | 4 ~ 9.5 | 4 ~ 5 | 8 ~ 9.5 | 6 ~ 8 |
| 101 ~ 150 | 4 ~ 9.5 | 4 ~ 7 | 9.5 ~ 11 | 7 ~ 10 |
| 151 ~ 200 | 6 ~ 13 | 6 ~ 8 | 11 ~ 13 | 7 ~ 10 |
| 201 ~ 300 | 8 ~ 13 | 8 ~ 9 | 13 ~ 16 | 8 ~ 15 |
| 301 ~ 500 | 13 ~ 16 | 9 ~ 12 | 16 ~ 19 | 8 ~ 15 |

3）氩弧焊焊接时，焊缝熔池为了防止空气侵入，必须全程用氩气进行保护，通过焊缝颜色来鉴别气体保护状态（见表 4-15）。

**表 4-15　低合金钢焊缝颜色鉴别气体保护效果法**

| 焊缝颜色 | 灰白有光亮 | 灰 | 灰黑 |
|---|---|---|---|
| 气体保护效果 | 好 | 较好 | 差 |

4）在钨极氩弧焊平焊位置焊接操作过程中，应能够正确、规范掌握持枪的姿势，左手握丝（见图 4-42），手持焊丝的方法及连续填丝技术应该熟练掌握，灵活地调整焊枪的角度，注意焊后钨极形状，焊枪摆动方式和适用范围，填丝方式采用断续点动法，焊丝不能和钨极接触，必须在电弧的弧柱区内（见图 4-43），不能直接用钨极电弧来熔化焊丝，否则钨极不仅将被高温氧化、烧损，还会产生飞溅并发出轻微“啪啪”的声音，破坏气体保护气氛。

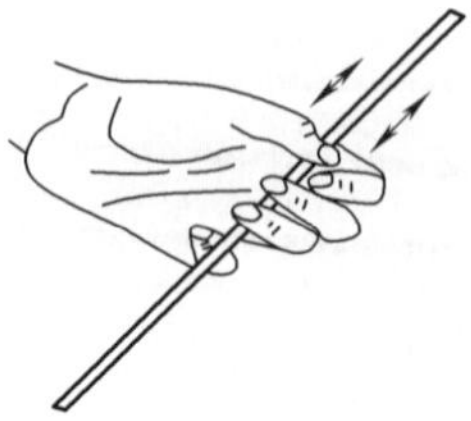

图 4-42　手持焊丝的方法

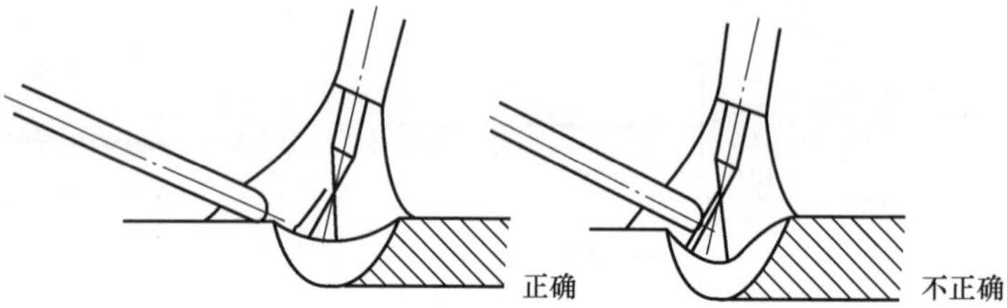


图 4-43　焊丝在电弧的弧柱区

5）在钨极氩弧焊平焊位置焊接操作过程中，应能够掌握引弧、熄弧、左向焊、右向焊（见图 4-44）等操作要点以及每层的焊接厚度。

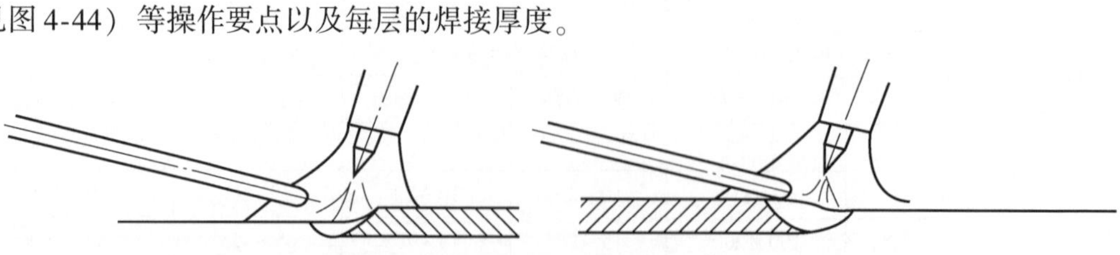


图 4-44　填丝位置示意图

6）在钨极氩弧焊平焊位置焊接操作完成后，应认真检查焊接试板，并能够识别出焊缝缺陷，如焊缝表面裂纹、未熔合、表面气孔和未焊透等。

**2. 操作技术难点分析**

钨极氩弧焊是需要焊工双手同时配合操作的焊接方法，它的操作难度比焊条电弧焊大，需要焊工根据焊件的材料、板厚、位置、接头形式等选择钨极直径，根据钨极直径选择焊接电流，钨极端部形状的手工磨削也会影响焊缝质量。填丝技术是焊工的基本功，熟练掌握好连续填丝、断续填丝和特殊填丝的技巧，才能保证焊接质量。另外，焊工实际操作的稳定性也非常关键，焊接过程中要保持长时间的焊枪稳定控制，把整个焊接过程置于氩气保护气氛中，并根据熔池的形状、颜色及时灵活调整焊枪角度、焊接速度、运枪方法以保证焊缝成形，从而达到质量控制。

**3. 准备工作**

（1）焊前准备

1）安全护具准备：棉或皮质工作服、绝缘鞋、防护帽、绝缘手套、防尘口罩、防护镜、披肩、套袖（批量生产情况下使用）、安全帽、焊接面罩等。

2）焊接焊件以 6mm 以下薄板为主，材质一般选用 Q355 钢，尺寸为 300mm × 125mm × 6mm，共计 2 块。焊件坡口必须采用机械加工，加工角度为 30° +2. 5°，如图 4-45 所示。检查焊件钢板平直度，并修复平整。清除焊丝和焊件坡口表面及其正背面两侧 20mm 范围内的油、水、锈等污物，试焊件坡口表面及其正背面两侧 20mm 范围还需打磨至露出金属光泽，然后再用丙酮进行清洗。焊件坡口修磨钝边，尺寸为 0 ~ 0. 5mm。

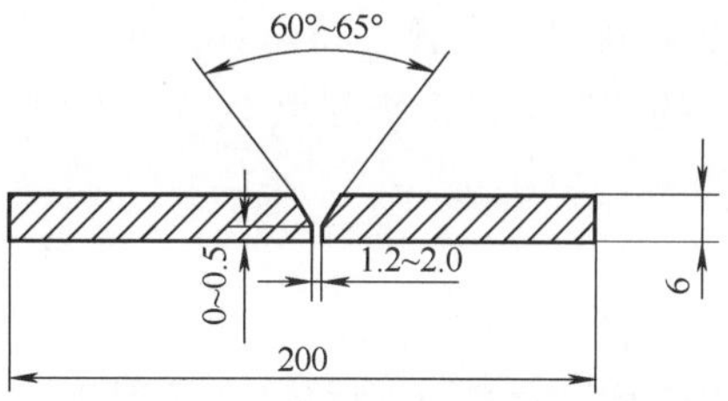


图 4-45　焊接试板坡口及尺寸

3）保护气体：氩气纯度为 99. 99% 以上，气体流量为 7 ~ 10L/min。

4）焊丝：选用 H08Mn2Si 或 H05MnSiAlTiZr 焊丝，直径为 2. 0mm，截成 800 ~ 1000mm 长，并用纱布擦拭焊丝上的油、锈及杂物，必要时用丙酮清洗。

5）钨极牌号选用 WTh − 15 钍钨极，采用 φ2mm × 175mm 端部磨成 30°圆锥形。

（2）焊件组装与定位焊　焊件的装配质量关系到焊接的最终质量，既要保证焊透又不能烧穿，就必须留有合适的对接间隙和合理的钝边。焊件背面两端进行定位焊接前，确定间隙 1. 2 ~ 2. 0mm（始端 1. 2mm，终端 2. 0mm），反变形约 3°，错边量≤0. 5mm。定位焊时，选择和正式焊接同型号的焊丝，在焊件背面两端进行定位焊，焊点长度 10 ~ 15mm，高度 1 ~2mm，以保证固定点强度，抵抗焊接变形时的收缩（见图 4-46）。

**4. 焊接操作要点**

（1）引弧　手工钨极氩弧焊的引弧方法有接触短路引弧、高频高压引弧和高压脉冲引弧三种。接触短路法是采用钨极末端与工件表面近似垂直（70° ~ 85°）接触后，立即提起 2mm 引燃引弧，该种方法在短路时会产生较大的短路电流，从而使钨极端头烧损，焊接过程中使电弧分散，影响焊接过程的稳定，甚至引起夹钨。高频高压引弧和高压脉冲引弧是在

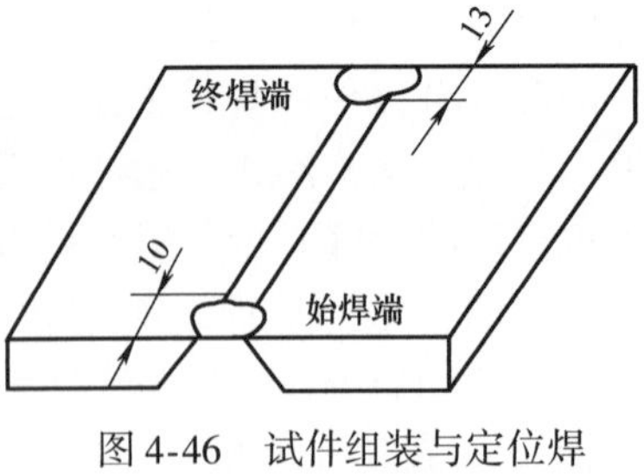


图 4-46　试件组装与定位焊

焊接设备中装有高频或高压脉冲装置，引弧后高频或高压脉冲自动切断。该种方法操作简单，并且能保证钨极末端的几何形状，容易保证焊接质量。另外还有引弧板法，即在焊缝前端加一块引弧板，在引弧板上直接引弧，引弧比较简单，特别适合接触短路引弧，但是最后要割掉引弧板。

（2）收弧　根据试件的不同要求，采用电流衰减法和引出板法，电流衰减法即调节好焊机上的衰减电流值，在熄弧时松开焊枪上的开关，使焊接电流衰减，逐步加快焊接速度和填丝速度，然后熄弧。减小焊枪与工件的夹角，拉长电弧使电弧热量主要集中在焊丝上，加快焊接速度并加大填丝量，弧坑填满后熄弧，熄弧时如操作不当，会产生弧坑，从而造成裂纹、烧穿、气孔等缺陷。另外引出板法即在焊缝末尾加一块引出熄弧板，一直焊到引出板上然后息弧，虽然熄弧比较简单，但是最后应去除熄弧板。

（3）接头　焊枪在熄弧处重新引燃电弧，待熔池形成，有足够热量时，再向后压 2 ~ 3 个波纹，在保证熔池完全熔透的情况下，接头起点不加或稍加焊丝，保证起头完全熔合，再转入正常焊接。

**5. 焊接操作**

（1）打底焊　将装配好的试件使其间隙大的一端处于左侧，按表 4-16 中打底焊的焊接参数调节好设备，采用左向焊焊接，在试件的右端开始引弧。引弧用较长的电弧（弧长为 4 ~ 7mm），使坡口处预热 3 ~ 5s，当定位焊缝左端形成熔池，并出现熔孔后开始送丝。焊丝、焊枪与试板的角度（见图 4-47）。打底层时，采用较小的焊枪倾角和较小的焊接电流，而焊接速度和送丝速度要快，以免使焊缝下凹和烧穿；焊丝送入要均匀，焊枪移动要平稳，速度要一致，并有一定节奏，焊接时应密切注意焊接熔池的变化，随时调节有关参数，保证背面焊缝成形良好。当熔池增大焊缝变宽并出现下凹时，说明熔池温度过高，应减小焊枪与工件夹角，加快焊接速度；当熔池减小时，说明熔池温度较低，应增加焊枪与工件的倾角，减慢焊接速度。当更换焊丝时，松开焊枪上的按钮开关，停止送丝，借助焊机的焊接电流衰减熄弧，但焊枪仍须对准熔池进行保护，待其冷却后才能移开焊枪。然后检查接头处弧坑质量，若有缺陷时，则须将缺陷磨掉，并使其前端成斜面，然后在弧坑右侧 15 ~ 20mm 处引弧，并慢慢向左移动，待弧坑处开始熔化并形成熔池和熔孔后，开始送进焊丝进行正常焊接。

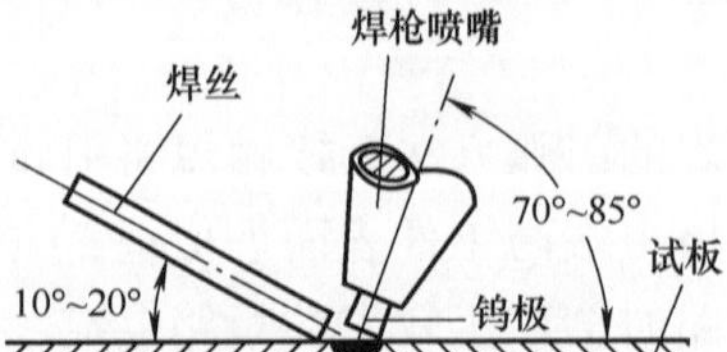


图 4-47　焊丝、焊枪与试板的角度

表4-16　手工钨极氩弧焊平焊位置焊接参数

| 焊接层次 | 焊接电流/A | 电弧电压/V | 氩气流量/$L \cdot min^{-1}$ | 干伸长度/mm | 喷嘴直径/mm |
|---|---|---|---|---|---|
| 打底层 | 70~100 | 9~12 | | | |
| 填充层 | 90~110 | 10~13 | 7~9 | 4~5 | 8~12 |
| 盖面层 | 100~120 | 11~14 | | | |

当焊至工件左端时，应减小焊枪与试板夹角，使热量集中在焊丝上，加大焊丝熔化量，以填满弧坑，然后松开焊枪按钮，借助焊机的焊接电流衰减熄弧。

（2）填充焊　按表4-16中填充层的焊接参数，调节好设备进行填充层的焊接，其操作与打底层相同。焊接时焊枪可做圆弧“之”字形的横向摆动，并在坡口两侧稍做停留。在试板右端开始焊接，注意熔池两侧熔合情况，保证焊道表面平整并且稍下凹，填充层的焊道焊完后应比试板表面低1.0~1.5mm，以免坡口边缘熔化，导致盖面层产生咬边或焊偏现象。焊完后须清理干净焊道表面。

（3）盖面焊　按表4-16盖面层的焊接参数调节好参数，在试件右端开始焊接，操作与填充层相同。焊枪摆动幅度应超过坡口边缘1~1.5mm，应尽可能保持焊接速度均匀，熄弧时应填满弧坑。

（4）焊后清理焊　焊接结束后，关闭设备，用钢丝刷清理焊缝表面；保证焊缝表面处于原始状态。

（5）质量检查　目测或用放大镜观察焊缝表面。焊缝外观应符合下列要求。

1）焊缝表面处于原始状态，不得有锤击、錾削、补焊、修磨等破坏行为。

2）焊缝表面不得有裂纹、未熔合、气孔、夹钨、氧化和未焊透等缺陷。

3）焊缝边沿直线度≤1.5mm；焊缝宽度比坡口宽度增宽0.5~1.5mm，宽度差≤3mm。

4）焊缝与母材圆滑过渡；焊缝余高0~3mm，余高差≤2mm。

5）咬边深度≤0.5mm，咬边总长≤10%焊缝长度；背面凹坑深度≤20%板厚，总长不得超过10%焊缝长。

## 4.5　焊接机器人弧焊（以库卡机器人为例）

### 4.5.1　概论

工业机器人是面向工业领域的多关节机械手或多自由度的机器装置，它能自动执行指令工作，是靠自身动力和控制能力来实现各种功能的一种机器。它可以接受人类指挥，也可以按照预先设计的程序运行，现代工业机器人还可以根据人工智能技术制定的原则纲领行动。

2015—2018年中国工业机器人产量如图4-48所示。

随着中国制造业的迅速发展，精益生产、敏捷制造等现代生产方式的出现，越来越多的产品呈现出高复杂性、高质量、多品种、小批量、产品寿命周期短等特点，使焊接工艺制造采用自动化、柔性化与智能化的技术途径已成为必然。随着计算机控制技术和人工智能技术，以及神经网络、遗传算法、蚁群算法等的发展，使焊接机器人由单一的在线示教向以智能化为核心的多传感、智能化的柔性加工单元、系统方向发展，并逐步走向成熟，因此开发

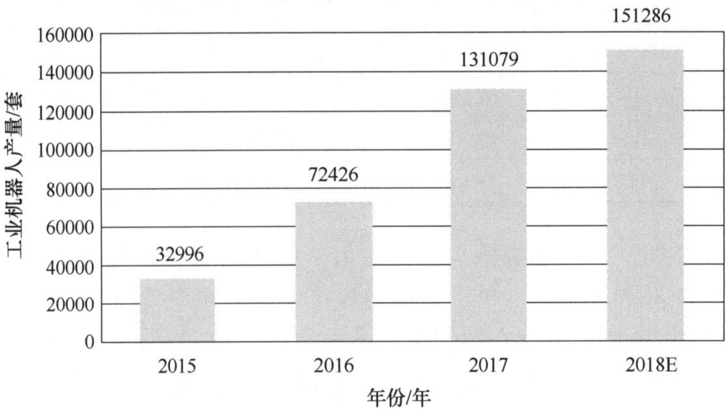


图 4-48　2015—2018 年中国工业机器人产量

和应用智能焊接机器人是适应现代焊接生产方式的最佳途径之一。从目前国内外研究现状来看，焊接机器人技术研究主要集中在焊缝跟踪方法、路径规划方法、定位精度等 3 个方面。绝大部分工厂是以在线示教方式进行焊接路径规划，少数情况下使用离线编程进行焊接的路径规划，其优缺点如下。

其优点为：

1）在线示教编程简单易学，不需要高级的编程技术人才。

2）在线示教对于复杂的路径可以很轻松地编程。

3）在线示教编程灵活、方便。

其缺点为：

1）在线编程占用机器人使用时间，使机器人不能进行焊接工作，影响了机器人的使用效率。

2）机器人在线编程时，造成机器人磨损，缩短机器人的使用寿命。

3）使用在线编程，工厂达不到自动化水平。

然而，随着这几年计算机技术的发展，三维图形软件的使用，如 SolidWorks、UG 等，使得离线编程技术更加成熟。在离线编程方面更加方便、快捷，很大程度上提高了离线编程的效率。今后，随着工厂自动化水平的提高，离线编程将会慢慢取代在线编程。

## 4.5.2　焊接机器人操作安全

### 1. 安全守则

安全是一切生产活动的前提，因此，每一个从事机器人系统的安放、更换、调整、操作使用、保养或调整的人员，都必须事先阅读和理解使用说明书中的内容。

（1）安全规则及安全管理

1）为操作者提供充分的安全教育和操作指导。

2）确保为操作者提供充足的操作时间和正确的指导，以便其能熟练使用。

3）指导操作者穿戴指定的劳保防护用具。

4）注意操作者的健康状况，不要对操作者提出无理要求。

5）教育操作者在设备自动运转时不要进入安全护栏。

6）一定不要将机器人用于规格书中所指定应用范围之外的其他应用。

7）建立规章制度禁止无关人员进入机器人安装场所，并确保制度的实施。

8）操作者要保持机器人本体、控制柜、夹具及周围场所的整洁，防止因意外绊倒而引发的安全事故。

9）指定专人保管控制柜钥匙和门互锁装置的安全插销。

（2）工作场所的安全预防措施，请保持作业区域及设备的整洁。

1）如果地面上有油、水、工具及工件时，可能绊倒操作者引发严重事故。

2）工具用完后必须放回到机器人动作范围外的原位置保存。

2）机器人可能与遗忘在夹具上的工具发生碰撞，造成夹具或机器人的损坏。

4）操作结束后要打扫机器人和夹具。

**2. 操作者职责范围**

1）安放、调整、更换、操作使用和保养工作只允许按照使用说明书中的规定并由为此受过专门培训的人员进行。

2）应进行相关的操作技术培训。

3）使用者以及操作人员必须确保只有经授权的人员才可以在机器人系统中工作。

4）必须给使用者规定负责范围，使得他们可以拒绝来自第三者的、违反安全规定的指示。

5）用户的责任是应该明确定义以及遵守机器人所有可能的工作半径范围，包括机器人活动范围、附属设备以及紧邻的区域。

6）应该时常监督操作员工按照安全手册的规范进行操作，一名新的经过培训的操作者应该在有经验的操作者指导下进行简单操作，新的操作员工不应该被允许单独操作机器人，即使是简单的工作。

7）操作者必须对上级承诺，将机器人系统出现的、影响安全的或者可能影响安全的变化立即通知上级。

8）用户必须保证机器人系统只在完好无损的状态下正常工作。

**3. 紧急停止开关**

焊接机器人操作紧急停止开关如图 4-49 所示。当在测试模式下扳动紧急停止键时，紧急停止功能会立即断开驱动器、动力制动器并保持制动。

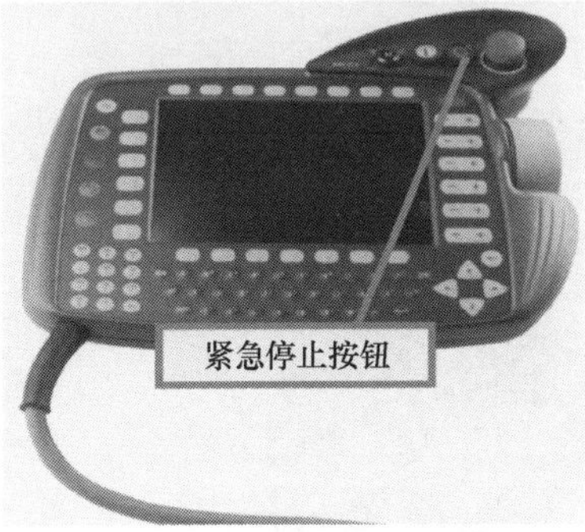


图 4-49　紧急停止开关

在自动模式下，紧急停止功能将通过驱动器的电源达到顺序停止的目的，一旦机器人处于停止状态，驱动器便会断开连接，如图 4-50 所示。

图 4-50　自动模式下紧急停止功能

在自动模式下，当机器人运行时打开安全门会导致“顺序停止”。在自动模式下这个开关会一直阻止驱动器运行，如图 4-51 所示。

图 4-51　自动模式下这个开关会阻止驱动器运行

**4. 紧急释放装置**

紧急释放装置仅限用于非常紧急的状态。机器人紧急停止后焊枪撞枪或各个轴部分不能通过示教器来进行复位时，可使用该功能。此方式用于在紧急情况下，完全无法靠控制机器人的动作来解决危险状态时而采取的必须操作。若非必要请勿尝试，因为该操作可能导致以下两个错误。

1）所有轴必须重新校正。

2）严重时可能导致某些系统部件损坏，如图 4-52 所示。

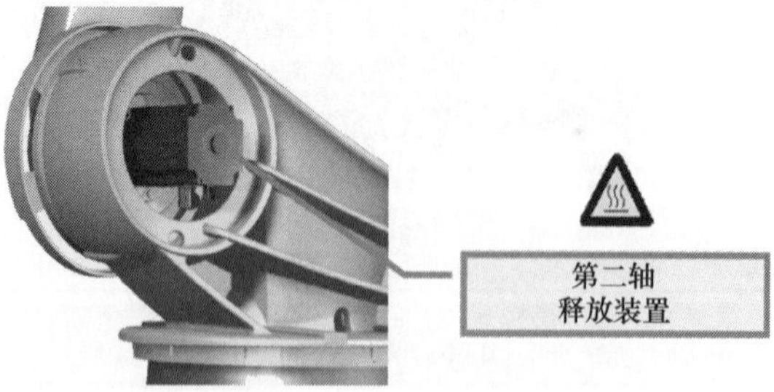


图 4-52　第二轴释放装置

以库卡机器人为例，具体操作步骤如下。

1）机器人只可以用库卡公司专用的手动装置（可选件）来释放。这个释放装置需要正确的卡紧轴（打开释放盖），然后进行旋转。所用力要大于电动机的刹车力以及附加的其他力。当操作结束后要把盖子安装回原位。

2）如果使用轴超程急停装置控制机器人运动，所有轴必须重新校正。

3）机器人仅可以使用库卡提供的超程装置手动移动，超程装置推动电动机轴转动（移动保护盖）。

4）它需克服电动机机械制动和轴上其他负载。在操作之后保护盖必须移回。

5）在操作期间电动机传出的温度会导致皮肤损伤，必须具有适当的预防措施。

**5. 安全标签**

1）所有的金属板、标签、符号和记号组成了机器人的安全警示系统。这些警示都必须在整个寿命周期内完整清晰的保留下来。

2）这些标记不可以被覆盖、移除、删除、涂改或其他降低警示性的动作，如图 4-53 所示。

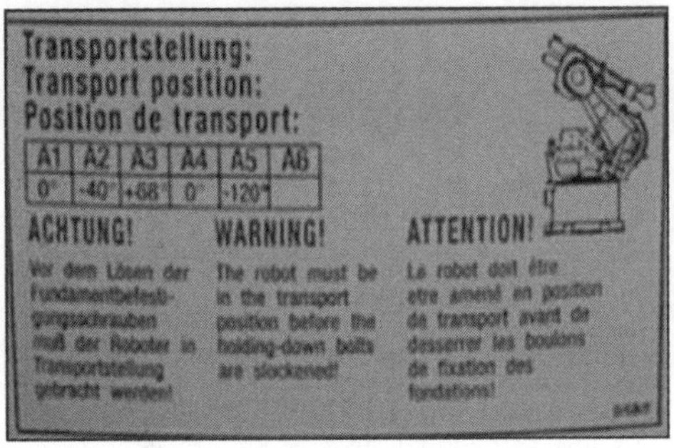


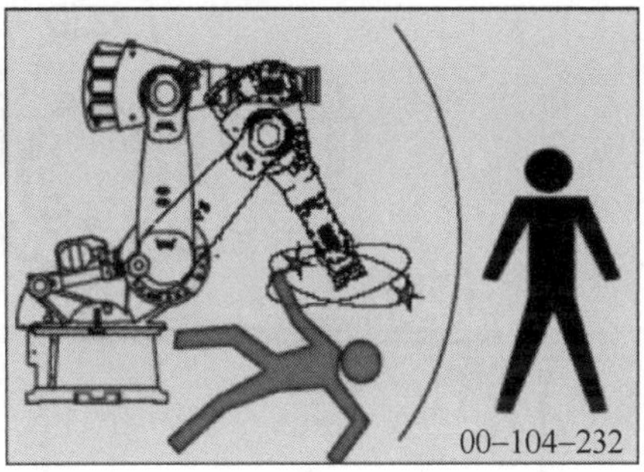


图 4-53　安全标签

## 4.5.3　焊接机器人构成

焊接机器人是装上了焊钳或各种机器人焊枪的工业机器人。工业机器人的运动控制系统涉及数学、自动控制理论等很多内容。采用机器人焊接，只有一台机器人是不够的，还必须配备周边设备。常见的弧焊机器人系统由 5 部分组成。

1）机器人本体。一般是伺服电动机驱动的 6 轴关节式操作机，由驱动器、传动机构、机械手臂、关节以及内部传感器等组成。其任务是精确地保证机械手末端（机器人焊枪）所要求的位置、姿态和运动轨迹。

2）机器人控制柜。它是机器人系统的神经中枢，包括计算机硬件、软件和一些专用电路，负责处理机器人工作过程中的全部信息和控制其全部动作。

3）焊接电源系统。包括焊接电源、专用机器人焊枪等。

4）焊接传感器及系统安全保护设施。

5）焊接工装夹具。

机器人机械系统是指机械本体组成，机械本体由底座部分、大臂、小臂部分、手腕部件和本体管线包部分组成，共由 6 个电动机驱动 6 个关节的运动，从而实现不同的运动形式。

如图 4-54 所示为机器人各个组成部分及各运动关节。

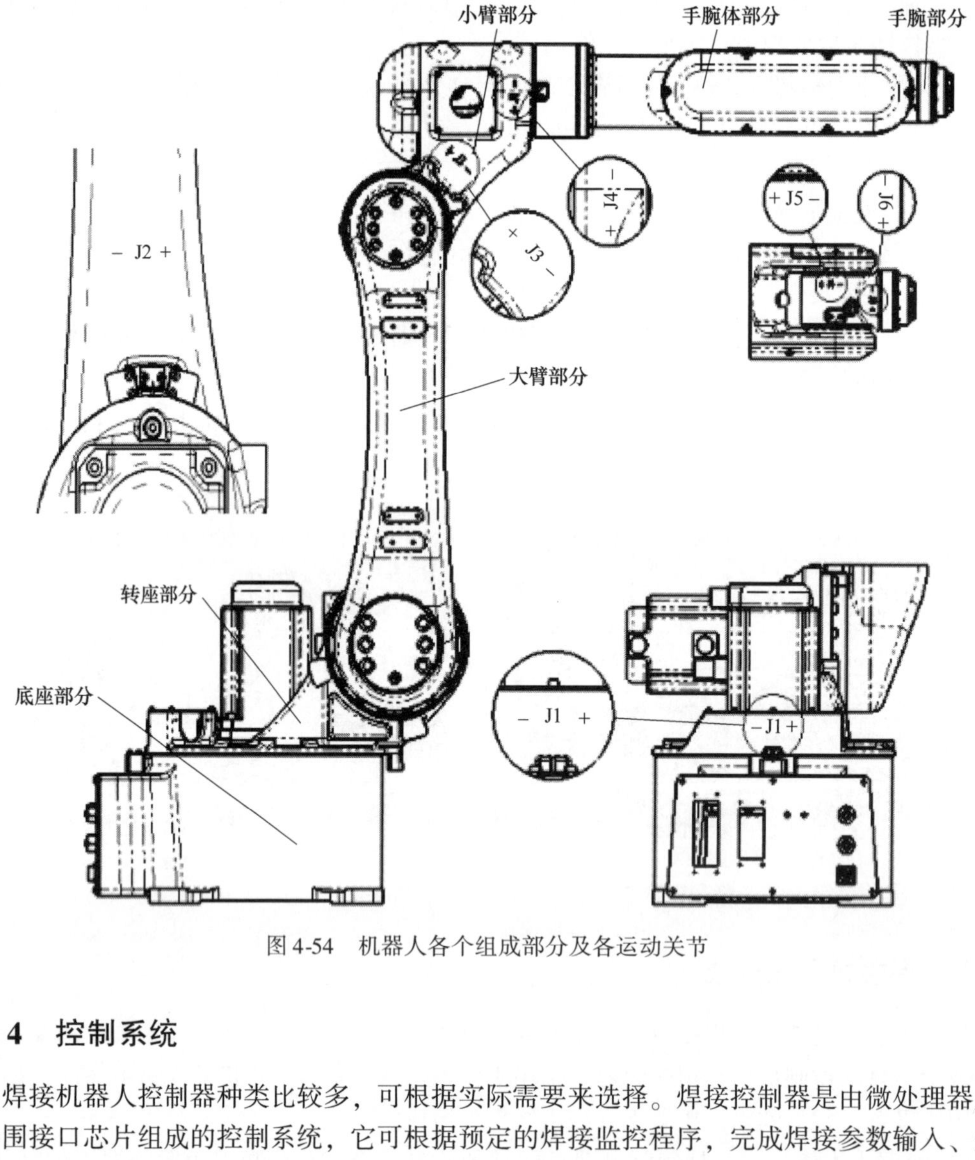


图 4-54　机器人各个组成部分及各运动关节

## 4.5.4　控制系统

焊接机器人控制器种类比较多，可根据实际需要来选择。焊接控制器是由微处理器及部分外围接口芯片组成的控制系统，它可根据预定的焊接监控程序，完成焊接参数输入、焊接程序控制及焊接系统故障自诊断，并实现与本地计算机及示教盒的通信联系。焊接机器人是汽车制造、造船业、电子行业使用最广泛的设备，具有通用性强、工作稳定的特点。机器人能够灵活运动，完全是根据控制器来运作的，不同类型的机器人控制器是不一样的。

机器人控制器是整个机器人系统的大脑，它由计算机硬件、软件和一些专用电路构成，其软件包括控制器系统软件、机器人专用语言、机器人运动学及动力学软件、机器人控制软件、机器人自诊断及自保护软件等。控制器负责处理焊接机器人工作过程中的全部信息和控制其全部动作。所有现代机器人的控制器都是基于多处理器，根据操作系统的指令，工业控制计算机通过系统总线实现对不同组件的驱动及协调控制。

用于弧焊机器人的焊接电源及送丝设备，由于参数选择的需要，必须由机器人控制器直接控制，电源在其功率和接通时间上必须与自动过程相符。

作为焊接机器人的操作者，为正确选择、合理使用并做到能常规维护焊接机器人，必须对焊接机器人的运动控制系统有一定层次的了解。

（1）对机器人运动控制系统的一般要求　机器人控制系统是机器人的重要组成部分，主要用于对机器人运动的控制，以完成特定的工作任务，其基本功能如下。

1）记忆功能。存储作业顺序、运动路径、运动方式、运动速度和与生产工艺有关的信息。

2）示教功能。离线编程、在线示教、间接示教。在线示教包括示教盒和导引示教两种。

3）与外围设备联系功能。输入和输出接口、通信接口、网络接口、同步接口。

4）坐标设置功能。有关节坐标系、绝对坐标系、工具坐标系和用户自定义4种坐标系。

5）人机接口。示教盒、操作面板、显示屏。

6）传感器接口。位置检测、视觉、触觉及力觉等。

7）位置伺服功能。机器人多轴联动、运动控制、速度和加速度控制、动态补偿等。

8）故障诊断安全保护功能。运行时系统状态监视、故障状态下的安全保护和故障自诊断。

（2）焊接机器人运动控制系统（硬件）的组成　焊接机器人运动控制系统中的硬件一般包括以下10个方面。

1）计算机控制系统。即控制系统的调度指挥机构。一般为微型机，其微处理器有32位、64位等，如奔腾系列CPU以及其他类型CPU。

2）示教盒。示教焊接机器人的工作轨迹和参数设定，以及所有人机交互操作。示教盒拥有自己独立的CPU以及存储单元，与主计算机之间以串行通信方式实现人机信息交互。

3）操作面板。由各种操作按键、状态指示灯构成，只完成基本功能操作。

4）硬盘和软盘存储器。存储焊接机器人工作程序以及各种焊接参数数据库的外围存储器。

5）数字和模拟量输入输出。各种状态和控制命令的输入或输出（注释：机器人信号输入和输出，例如，输入信号1，打开焊接气体；输入信号2；打开压缩气体等；还有等待输入。总之，输入什么信号，机器人完成什么指令）。

6）打印机接口。记录需要输出的各种信息。

7）传感器接口。用于信息的自动检测，实现机器人柔顺控制，一般为力觉、触觉和视觉传感器。对一般的点焊或弧焊机器人来说，控制系统中并不设置力觉、触觉和视觉传感器（传感器一般都是外加，例如：常用的电弧跟踪系统就是电弧传感器，还有激光传感器等）。

8）轴控制器。完成机器人各关节位置、速度和加速度控制。

9）辅助设备控制。用于和焊接机器人配合的辅助设备控制，如焊接电源系统、焊枪（焊钳）、焊接工装夹具系统等。

10）通信接口。实现机器人和其他设备的信息交换，一般有串行接口、并行接口等。

### 4.5.5　机器人系统的操作

机器人系统主要由3个部分组成，如图4-55所示。

**1. 库卡机器人 KR16 介绍**

（1）库卡机器人主体

1）机器人各部位名称如图4-56所示。

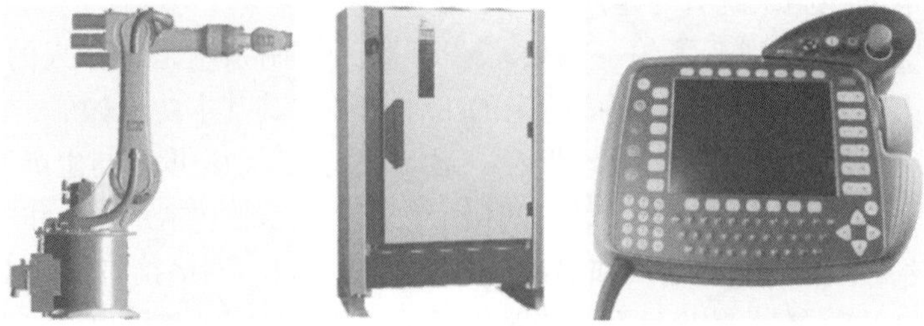

a) KR 16 型机器人　　b) KRC2 控制柜　　c) KCP 控制盘

图 4-55　机器人系统的组成

2）库卡机器人各轴数的指定如图 4-57 所示。

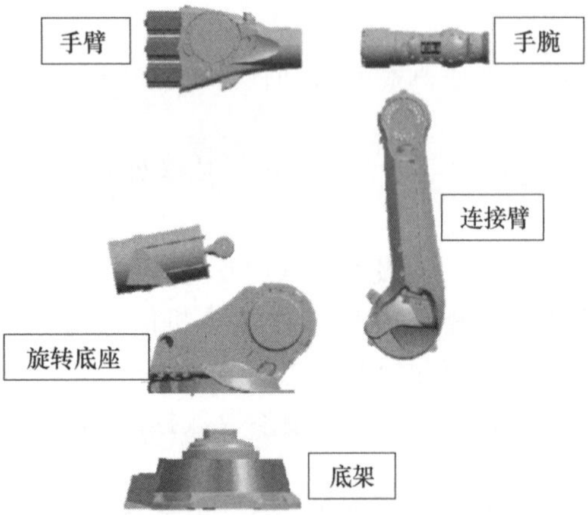


图 4-56　机器人各部位名称

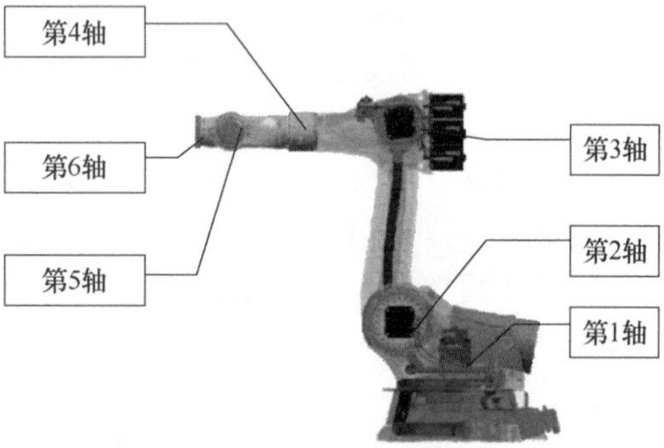


图 4-57　库卡机器人各轴数的指定

（2）KCP 控制盘　KCP 控制盘如图 4-58 所示。

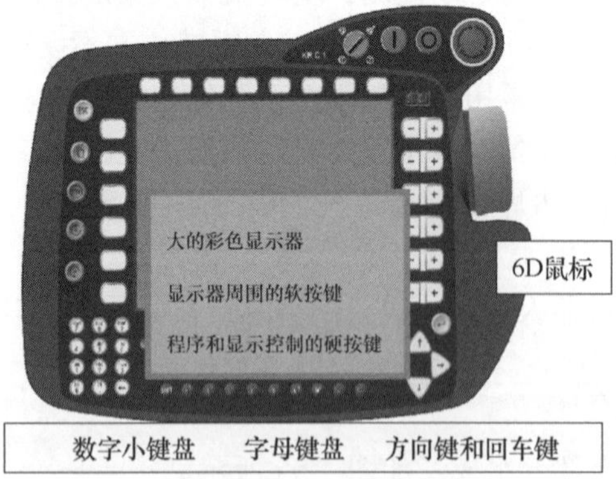


图 4-58　KCP 控制盘

（3）KR C2 控制柜　KR C2 控制柜如图 4-59 所示。

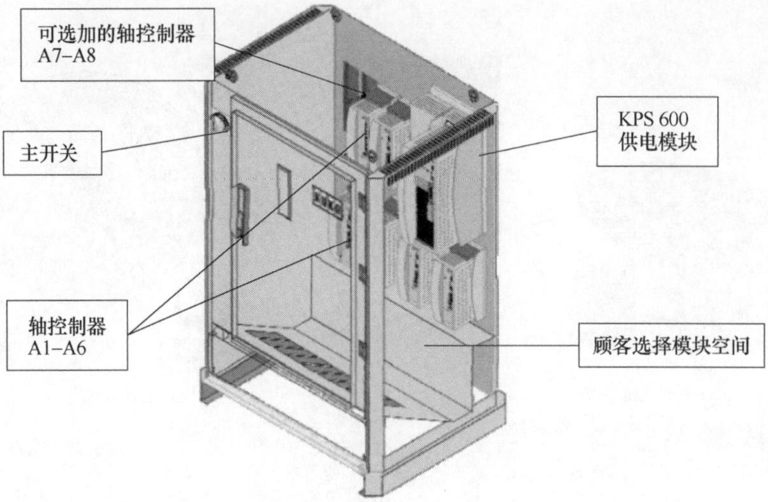


a) 控制柜的布局

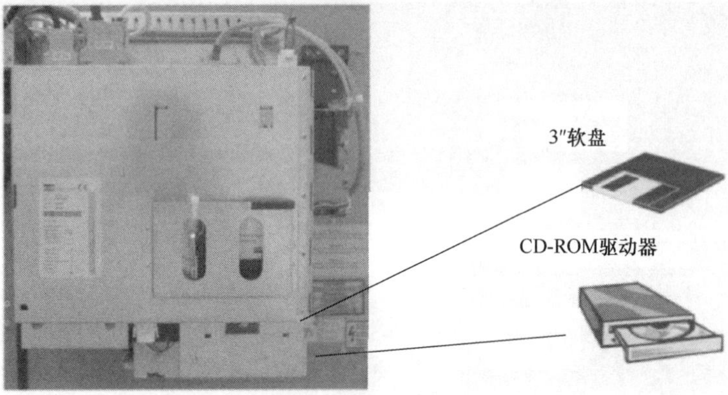


b) 控制柜的电脑模块

图 4-59　KR C2 控制柜

**2. 如何控制机器人运作**

库卡公司先进的设计使操作者能够更容易的用 KCP 控制盘操作机器人的所有动作，除了开关总电源外，操作者可以携带控制盘在工作位置操控，避免了因来回走动而造成效率降低以及不确定因素的增加。下面，我们首先介绍控制盘上主要按键的定义，以及如何使用控制盘来控制机器人运动。

1）主要按键定义如图 4-60 所示。

2）坐标参考系的定义。要使机器人按照指定的方向前进，必须给机器人定义一个参考坐标，在库卡公司标准的系统中，给出了四种不同的坐标参考系，每个操作者可以按照自己的习惯选择适合的坐标参考，如图 4-61 所示。

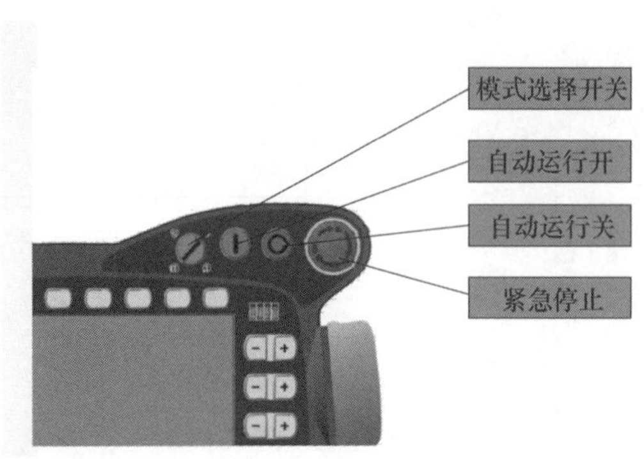


a) 主要按键定义

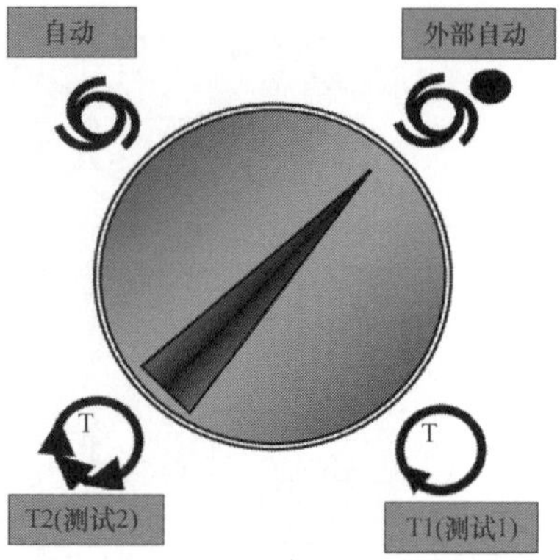


b) 模式选择开关

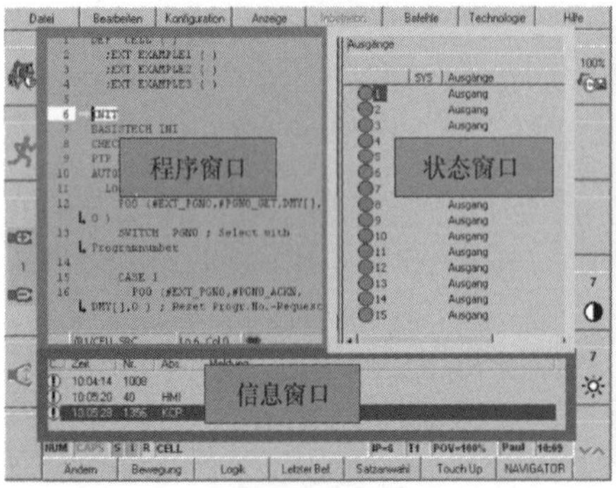


c) 显示窗口

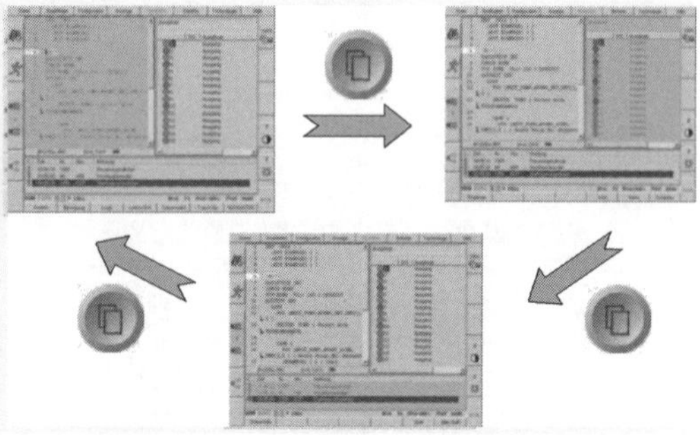

d) 窗口选择键

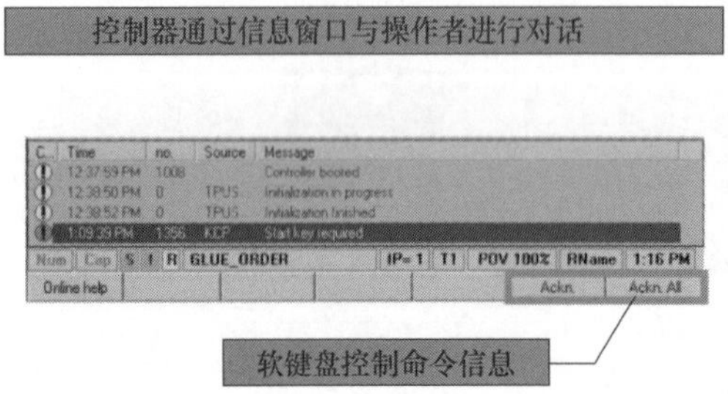


e) 指令

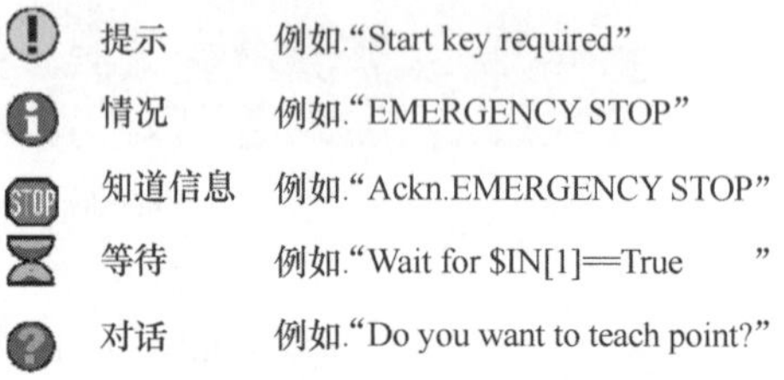


f) 信息类型

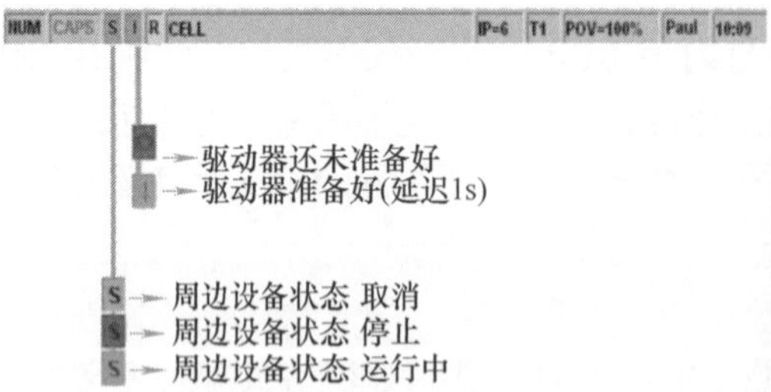


g) 状态栏

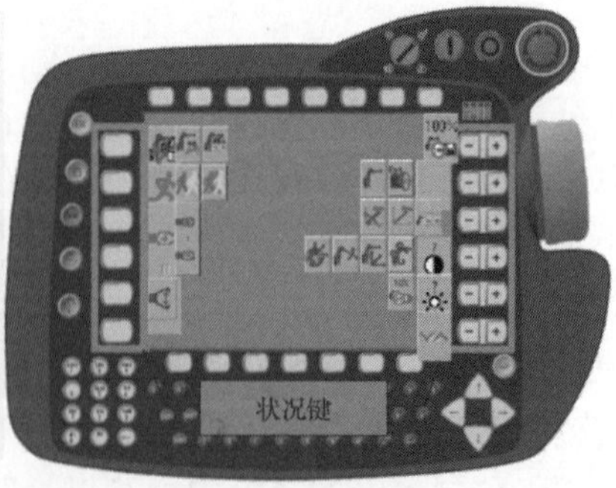


h) 状况键

图 4-60 按键定义

如何选择不同的坐标系统，如图 4-62 所示。

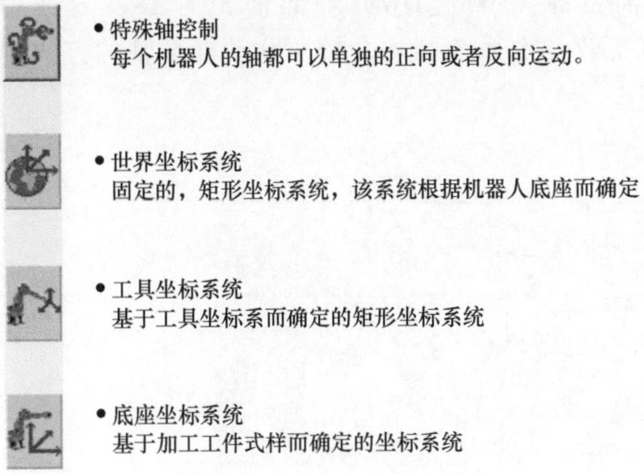


图 4-61　坐标参考的选择

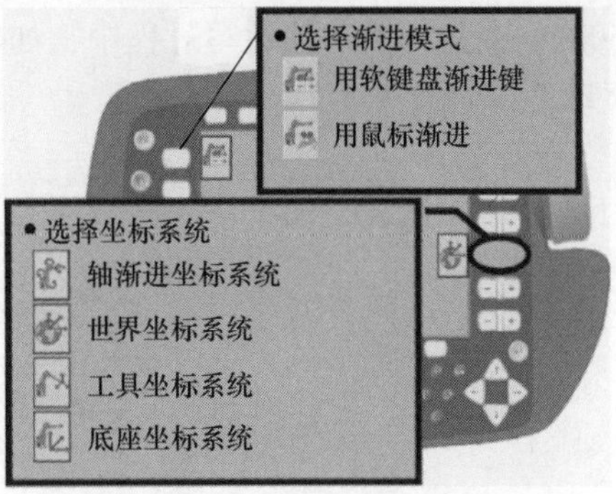


图 4-62　不同坐标系统的选择

在本系统中，一般用到以下坐标参考系，如图 4-63 所示。

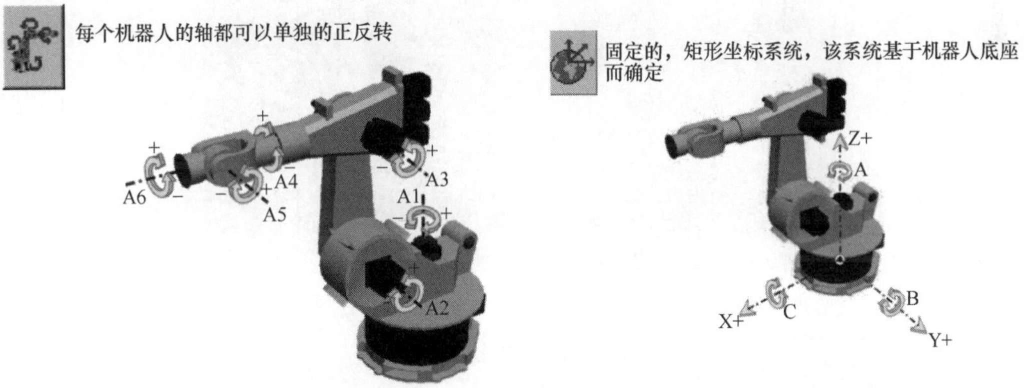


a) 特殊轴控制　　b) 世界坐标系统

图 4-63　坐标参考系

**3. 外部轴的操作**

（1）外部轴的选定　在库卡操作盘右边第 2 个选项里，正常情况下可以看到以下这个图标：；此图标仅能操作机器人的 6 个轴。如果需要操作机器人的外部轴，需要用［ + ］或者［ – ］号将此图标转为，此时按下使能开关，右标记栏将自动显示 3 个外部轴。

在本系统中，库卡三个外部轴的定义如图 4-64 所示。

（2）如何使外部轴与机器人联动　库卡有 3 个外部轴，外部轴 1 始终与机器人的运动保持一致，无需特别调整，并且外部轴 2、轴 3 在正常使用的时候，也无需与机器人联动，仅在当焊接过程中需要工件调整焊接位置，且无需断弧的时候，才需要用到此项功能。

外部轴 2、轴 3 均只能单独与机器人联动，无法一起联动。

联动方法如下：

选择“配置” - “配置工具/外部轴”，可以看到两个需要填写的空格，上面的空格需要填写目前使用的工具类型，也就是正在使用的焊枪的代码，正常情况下是填写 1，填写完成后下方会出现工具名称 DATONG；下面的空格是填写外部轴的代码，在本系统中，设定外部轴 2 为 17，填写完毕后下方会出现外部轴名称 V3000_DW，外部轴 3 为 18，名称为 HT5000。在此后的点的编写过程中，如没有更改，本系统则均会按照联动外部轴的方式进行运动。

a) 外部轴 1（第7轴）

b) 外部轴 2（第8轴）

c) 外部轴 3（第9轴）

图 4-64　外部轴的定义

设定好后，需要将机器人的运动方式更改为模式，在此模式下，移动机器人部分，外部轴不参与旋转，但是当移动外部轴的时候，机器人会做出相对应的动作。

## 4.5.6　编程

焊接机器人作为一种可编程装置，按照其编程方式可分为示教编程、离线编程和自主编程 3 种。

（1）示教编程（主要）　示教编程是指操作人员通过人工手动的方式，利用示教板移动机器人末端焊枪跟踪焊缝，适时记录焊件焊缝轨迹和焊接参数，机器人根据记录信息采用逐点示教的方式再现焊接过程。这种逐点记录焊枪姿态再重现的方法需要操作人员充当外部传感的角色，机器人自身缺乏外部信息传感，灵活性较差，而且对于结构复杂的工件，需要操作人员花费大量的时间进行示教，编程效率低。当焊接环境参数发生变化时，需要重新示教焊接过程，不能适应焊接对象和任务变化的场合，焊接精度差。

（2）离线编程　离线编程采用部分传感技术，主要依靠计算机图形学技术，建立机器人工作模型，对编程结果进行三维图形学动画仿真以检测编程可靠性，最后将生成的代码传递给机器人控制柜控制机器人运行。与示教编程相比，离线编程可以减少机器人工作时间，结合 CAD 技术，简化编程。国外机器人离线编程技术研究成熟，各工业机器人产商都配有各自机器人专用的离线编程软件系统。比如 ABB 的 Robot Studio 仿真编程软件，既可以做仿真分析又可以进行离线编程。离线编程能够构造模拟的焊接环境，依据工况条件，应用 CAD 技术构造相应的夹具、零件和工具的几何模型。但缺乏真实焊接环境的传感数据，所构造的几何模型对真实焊接目标也只是部分的描述，在焊接过程中必须做出偏差调节，因此离线编程难以描述真实的三维运动，不是特别可靠，在焊接过程中必须进行实时的偏差控制，以满足焊接工艺的要求。

（3）自主编程　自主编程技术是实现机器人智能化的基础。自主编程技术应用各种外部传感器使得机器人能够全方位感知真实焊接环境，识别焊接工作台信息，确定焊接参数。

自主编程技术无需繁重的示教，减少了机器人的工作时间和工人的劳动时间，也无需根据工作台信息实时对焊接过程中的偏差进行纠正，大大提高了机器人的自主性和适应性而成为未来机器人发展的趋势。

（4）编程基础　前面已经提到每个按键的不同定义，以下要用这些按键来编辑需要机器人执行的程序。所有的程序都需要指定相应的运动方式来让机器人执行并且行走。

1）运动模式。主要三部分：PTP 点到点空间运动、LIN 直线焊接运动、CIRC 圆弧焊接运动。

库卡机器人提供三种不同的运动模式，如图 4-65 所示。

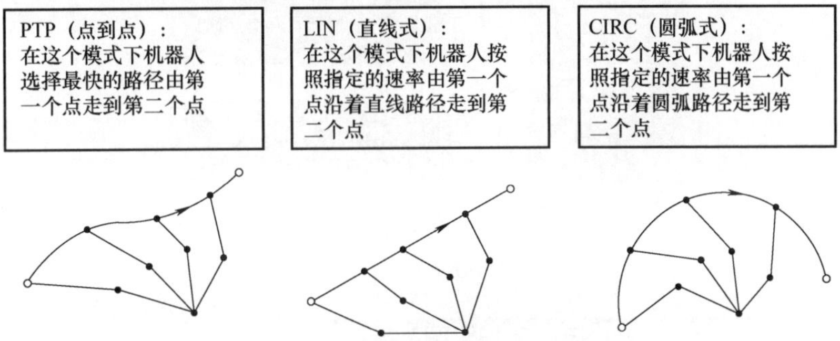


图 4-65　三种不同的运动模式

第一，PTP 运动。在 PTP 运动模式下，机器人通过计算从第一个点到第二个点，每个轴需要旋转的角度，迅速地将每个轴旋转到指定位置。因此 PTP 运动的轨迹是不可循的，如图 4-66 所示。

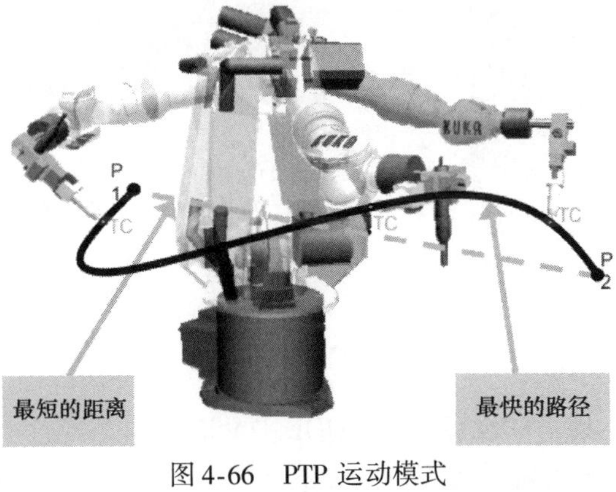


图 4-66　PTP 运动模式

设定 PTP 运动的方法，如图 4-67 所示。在软键盘控制信息栏里，按下“移动”，会出现以下一栏可供选择的选项，如图 4-67a 所示。将高亮的地方指定到某个选项，会出现一个选项栏，用窗口转换键转换过去后会看到如图 4-67b 所示的信息。

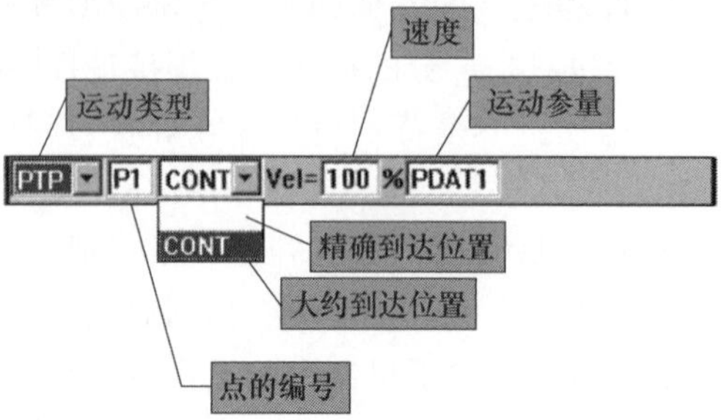


a) 选项信息

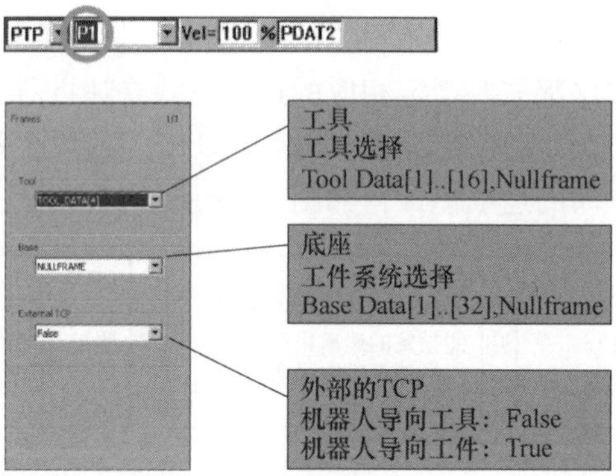


b) 转换信息

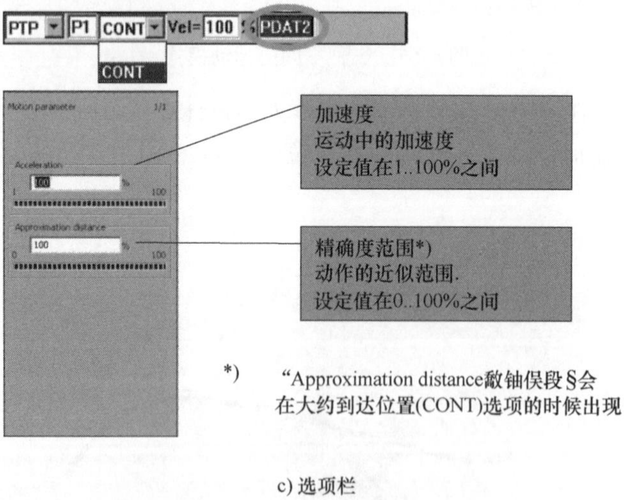


c) 选项栏

图 4-67　PTP 运动的方法

工具：在本系统中工具一栏设定的是 TOOL_DATA。

底座：在本系统中底座一栏设定的是 Nullframe 。

外部的 TCP：在本系统中底座一栏我们设定的是 False 。

继续移动高亮到最后一个选项，会出现以下的选项栏，如图 4-67c 所示。

对于这两个设定默认值为 100。

第二，LIN 直线运动。LIN 直线与 CIRC 圆弧运动都是一种循迹运动。当开始焊接的时候，必须用这两种运动模式中的一种来确定焊枪需要走过的路径。直线运动如图 4-68 所示。

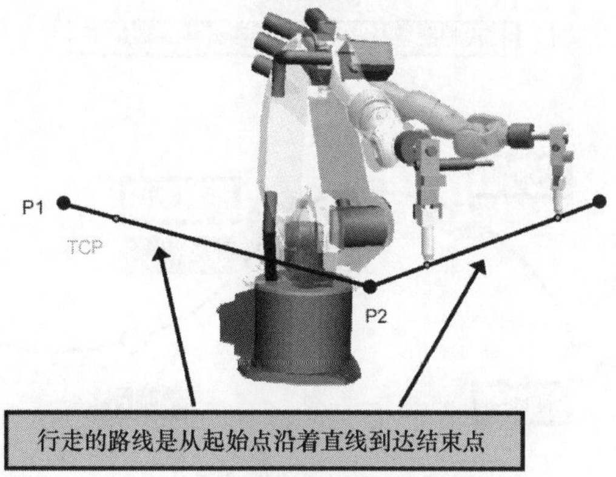


a) LIN 运动的方法

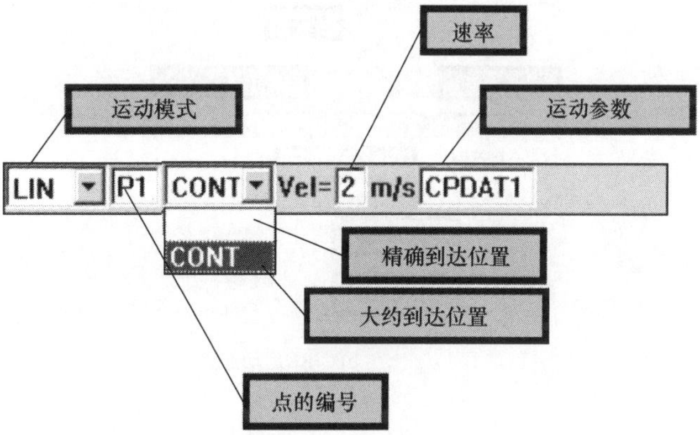


b) 其他设定与 PTP 运动相同

图 4-68　直线运动

第三，CIRC 圆弧运动。CIRC 圆弧运动如图 4-69 所示。与 PTP/LIN 直线运动的设定方式不同，每个圆弧都需要指定 3 个点：起始点、附加点以及结束点，如图 4-69a 所示。设定 CIRC 运动方法如图 4-69b 所示。每次设定圆弧的时候，需要分别确定附加点、终点的位置，如图 4-69c 所示。

第四，BCO 运动。机器人工作开始前需要在原点，工作以后也需要回到原点，图 4-70 中 PTP HOME 解释为点到点运动，回原点，HOME 点为原点。

最后要指出的是，库卡每个程序周期开始和结束的时候，都需要做一个 BCO 运动，其目的是为了确保机械手运作的时候能够根据所示教的路径运行。

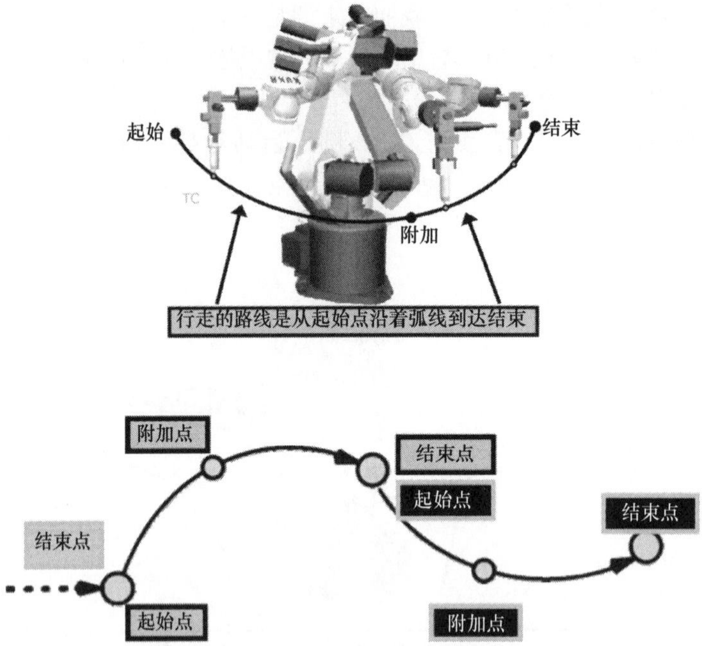


a) 圆弧指定点

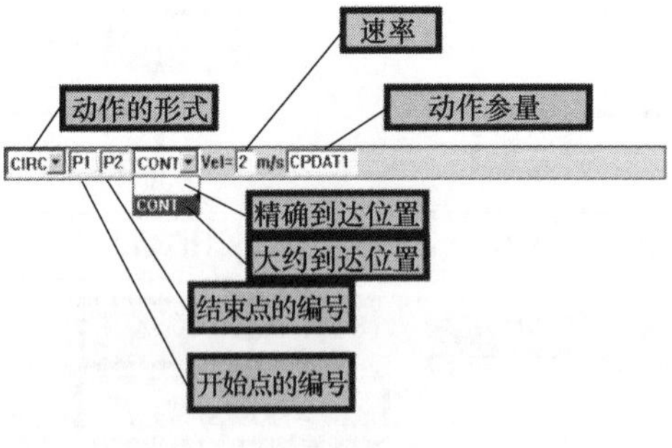


b) CIRC运动方法

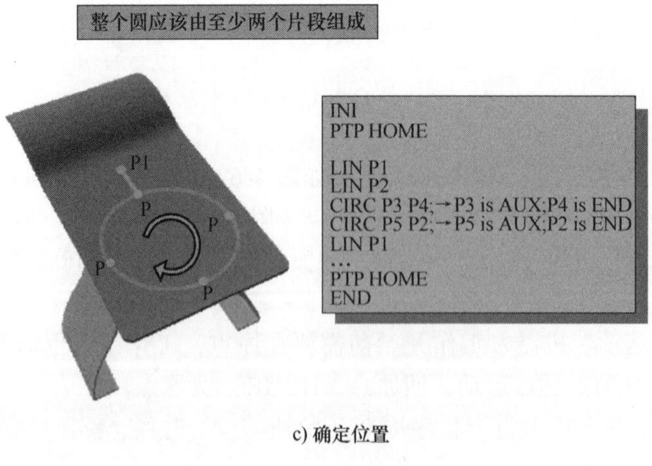


c) 确定位置

图 4-69　圆弧运动

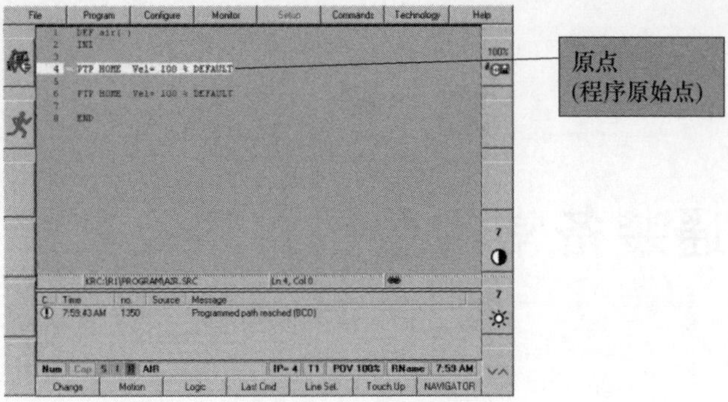


图 4-70　程序原始点

## 4.5.7　机器人维护

(1) 日检查及维护

1) 送丝机构。包括送丝力矩是否正常，送丝导管是否损坏，有无异常报警。

2) 气体流量是否正常。

3) 焊枪安全保护系统是否正常，禁止关闭焊枪安全保护工作。

4) 水循环系统工作是否正常（焊机冷却液)。

5) 测试 TCP。

(2) 周检查与维护

1) 擦洗机器人各轴。

2) 检查 TCP 的精度。

3) 检查机器人各轴零位是否准确。

4) 清理焊机水箱后面的过滤网。

5) 清理压缩空气进气口处的过滤网。

6) 清理焊枪喷嘴处杂质，以免堵塞水循环。

7) 清理送丝机构，包括送丝轮、压丝轮、导丝管。

8) 检查软管束及导丝软管有无破损及断裂，建议取下整个软管束用压缩空气清理。

9) 检查焊枪安全保护系统是否正常，外部急停按钮是否正常。

(3) 月检查及维护

1) 润滑机器人各轴。其中 1 ~6 轴加白色的润滑油，油号：86E006。

2) RP 变位机和 RTS 轨道，油号：86K007。

3) RP 变位机上的蓝色加油嘴加灰色的导电脂（焊接变位机使用，主要起导电作用)，油号：86K004。

4) 送丝轮滚针轴承加润滑油。

5) 清理清枪装置，加注气动电动机润滑油（普通机油即可)。

6) 用压缩空气清理控制柜及焊机。

7) 检查焊机水箱冷却水水位，及时补充冷却液（纯净水加少许工业酒精即可)。

8) 完成 1 ~8 项的工作外，执行周检的所有项目。

# 第 5 章
# 轨道交通装备常用金属材料及其焊接方法

## 5.1 碳素钢及其焊接方法

碳素钢是以铁为基本成分，含有少量碳的铁碳合金，$w_C \leqslant 1.3\%$。碳素钢中除碳元素外，还含有少量的 Mn 和 Si 元素，是钢结构中用量大、焊接加工量大、应用广泛的一类钢材。

了解并熟悉碳素钢材料的种类及成分，能更好地掌握其焊接性能，有助于焊工在焊接操作时合理地选用焊接材料和焊接工艺，更好地完成碳素钢的焊接。

### 5.1.1 碳素钢的种类、标准及性能

**1. 碳素钢的种类**

按照碳含量的不同，碳素钢分为低碳钢（$w_C \leqslant 0.3\%$）、中碳钢（$w_C = 0.3\% \sim 0.6\%$）、高碳钢（$w_C > 0.6\%$）。由于中碳钢、高碳钢焊接性较差，轨道交通用碳素钢材料绝大部分为低碳钢，还包括与焊接密切相关的焊接碳素铸钢，主要用于车体、转向架构架及其零部件的制造。轨道交通常用碳素钢牌号、化学成分及质量等级见表 5-1，常用焊接碳素铸钢的化学成分见表 5-2。

**表 5-1 轨道交通常用碳素钢牌号、化学成分及质量等级**

| 牌号 | 等级 | 厚度/mm | 化学成分（质量分数，%） | | | | |
|---|---|---|---|---|---|---|---|
| | | | C | Si | Mn | P | S |
| Q195 | — | — | ≤0.12 | ≤0.30 | ≤0.50 | ≤0.035 | ≤0.040 |
| Q215 | A | — | ≤0.15 | ≤0.35 | ≤1.20 | ≤0.045 | ≤0.050 |
| | B | | | | | | ≤0.045 |
| Q235 | A | — | ≤0.22 | ≤0.35 | ≤1.40 | ≤0.045 | ≤0.050 |
| | B | | ≤0.20 | | | ≤0.045 | ≤0.045 |
| | C | | ≤0.17 | | | ≤0.040 | ≤0.040 |
| | D | | | | | ≤0.035 | ≤0.035 |
| Q275 | A | — | ≤0.24 | ≤0.35 | ≤1.50 | ≤0.045 | ≤0.050 |
| | B | | ≤0.21 | | | ≤0.045 | ≤0.045 |
| | | | ≤0.22 | | | | |
| | C | — | ≤0.20 | | | ≤0.040 | ≤0.040 |
| | D | — | ≤0.20 | | | ≤0.035 | ≤0.035 |

**表 5-2　轨道交通常用焊接碳素铸钢化学成分（质量分数）　　（%）**

| 牌　号 | C | Si | Mn | S | P | Ni | Cr | Mo |
|---|---|---|---|---|---|---|---|---|
| ZG200-400H | ≤0. 20 | ≤0. 60 | ≤0. 80 | ≤0. 25 | ≤0. 25 | ≤0. 40 | ≤0. 35 | ≤0. 15 |
| ZG230-450H | ≤0. 20 | ≤0. 60 | ≤1. 20 | ≤0. 25 | ≤0. 25 | ≤0. 40 | ≤0. 35 | ≤0. 15 |
| ZG270-480H | 0. 17 ~ 0. 25 | ≤0. 60 | 0. 8 ~ 1. 20 | ≤0. 25 | ≤0. 25 | ≤0. 40 | ≤0. 35 | ≤0. 15 |
| ZG300-500H | 0. 17 ~ 0. 25 | ≤0. 60 | 1. 0 ~ 1. 6 | ≤0. 25 | ≤0. 25 | ≤0. 40 | ≤0. 35 | ≤0. 15 |

### 2. 碳素钢焊接的相关标准

目前，轨道交通装备制造行业常用碳素钢焊接涉及的标准主要有接头设计类、工艺类、材料类等，具体见表 5-3。

**表 5-3　轨道交通常用碳素钢焊接涉及的标准**

| 类　别 | 标 准 号 | 标 准 名 称 |
|---|---|---|
| 接头设计类 | GB/T 985. 1—2008 | 气焊、焊条电弧焊、气体保护焊和高能束焊的推荐坡口 |
| | GB/T 985. 2—2008 | 埋弧焊的推荐坡口 |
| | EN 15085-3—2007 | 轨道交通　铁路车辆及其零部件焊接　第 3 部分-设计要求 |
| 工艺类 | ISO 15609—2004 | 金属材料焊接工艺规程及评定　焊接工艺规程 |
| | ISO 15614—2017 | 金属材料焊接工艺规程与鉴定　焊接工艺试验 |
| 材料类 | GB/T 700—2006 | 碳素结构钢 |
| | GB/T 699—2015 | 优质碳素结构钢 |
| | GB/T 7659—2010 | 焊接结构用铸钢件 |
| | TB/T 2944—2019 | 机车车辆用锻件 |
| | GB/T 5117—2012 | 非合金钢及细晶粒钢焊条 |
| | GB/T 8110—2020 | 熔化极气体保护电弧焊用非合金钢及细晶粒钢实芯焊丝 |
| | GB/T 10045—2018 | 非合金钢及细晶体钢药芯焊丝 |

### 3. 碳素钢的性能

轨道交通常用碳素钢、焊接用碳素铸钢的力学性能分别见表 5-4、表 5-5。

**表 5-4　常用碳素钢的力学性能**

| 牌号 | 等级 | 抗拉强度 /MPa | 厚度或直径 /mm | | | | | 厚度或直径 /mm | | | | | 冲击试验（V 型缺口） | |
|---|---|---|---|---|---|---|---|---|---|---|---|---|---|---|
| | | | ≤16 | >16 ~ 40 | >40 ~ 60 | >60 ~ 100 | >100 ~ 150 | ≤40 | >40 ~ 60 | >60 ~ 100 | >100 ~ 150 | >150 ~ 200 | 温度 /℃ | 冲击吸收能量（纵向）/J |
| | | | 屈服强度 /MPa | | | | | 断后伸长率（%） | | | | | | |
| Q195 | — | 315 ~ 430 | 195 | 185 | — | — | — | 33 | — | — | — | — | — | — |
| Q215 | A | 335 ~ 450 | 215 | 205 | 195 | 185 | 175 | 31 | 30 | 29 | 27 | 26 | — | — |
| | B | | | | | | | | | | | | 20 | 27 |

（续）

| 牌号 | 等级 | 抗拉强度/MPa | 厚度或直径/mm | | | | | 厚度或直径/mm | | | | | 冲击试验（V 型缺口） | |
|---|---|---|---|---|---|---|---|---|---|---|---|---|---|---|
| | | | ≤16 | >16～40 | >40～60 | >60～100 | >100～150 | ≤40 | >40～60 | >60～100 | >100～150 | >150～200 | 温度/℃ | 冲击吸收能量（纵向）/J |
| | | | 屈服强度/MPa | | | | | 断后伸长率（%） | | | | | | |
| Q235 | A | 370～550 | 235 | 225 | 215 | 215 | 195 | 26 | 25 | 24 | 22 | 21 | — | — |
| | B | | | | | | | | | | | | 20 | 27 |
| | C | | | | | | | | | | | | 0 | 27 |
| | D | | | | | | | | | | | | -20 | 27 |
| Q275 | A | 410～540 | 275 | 265 | 255 | 245 | 225 | 22 | 21 | 20 | 18 | 17 | — | — |
| | B | | | | | | | | | | | | 20 | 27 |
| | C | | | | | | | | | | | | 0 | 27 |
| | D | | | | | | | | | | | | -20 | 27 |

**表 5-5　焊接用碳素铸钢的力学性能**

| 牌　　号 | 屈服强度/MPa | 抗拉强度/MPa | 断后伸长率（%） | 室温时，V 型缺口的冲击吸收能量/J |
|---|---|---|---|---|
| ZG200-400H | ≥200 | ≥400 | ≥25 | 45 |
| ZG230-450H | ≥230 | ≥450 | ≥22 | 45 |
| ZG270-480H | ≥270 | ≥480 | ≥20 | 40 |
| ZG300-500H | ≥300 | ≥500 | ≥20 | 40 |

## 5.1.2　碳素钢用焊接材料

碳素钢用焊接材料选择依据等强匹配或高强匹配的原则，选择与母材强度相同或稍高于母材强度的焊材。同时根据焊接方法的不同，选用与之匹配的焊接材料，主要包括：气体保护焊焊丝、电弧焊焊条、埋弧焊焊丝和焊剂等。

## 5.1.3　碳素钢的焊接性能

低碳钢因 C、Mn 和 Si 的含量少，而且几乎不含合金元素，故其焊接性优良。正常情况下焊接，不需要采取特殊的工艺措施，如焊前预热、焊后保温及控制层间、道间温度等。焊接时具有以下特点。

1）可装配成各种接头形式，对装配误差的容忍度高，适应各种不同位置的焊接，且焊接工艺和技术较简单，容易掌握。

2）焊接接头塑性好，产生裂纹的敏感性低。

3）不需要使用特殊和复杂的工艺装备，对焊接电源和焊接材料没有特殊要求。

### 5.1.4　碳素钢的焊接方法

碳素钢具有较好的焊接性，适用于碳素钢的焊接方法很多，如气体保护实芯焊丝和药芯焊丝焊、焊条电弧焊、埋弧焊、氩弧焊、等离子弧焊、电阻焊和电子束焊等，几乎所有的焊接方法，都可用于焊接碳素钢。焊接方法选择主要是根据材料的种类、施工条件、结构形式、效率与制造成本、焊接质量要求等综合考虑，选择原则应为：在好的劳动条件下，低成本地完成高质量的焊缝。

目前，轨道交通装备制造行业的碳素钢焊接，主要采用实芯焊丝气体保护电弧焊、焊条电弧焊、埋弧焊等。

## 5.2　低合金钢及其焊接方法

合金钢是指钢中合金元素含量一般不超过5.0%，屈服强度一般达到300～400MPa或更高，并且具有优良焊接性能的工程结构用钢。根据添加元素的不同，采取适当的冶炼工艺，可获得高强度、高韧性、耐磨、耐腐蚀、耐低温、耐高温、无磁性等特殊性能。了解并熟悉合金钢材料的相关知识，有助于焊工在焊接操作时合理地选用焊接材料和焊接工艺，更好地完成合金钢的焊接。

### 5.2.1　低合金钢与合金钢的编号

我国的钢材编号是采用国际化学元素符号和汉语拼音字母并用的原则。产品名称、用途和浇注方法等则采用汉语拼音字母表示，放在牌号头或牌号尾。用数字表明碳的质量分数，化学元素符号表明钢中含有的合金元素，化学元素后面的数字表明合金元素的大致含量。牌号中的化学元素采用国际化学元素符号表示，如Si、Mn、Cr和W等。其中只有稀土元素是用“RE”来表示的，这是由于其含量不多，种类不少，不易逐一分析出来。

**1. 低合金钢的编号**

低合金高强度结构钢的牌号表示方法与碳素结构钢相同，也是以屈服强度级别为标准编号，用“Q+数字+字母+字母”表示。其中，“Q”是钢材的屈服强度“屈”字的汉语拼音字首，紧跟后面的是屈服强度值，再其后分别是质量等级符号和脱氧方法。例如Q355C表示 $R_{eL}\geqslant$345MPa、质量等级为C级的低合金高强度钢。

**2. 合金结构钢的编号**

合金结构钢编号是以“两位数字+元素+数字+・・・”的方法表示。牌号的前两位数字表示碳的平均质量分数的万分之几，合金元素以化学元素符号表示，合金元素后面的数字则表示该元素的含量，一般以百分之几表示。凡合金元素的平均含量小于1.5%时，牌号中一般只标明元素符号而不标明其含量。如果平均含量≥1.5%、2.5%、3.5%・・・时，则相应地在元素符号后面标以2、3、4・・・。如果为高级优质钢，则在其牌号后加“高”或“A”。钢中的V、Ti、Al、B和RE等合金元素的含量虽然很低，但在钢中能起相当重要的作用，故仍应在牌号中标出。

如20CrMnTi表示碳的平均质量分数为0.20%，主要合金元素Cr、Mn的质量分数均低1.5%，并含有微量Ti的合金结构钢；60Si2Mn表示碳的平均质量分数为0.60%，主要合金元素 Mn 含量低于 1.5%，Si 含量为 1.5% ~2.5% 的合金结构钢。

**3. 合金工具钢与特殊性能钢的编号**

合金工具钢的牌号以“一位数字（或没有数字）+元素+数字+···”表示。其编号方法与合金结构钢大体相同，区别在于碳的质量分数的表示方法，当碳的质量分数 <1.0% 时，则在牌号前以千分之几表示它的碳的平均质量分数；而当碳的质量分数≥1.0% 时，则不予标出。如 9CrSi 钢，碳的平均质量分数为 0.90%，主要合金元素为 Cr 和 Si，含量均小于 1.5%；又如 Cr12MoV 钢，碳的质量分数为 1.45% ~1.70%（大于 1.0%），主要合金元素为 Cr，Cr 的质量分数为 12%，而 Mo 和 V 的质量分数均小于 1.5%。

对于 Cr 的质量分数低的钢，其中 Cr 的质量分数以千分之几表示，并在数字前加“0”，以示区别。如 Cr 的平均质量分数为 0.6% 的低铬工具钢的牌号为“Cr06”。

特殊性能钢的牌号和合金工具钢的表示相同，如不锈钢 2Cr13 表示碳的质量分数为 0.20%，铬的质量分数为 12.5% ~13.5%。当碳的质量分数小于 0.08% 时，在牌号前标“0”；当碳的质量分数小于 0.03% 时，在牌号前标“00”。

**4. 专用钢的编号**

（1）压力容器用钢板　用大写字母 R 在牌号尾表示，意为“容”。其牌号可用屈服强度、碳的质量分数或所含合金元素表示。如 Q345R，再如 20R、16MnR、15MnVR、15MnVNR、15CrMoR 等均用碳的质量分数或所含合金元素来表示。

（2）焊接气瓶用钢板　用大写字母 HP 在牌号尾表示，意为“焊瓶”。其牌号可以用屈服强度表示，如 Q295HP 和 Q345HP；也可用所含合金元素来表示，如 16MnREHP。

（3）锅炉用钢板　用小写字母 g 在牌号尾表示，意为“锅”。其牌号可用屈服强度表示，如 Q390g；也可用碳的质量分数或所含合金元素来表示，如 20g、22Mng、15CrMog、16Mng、19Mng、13MnNiCrMoNbg 和 12CrI MoVg 等。

（4）桥梁用钢板　用“桥”拼音的第一个字母 q 在牌号尾表示，如 Q420q、16Mnq 和 14MnNbq 等。

（5）焊接结构用耐候钢　用“耐候”的汉语拼音字母 NH 在牌号尾表示，并在牌号后加上质量等级代号（C、D 和 E），如 Q355NHC 和 Q460NHD。

（6）滚珠轴承钢　在编号首标以“滚”字拼音的第一个字母 G，其后为铬（Cr）+数字，数字表示铬的质量分数的千分之几，如 GCr15，读为“滚铬 15”。这里应注意，牌号中 Cr 元素后面的数字是表示 Cr 的质量分数为 1.5%，其他元素仍按百分之几表示，如 GCr15SiMn 表示 Cr 的质量分数为 1.5%，Si 和 Mn 均小于 1.5% 的滚动轴承钢。

（7）易切削钢　在牌号首标以“易”字拼音的第一个字母 Y。如 Y40Mn 表示 C 的质量分数约 0.4%，Mn 的质量分数小于 1.5% 的易切削钢。

### 5.2.2 低合金钢

本节所介绍的低合金钢是指含有少量合金元素，具有较好的力学性能和工艺性能，用于各种工程构件的钢种。

我国低合金钢包含范围很广，钢材品种不仅包括用于焊接的低合金高强度结构钢，还包括低合金冲压钢、低合金耐腐蚀钢、低合金耐磨损钢、低合金耐低温钢，甚至还有低、中碳的低合金建筑钢和中、高碳的低合金铁道轨钢。

我国于 1957 年开始研制低合金钢，研发了 Mn、Mn-V、Mn-Ti、Mn-Nb 和 Mn-Mo 等系列钢种，屈服强度为 300～700MPa，历经 60 余年的发展，我国低合金钢已形成完整的标准系列。

根据 GB/T 13304.2—2008《钢分类》标准第二部分，低合金钢分类如下。

（1）按主要质量等级　低合金钢按主要质量等级分为普通低合金钢、优质低合金钢和特殊低合金钢三类。

1）普通低合金钢。普通低合金钢是指在生产过程中不需要特别控制质量要求，用作一般用途的低合金钢。普通低合金钢主要包括：一般用途低合金结构钢、低合金钢筋、铁道用一般低合金钢和矿用一般低合金钢。

2）优质低合金钢。优质低合金钢是指除普通低合金钢和特殊低合金钢以外的低合金钢。在生产过程中需要特别控制质量，如降低 S、P 含量，控制晶粒度，改善表面质量，增加工艺控制等，以满足比普通低合金钢更高的质量要求，例如，具有良好的抗脆断性能和良好的冷变形加工性能等。但这种钢的生产控制和质量要求，不如特殊低合金钢严格。优质低合金钢主要包括：可焊接的高强度结构钢、锅炉压力容器用低合金钢、造船用低合金钢、汽车用低合金钢、桥梁用低合金钢、自行车用低合金钢、低合金耐候钢、铁道用低合金钢、矿用低合金结构钢，以及输油、输气管道用低合金钢等。

3）特殊低合金钢。特殊低合金钢是指在生产过程中需要特别严格控制质量和性能（特别是严格限制 S、P 等杂质含量和控制纯洁度）的低合金钢。特殊低合金钢主要包括：低合金高强度钢、保证厚度方向性能的低合金钢、铁道用低合金钢、低温压力容器用低合金钢，以及舰船、兵器用低合金钢和刮脸刀片用低合金钢等。

（2）按主要性能和使用特性　低合金钢按主要性能及使用特性分为可焊接低合金高强度结构钢、低合金耐候钢、低合金钢筋、铁道用低合金钢、矿用低合金钢和其他低合金钢等。

## 5.2.3　低合金高强度结构钢

低合金高强度结构钢是在碳素结构钢的基础上添加少量合金元素（质量分数 3% 以下），屈服强度在 275MPa 以上，主要用于工程结构件。

低合金高强度结构钢作为近几十年发展快、性能好、产量大和应用范围广的钢种，受到了世界各国的重视，各发达工业国家的低合金高强度结构钢产量约占钢产量的 10%。

**1. 化学成分特点**

（1）碳的质量分数　低合金高强度结构钢以低碳和低硫为主要特征。由于塑性、韧性、焊接性和冷变形加工性能的要求，所以其碳的质量分数不超过 0.20%。

（2）合金化元素　在低合金高强度结构钢中常用的合金元素有 Mn、Si、Mo、Cu、Nb、Ti、Zr、B、P 和 N 等，总质量分数一般在 3% 以下。这种钢中主加元素为锰（Mn），主要作用是通过 Mn 溶入铁素体中而达到固溶强化的目的；此外，Mn 还通过细化晶粒来改善塑性和韧性。Mn 是一种固溶强化效果显著又比较便宜的合金元素，不过，为保证钢的塑性和韧性，Mn 的质量分数不应超过 1.8%。Nb、Ti 或 V 等作为辅加元素，少量的 Nb、Ti 或 V 在钢中形成细碳化物或碳氮化物，一方面在热轧时阻止奥氏体晶粒长大；另一方面在冷却过程中析出碳氮化物，进一步提高钢的强度和韧性。此外，加入少量 Cu（$w_{Cu} \leqslant 0.4\%$）和 P（$w_P = 0.1\%$ 左右）等，可提高耐大气腐蚀性能。

加入少量稀土元素，可以脱硫、去气，使钢材净化，改善钢材的韧性和工艺性能。

**2. 性能特点**

低合金高强度结构钢强度高，一般屈服强度在300MPa以上，因此1t低合金高强度结构钢可等效于1.2~2.0t普通碳素钢使用，从而减轻构件重量，提高构件使用的可靠性并节约钢材。

低合金高强度结构钢塑性和韧性好，具有良好的焊接性能和冷变形加工性能，并且冷脆转变温度低，耐大气腐蚀性能高。

这类钢一般经热轧空冷状态后使用，可采用焊接工艺制成各类零部件产品，不需要进行专门的热处理。使用状态下的显微组织一般为铁素体+珠光体（索氏体）。有时也可淬火成低碳马氏体状态。

**3. 常用钢种**

常用低合金高强度结构钢按其屈服强度的高低分为五个级别（300MPa、350MPa、400MPa、450MPa和500MPa），其力学性能和用途见表5-6。

**表5-6　低合金高强度结构钢的力学性能和用途**（摘自GB/T 1591—2018）

| 牌号 | 旧牌号 | 主要化学成分（质量分数，%） | | | 力学性能 | | | 用途 |
|---|---|---|---|---|---|---|---|---|
| | | C | Si | Mn | $R_{eL}$/MPa | $R_m$/MPa | $A$（%） | |
| Q295 | 09MnNb | ≤0.12 | 0.20~0.60 | 0.80~1.20 | 300 | 420 | 23 | 桥梁、车辆 |
| | | | | | 280 | 400 | 21 | |
| | 12Mn | ≤0.16 | 0.20~0.60 | 1.10~1.50 | 300 | 450 | 21 | 锅炉、容器、铁道车辆、油罐等 |
| | | | | | 280 | 440 | 19 | |
| Q345 | 16Mn | 0.12~0.20 | 0.20~0.60 | 1.20~1.60 | 350 | 520 | 21 | 桥梁、船舶、车辆、压力容器、建筑结构 |
| | | | | | 290 | 480 | 19 | |
| | 16MnRE | 0.12~0.20 | 0.20~0.60 | 1.20~1.60 | 350 | 520 | 21 | 建筑结构、船舶、化工容器等 |
| Q390 | 16MnNb | 0.12~0.20 | 0.20~0.60 | 1.20~1.60 | 400 | 540 | 19 | 桥梁、起重设备等 |
| | | | | | 380 | 520 | 18 | |
| | 15MnTi | 0.12~0.18 | 0.20~0.60 | 1.20~1.60 | 400 | 540 | 19 | 船舶、压力容器、电站设备等 |
| | | | | | 380 | 520 | 19 | |
| Q420 | 14MnVTiRE | ≤0.18 | 0.20~0.60 | 1.30~1.60 | 450 | 560 | 18 | 桥梁、高压容器、大型船舶、电站设备等 |
| | | | | | 420 | 540 | 18 | |
| | 15MnVN | 0.12~0.20 | 0.20~0.60 | 1.30~1.70 | 450 | 600 | 17 | 大型焊接结构、大桥、管道等 |
| | | | | | 430 | 580 | 18 | |

（续）

| 牌号 | 旧牌号 | 主要化学成分（质量分数，%） | | | 力 学 性 能 | | | 用　途 |
|---|---|---|---|---|---|---|---|---|
| | | C | Si | Mn | $R_{eL}$/MPa | $R_m$/MPa | A（%） | |
| Q460 | 14MnMoVB | 0.10～0.18 | 0.20～0.50 | 1.20～1.60 | 500 | 650 | 16 | 中温高压容器（<500℃） |
| | 18MnMoNb | 0.17～0.23 | 0.17～0.37 | 1.35～1.65 | 520 | 650 | 17 | 锅炉、化工、石油高压壁厚容器（<500℃） |
| | | | | | 500 | 650 | 16 | |

在较低级别的钢中，Q345（16Mn）最具有代表性。Q345 是 20 世纪 30 年代发展起来的世界上第一种低合金高强度结构钢，目前，它是我国用量最多、产量最大的一种低合金高强度结构钢，使用状态的组织为细晶粒铁素体＋珠光体，与碳素结构钢 Q235 相比，强度高 20%～30%，耐大气腐蚀性能高 20%～38%，这类钢多用于船舶、车辆和桥梁等大型钢结构。目前，在其基础上已经发展出了多种派生牌号和专用钢种，如 16MnR、16Mnq 等。南京长江大桥采用 Q345 比用碳素结构钢节约钢材 15% 以上，又如我国的载重汽车大梁采用 Q345 后，使载重比由 1.05 提高到 1.25。

Q420 级别钢含 V、Ti 和 Nb，能细化晶粒，产生第二相弥散强化，使屈服强度提高，是中等级别强度钢中使用最多的钢种。Q420 强度较高，且韧性、焊接性及低温韧性也较好，广泛用于制造桥梁、锅炉、船舶和中等压力的容器。

强度级别超过 450MPa 后，因为铁素体和珠光体组织难以满足要求，于是发展了低碳贝氏体钢。加入 Cr、Mo、Mn 和 B 等元素，有利于在空冷条件下得到贝氏体组织，使强度更高，塑性和焊接性能也较好，多用于高压锅炉和高压容器等，如 Q460 钢。

### 5.2.4　低合金钢用焊接材料

低合金钢用焊接材料的选择首先应保证焊缝金属的强度、塑性、韧性达到产品的技术要求，同时还应考虑抗裂性及焊接生产效率等要求。一般只要焊缝强度或焊接接头的实际强度不低于产品要求即可，焊缝金属强度过高，将导致焊缝韧性、塑性以及抗裂性能下降，从而导致焊接结构使用安全性降低。部分低合金高强度结构钢由于氢致延迟裂纹敏感性较强，选择焊接材料时应优先选用低氢焊条和碱度适中的埋弧焊焊剂。另外，海洋工程、压力容器及超高强钢壳体产品选用的焊接材料，还必须保证焊缝金属具有相应的耐低温、耐高温或耐腐蚀性能要求。

### 5.2.5　低合金钢的焊接性能

低合金钢含有一定量的合金元素及微合金元素，其焊接性与碳素钢有差别，主要是焊接热影响区组织与性能的变化对热输入较敏感，热影响区淬硬倾向增大，对氢致延迟裂纹敏感性较大，含有碳、氮化合物形成元素的低合金高强度结构钢还存在再热裂纹的危险等。只有在掌握各种不同低合金高强度结构钢焊接性特点和规律的基础上，才能制定正确的焊接工艺，保证低合金高强度结构钢的焊接质量。

1）热轧和正火低合金钢随着强度级别的提高和合金元素的增加，焊接难度增大，容易产生热影响区脆化、冷裂纹、热裂纹、再热裂纹、层状撕裂等缺陷，适当采用预热、缓冷、焊后热处理等工艺可以有效减少缺陷，改善焊接接头性能。

2）低碳调质合金钢主要用作高强度的焊接结构，由于其碳含量限制的较低，因此焊接此类钢发生的问题与正火钢基本类似，同时这类钢材焊后还会在热影响区引起软化，焊接时需采用焊接热输入小的工艺措施解决。

3）中碳调质合金钢碳含量及合金元素都较高，其淬硬倾向十分明显，结晶温度区间较大，偏析也较严重，因此具有较大的热裂纹、冷裂纹、过热区脆化、热影响区软化倾向，焊接时需采用较高的预热温度和层间温度，焊后采用一定的热处理方式避免产生焊接缺陷。

4）耐候钢中除含 P 钢外，焊接性一般与低合金热轧钢没有原则性区别，焊接性良好，除需注意选择焊接材料时满足强度要求外，还需使焊缝金属的耐腐蚀性能与母材相匹配。

### 5.2.6 低合金钢的焊接方法

低合金钢最常用的焊接方法有焊条电弧焊、埋弧焊、熔化极实芯或药芯焊丝活性气体保护焊、钨极氩弧焊、电阻焊、电渣焊、气电立焊等常用的熔焊及压焊方法。具体选用何种焊接方法取决于现场工况、产品结构、板厚等相关条件。由于部分低合金高强度结构钢碳含量和合金含量较高，其淬硬倾向增大，需要采用低氢或者预热以及焊后热处理的工艺措施，防止产生裂纹或脆硬组织，影响焊缝力学性能。

## 5.3 不锈钢及其焊接方法

不锈钢是主加元素铬使钢处于钝化状态，使其具有不生锈特性的钢。为此，不锈钢中 Cr 的质量分数应高于 12%。除 Cr 外，不锈钢中还需加入能使钢钝化的 Ni、Mo 等其他元素。不锈钢与碳素钢相比，具有高的电阻率、大的线膨胀系数、低的热导率等特点，广泛应用于车体组装件以及地铁、城轨车体。了解并熟悉不锈钢的相关焊接知识，有助于焊工在焊接操作时合理地选用焊接材料和焊接工艺，更好地完成不锈钢的焊接工作。

### 5.3.1 不锈钢的种类、标准及性能

#### 1. 不锈钢的种类

不锈钢通常按组织类型可分为 5 类，即奥氏体（A）不锈钢、铁素体（F）不锈钢、马氏体（M）不锈钢、双相（A-F、A-M）不锈钢和沉淀硬化（PH）不锈钢。

车体及其部件应用的主要是奥氏体不锈钢，具体使用的牌号和化学成分分别见表 5-7 ~ 表 5-10。

表 5-7　06Cr19Ni10、022Cr17Ni17（GB/T 20878—2007）

| 统一数字代号 | 新牌号 | 旧牌号 | 化学成分（质量分数，%） | | | | | | | | | | |
|---|---|---|---|---|---|---|---|---|---|---|---|---|---|
| | | | C | Si | Mn | P | S | Ni | Cr | Mo | Cu | N | 其他元素 |
| S30408 | 06Cr19Ni10 | 0Cr18Ni9 | ≤0.08 | ≤1.00 | ≤2.00 | ≤0.045 | 0.030 | 8.00～11.00 | 18.00～20.00 | — | — | — | — |
| S30103 | 022Cr17Ni17 | | ≤0.03 | ≤1.00 | ≤2.00 | ≤0.045 | 0.030 | 5.00～8.00 | 16.00～18.00 | — | — | ≤0.20 | — |

表 5-8　SUS304、SUS301L（JIS G 4305—2021）

| 牌号 | 化学成分（质量分数，%） | | | | | | | | | | |
|---|---|---|---|---|---|---|---|---|---|---|---|
| | C | Si | Mn | P | S | Ni | Cr | Mo | Cu | N | 其他 |
| SUS304 | ≤0.08 | ≤1.00 | ≤2.00 | ≤0.045 | ≤0.030 | 8.00～10.50 | 18.00～20.00 | — | — | — | — |
| SUS301L | ≤0.030 | ≤1.00 | ≤2.00 | ≤0.045 | ≤0.030 | 6.00～8.00 | 16.00～18.00 | — | — | ≤0.20 | — |

表 5-9　X5CrNi18-10、X2CrNiN18-7（EN 10088-1：2014）

| 钢牌号 | 编号 | 化学成分（质量分数，%） | | | | | | | | | | | |
|---|---|---|---|---|---|---|---|---|---|---|---|---|---|
| | | C | Si | Mn | P | S | N | Cr | Cu | Mo | Nb | Ni | 其他 |
| X5CrNi18-10 | 1.4301 | ≤0.07 | ≤1.00 | ≤2.00 | ≤0.045 | ≤0.015 | ≤0.11 | 17.5～19.5 | — | — | — | 8.0～10.5 | — |
| X2CrNiN18-7 | 1.4318 | ≤0.030 | ≤1.00 | ≤2.00 | ≤0.045 | ≤0.015 | 0.10～0.20 | 16.5～18.5 | — | — | — | 6.0～8.0 | — |

奥氏体不锈钢在各种不锈钢类型中应用最为广泛，品种也最多。由于奥氏体不锈钢的 Cr、Ni 含量较高，因此在氧化性、中性及弱还原性介质中均具有良好的耐蚀性。奥氏体不锈钢不能利用热处理使晶粒细化，也不能经过淬火来提高其硬度，但其塑韧性优良，冷热加工性能俱佳，焊接性优于其他类型不锈钢，因而广泛应用于建筑装饰、食品工业、纺织印染设备以及石油、化工、原子能领域。

铁素体不锈钢的应用比较广泛，钢中随着 Cr 含量的提高，其耐酸性能也提高，加入 Mo 后，则可提高耐酸腐蚀性和抗应力腐蚀的能力。该类钢用于制造硝酸化工设备的吸收塔、热交换器、储槽和运输硝酸用的槽罐以及制造不承受冲击载荷的其他零部件和设备。近年来，在铁路货车大秦线运煤敞车的车体上批量采用铁素体不锈钢。

马氏体不锈钢中，为获得或改善某些性能，添加 Cr、Mo 等合金元素，可形成一些新的马氏体不锈钢。其主要用于硬度、强度较高，耐腐蚀要求不太高的场合，如量具、刃具、餐具、弹簧、轴承、汽轮机叶片、水轮机转轮、泵、阀等。

奥氏体 + 铁素体型双相不锈钢具有奥氏体不锈钢和铁素体不锈钢的一些特性，韧性良好，强度较高，耐氯化物应力腐蚀。适于制作海水处理设备、冷凝器、热交换器等，在石油、化工领域应用广泛。

表 5-10　各国不锈钢和耐热钢牌号对照表

| 序号 | 中国 GB/T 20878—2007 | | | 美国 ASTM A959-04 | 日本 JIS G4303—1998⊖ JIS G4311—1991⊖ | 国际 ISO/TS 15510：2003⊖ ISO 4955：2005⊖ | 欧洲 EN 10088-1—1995⊖ EN 10095—1999 等 | 苏联 ТОСТ 5632—1972 |
|---|---|---|---|---|---|---|---|---|
| | 统一数字代号 | 新牌号 | 旧牌号 | | | | | |
| 1 | S35350 | 12Cr17Mn6Ni5N | 1Cr17Mn6Ni5N | S20100. 201 | SUS201 | X12CrMnNiN17-7-5 | X12CrMnNiN17-7-5. 1. 4372 | — |
| 2 | S35950 | 10Cr17Mn9Ni4N | — | — | — | — | — | 12X17T9AH4 |
| 3 | S35450 | 12Cr18Mn9Ni5N | 1Cr18Mn8Ni5N | S20200，202 | SUS202 | — | X12CrMnNiN18-9-5. 1. 4373 | 12X17T9AH4 |
| 4 | S35020 | 20Cr13Mn9Ni4 | 2Cr13Mn9Ni4 | — | — | — | — | 20X13H4T9 |
| 5 | S35550 | 20Cr15Mn15Ni2N | 2Cr15Mn15Ni2N | — | — | — | — | — |
| 6 | S35650 | 53Cr21Mn9Ni4N | 5Cr21Mn9Ni4N | （S63008） | SUH35 | （X53CrMnNiN21-9） | X53CrMnNiN21-9-4. 1. 4871 | 55X20T9AH4 |
| 7 | S35750 | 26Cr18Mn12Si2N | 3Cr18Mn12Si2N | — | — | — | — | — |
| 8 | S35850 | 22Cr20Mn10Ni3Si2N | 2Cr20Mn9Ni3Si2N | — | — | — | — | — |
| 9 | S30110 | 12Cr17Ni7 | 1Cr17Ni7 | S30100. 301 | SUS301 | X5CrNi17-7 | （X3CrNiN17-8. 1. 4319） | — |
| 10 | S30103 | 022Cr17Ni7 | — | S30103. 301L | （SUS301L） | — | — | — |
| 11 | S30153 | 022Cr17Ni7N | — | S30153. 301LN | — | X2CrNiN18-7 | X2CrNiN18-7. 1. 4318 | — |
| 12 | S30220 | 17Cr18Ni9 | 2Cr18Ni9 | — | — | — | — | 17X18H9 |
| 13 | S30210 | 12Cr18Ni9 | 1Cr18Ni9 | S30200. 302 | SUS302 | X10CrNi18-8 | X10CrNi18-8. 1. 4310 | 12X18H9 |
| 14 | S30240 | 12Cr18Ni9Si3 | 1Cr18Ni9Si3 | S30215. 302B | （SUS302B） | X12CrNiSi18-9-3 | — | — |
| 15 | S30317 | Y12Cr18Ni9 | Y1Cl18Ni9 | S30300. 303 | SUS303 | X10CrNiS18-9 | X8CrNiS18-9. 1. 4305 | — |
| 16 | S30327 | Y12Cr18Ni9Se | Y1Cr18Ni9Se | S30323. 303Se | SUS303Se | — | — | 12X18H10E |
| 17 | S30408 | 06Cr19Ni10 | 0Cr18Ni9 | S30400. 304 | SUS304 | X5CrNi18-10 | X5CrNi18-10. 1. 4301 | — |
| 18 | S30403 | 022Cr19Ni10 | 00Cr19Ni10 | S30403. 304L | SUS304L | X2CrNi19-11 | X2CrNi19-11. 1. 4306 | 03X18H11 |

（续）

| 序号 | 中国 GB/T 20878—2007 | | | 美国 ASTM A959-04 | 日本 JIS G4303—1998⊖ JIS G4311—1991⊖ | 国际 ISO/TS 15510：2003⊖ ISO 4955：2005⊖ | 欧洲 EN 10088-1—1995⊖ EN 10095—1999 等 | 苏联 ТОСТ 5632—1972 |
|---|---|---|---|---|---|---|---|---|
| | 统一数字代号 | 新牌号 | 旧牌号 | | | | | |
| 19 | S30409 | 07Cr19Ni10 | — | S30409. 304H | SUH301H | X7CrNi18-9 | X6CrNi18-10. 1. 4948 | — |
| 20 | S30450 | 05Cr19Ni10Si2CeN | — | S30415 | — | X6CrNiSiNCe19-10 | X6CrNiSiNCe19-10. 1. 4818 | — |
| 21 | S30480 | 06Cr18Ni9Cu2 | 0Cr18Ni9Cu2 | — | SUS30O3 | — | — | — |
| 22 | S30488 | 06Cr18Ni9Cu3 | 0Cr18Ni9Cu3 | — | SUSXM7 | X3CrNiCu18-9-4 | X3CrNiCu18-9-4. 1. 4567 | — |
| 23 | S30458 | 06Cr19Ni10N | 0Cr19Ni9N | S30451. 304N | SUN304N1 | X5CrNiN19-9 | X5CrNiN19-9. 1. 4315 | — |
| 24 | S30478 | 06Cr19Ni9N1N | 0Cr19Ni10NbN | S30452. XM-21 | SUS304N2 | — | — | — |
| 25 | S30453 | 022Cr19Ni10N | 00Cr18Ni10N | S30453. 304LN | SUS304LN | X2CrNiN18-9 | X2CrNiN18-10. 1. 4311 | — |
| 26 | S30510 | 10Cr18Ni12 | 1Cr18Ni12 | S30500. 305 | SUS305 | X6CrNi18-12 | X4CrN18-12. 1. 4303 | 12X18H12T |
| 27 | S30508 | 06Cr18Ni12 | 0Cr18Ni12 | — | SUS305J1 | — | — | — |
| 28 | S38108 | 06Cr16Ni18 | 0Cr16Ni18 | S38400 | （SUS384） | （X6CrNi18-16E） | — | — |
| 29 | S30808 | 06Cr20Ni11 | — | S30800. 308 | SUS308 | — | — | — |
| 30 | S30850 | 22Cr21Ni12N | 2Cr21Ni12N | （S63017） | SUH37 | — | — | — |
| 31 | S30920 | 16Cr23Ni13 | 2Cr23Ni13 | S30900. 309 | SUH309 | — | （X15CrNiSi20-12. 1. 4828） | 20X23H12 |
| 32 | S30908 | 06Cr23Ni13 | 0Cr23Ni13 | S30908. 309S | SUS309S | X12CrNi23-13 | X12CrNi23-13. 1. 4833 | 10X23H13 |
| 33 | S31010 | 14Cr23Ni18 | 1Cr23Ni18 | — | — | — | — | 20X23H18 |
| 34 | S31020 | 20Cr25Ni20 | 2Cr25Ni20 | S31000. 310 | SUH310 | X15CrNi25-21 | X15CrNi25-21. 1. 4321 | 20X25H20C2 |
| 35 | S31008 | 06Cr25Ni20 | 0Cr25Ni20 | S31008. 310S | SUS310S | X12CrNi23-12 | X12CrNi23-12. 1. 4845 | 10X23H18 |
| 36 | S31053 | 022Cr25Ni22Mo2N | — | S31050. 310MoLN | — | X1CrNiMoN25-22-2 | X1CrNiMoN25-22-2. 1. 4466 | — |

沉淀硬化不锈钢是在不锈钢中单独或复合添加硬化元素，通过适当热处理获得高强度、高韧性并具有良好耐蚀性的一类不锈钢。通常作为耐磨、耐蚀、高强度结构件，如轴、齿轮、叶片等转动部件，螺栓、销子、垫圈等零部件，以及高强度压力容器、化工处理设备等。

**2. 不锈钢焊接的相关标准**

目前，轨道交通装备制造行业不锈钢焊接涉及的标准主要有接头设计类、工艺类、材料类等，见表 5-11。

**表 5-11　不锈钢焊接的相关标准**

| 类　别 | 标　准　号 | 标 准 名 称 |
|---|---|---|
| 接头设计类 | ISO 9692-1：2013 | 焊接及相关工艺　推荐的接头坡口 第 1 部分　手工金属电弧焊气气保护金属电弧焊、气焊、TIG 焊、电子束焊 |
| | ISO 2553：2019 | 焊接及相关工艺　图纸符号表示法　焊接接头 |
| 工艺类 | ISO 15609 | 金属材料焊接工艺规程及评定　焊接工艺规程 |
| | ISO 15614-1：2017 | 金属材料焊接工艺规程与评定　焊接工艺试验 |
| | ISO 9606-1：2012 | 焊工考试 熔化焊第一部分　钢 |
| 材料类 | GB/T 20878：2007 | 不锈钢和耐热钢牌号和化学成分 |
| | EN 10088-1：2014 | 不锈钢第 1 部分　不锈钢列表 |
| | JIS G 4305：2021 | 不锈钢冷轧板 |

**3. 不锈钢的性能**

（1）不锈钢的物理性能　不锈钢的物理性能与碳素钢相比：碳素钢的密度略高于铁素体不锈钢和马氏体不锈钢，而略低于奥氏体不锈钢；电阻率按碳素钢、铁素体不锈钢、马氏体不锈钢和奥氏体不锈钢排序递增；线膨胀系数大小的排序也类似，奥氏体不锈钢最大而碳素钢最小；碳素钢、铁素体不锈钢和马氏体不锈钢有磁性，奥氏体不锈钢虽然无磁性，但其冷加工硬化生成马氏体相变时将会产生磁性，可用热处理方法来消除这种马氏体组织而恢复其无磁性。

奥氏体不锈钢与碳素钢相比，具有以下特点。

1）高的电阻率，约为碳素钢的 5 倍。

2）大的线膨胀系数，比碳素钢大 40%，并随着温度的升高，线膨胀系数的数值也相应提高。

3）低的热导率，约为碳素钢的 1/3。

由于奥氏体不锈钢具有这些特殊的物理性能，在焊接过程中会引起较大的焊接变形。特别在异种金属（指与碳素钢、低合金钢）焊接时，由于这两种材料的热导率和线膨胀系数有很大差异，所以会产生较大的焊接残余应力，也成为焊接接头产生裂纹的主要原因之一。

（2）不锈钢的力学性能　常用奥氏体不锈钢的力学性能见表 5-12。

表 5-12　常用奥氏体不锈钢的力学性能

| 牌　号 | 强度级别 | $R_{p0.2}$/MPa | | $R_m$/MPa | | $A$（%） |
|---|---|---|---|---|---|---|
| | | 最小 | 最大 | 最小 | 最大 | |
| 06Cr19Ni10 | 无 | 205 | — | 515 | — | ≥40 |
| 022Cr17Ni7 | LT | 215 | — | 550 | — | ≥45 |
| | DLT | 345 | （485） | 690 | （865） | ≥40 |
| | ST | 410 | （550） | 760 | （930） | ≥35 |
| | MT | 480 | （655） | 820 | （1000） | ≥25 |
| | HT | 685 | （830） | 930 | （1140） | ≥20 |

（3）不锈钢的耐腐蚀性能　金属受介质的化学及电化学作用而破坏的现象称为腐蚀。不锈钢的主要腐蚀形式有均匀腐蚀（表面腐蚀）和局部腐蚀。据统计，在不锈钢腐蚀破坏事故中，由均匀腐蚀引起的仅占约 10%，而由局部腐蚀引起的则高达 90% 以上，由此可见，局部腐蚀是相当严重的。

均匀腐蚀是指接触介质的金属表面全部产生腐蚀的现象，其使金属截面不断减少，对于被腐蚀的受力零件而言，会使其承受的真实应力逐渐增加，最终达到材料的断裂强度而发生断裂。铬不锈钢或铬镍不锈钢因铬的钝化作用而对氧化性酸、大气均有较好的耐均匀腐蚀性能。高铬镍的奥氏体不锈钢，由于高镍或添加钼、铜之类元素，具有较高的耐还原性酸腐蚀的性能。该类钢又有耐酸钢之称。沉淀硬化不锈钢由于高铬，也有较好的耐均匀腐蚀性能。

局部腐蚀包括晶间腐蚀、点腐蚀、缝隙腐蚀和应力腐蚀等。

## 5.3.2　不锈钢用焊接材料

标准奥氏体不锈钢的填充材料设计通常要使堆焊熔合区域中铁素体含量介于 3 ~ 15FN 之间，以增强抗热裂性能。

纯奥氏体不锈钢没有磁性。奥氏体中 δ 铁素体的存在会产生少量磁性，可以利用该特征来测量焊后焊缝金属中铁素体的比例。

纯奥氏体不锈钢要求使用成分含量大约相近的或稍微超合金元素含量的填充材料，并且容易受热裂纹影响。

可根据 ISO 3581：2014、ISO 14343：2017 或 EN 12073：1999 选择填充材料。

## 5.3.3　不锈钢的焊接性能

目前，不锈钢的应用以奥氏体不锈钢冷轧板最为广泛，几乎熔焊的各种焊接方法均可用于焊接不锈钢，但是，不锈钢对各种焊接方法的适应性不同，各种焊接方法有其各自的特点和应用场合。MAG 焊与 TIG 焊特点及适用范围见表 5-13。

选择焊接方法时，应考虑产品结构特点、制造工艺需求、焊件厚度、焊件材质及其焊接性、对焊接接头质量及性能的要求，以及用户单位的物质、技术、经济等多方面的条件。

**表 5-13　MAG 焊与 TIG 焊特点及适用范围**

| 焊接工艺方法 | 特　点 | 适用范围 |
| --- | --- | --- |
| 交流钨极惰性气体保护电弧焊（TIG） | 电弧稳定，熔池保护好，电弧有阴极清理作用，能在焊接过程中清除氧化膜，无需焊后清理熔渣，焊接质量好，但熔深能力弱 | 可焊薄件。不开坡口，单层焊时，其适焊厚度一般为1.0～3.0mm |
| 直流钨极惰性气体保护电弧焊（TIG）（氦气） | 采用氦气保护和直流正接，电弧无阴极清理作用，但氦弧发热及母材受热大，可短弧深熔 | 特别适用于焊接厚件 |
| 钨极脉冲氩弧焊（TIG-P） | 焊接电流由基值电流（恒定小电流）和脉冲电流（脉冲大电流）组合而成，焊接薄件时，电弧更为稳定，可调参数增多，便于焊接热循环的调节和控制，零件适焊厚度范围增大，焊接变形减小，母材热影响区变窄 | 特别适用于薄型零件的焊接、全位置焊接 |
| 熔化极活性气体保护电弧焊（MAG） | 采用直流反接，可使用比钨极氩弧焊更大的焊接电流，电弧功率大，焊接效率高，生产效率比手工钨极氩弧焊提高2～3倍。熔化极氩弧焊熔滴过渡过程使得其不如钨极氩弧焊过程稳定，焊缝易产生气孔 | 零件不开坡口时的厚度为1.5～3mm，零件开坡口时最大厚度可达到50～60mm |
| 熔化极脉冲惰性气体保护电弧焊 | 焊接电流平均值较小，参数调节范围广，有利于预防焊缝气孔、减小母材热影响区、减小焊接变形 | 薄件焊接即全位置焊接 |
| 冷金属过渡焊（CMT） | 直流反接，采用短路过渡形式，热输入量小，焊接变形小 | 特别适用于薄件及受热易变形材料的焊接 |

### 5.3.4　不锈钢的焊接方法

不锈钢常用的焊接方法有熔化极气体保护焊（MAG）、钨极惰性气体保护焊（TIG）、冷金属过渡焊（CMT）、电阻焊、激光焊等。

MAG 焊是目前应用最广、最经济的焊接方法；由于其热输入高、变形大、飞溅无法避免，因而使其应用受到一定的限制，尤其在 1mm 以下的薄板焊接中更使其应用受阻。

CMT 为冷金属过渡（Cold Meatal Transfer）的英文缩写，是 Fronius 公司在短路过渡的基础上开发的焊接技术。其关键是实现了送丝移动与熔滴过渡过程的数字化协调，实现无飞溅引弧，焊接热输入小，可以进行最薄 0.3mm 的对接焊。

## 5.4　铝合金及其焊接方法

铝（Al）是地球上存储量最丰富的金属元素之一，自 1808 年被发现以来，已经广泛应用于工业、农业、航空航天、造船、轨道车辆、汽车及建筑等行业。

铝合金具有密度小、比强度高、耐蚀性好及良好的低温性能等特点，广泛应用于城轨车辆、高速动车组等车体。了解并熟悉铝合金材料的相关焊接知识，有助于焊工在焊接操作时合理地选用焊接材料和焊接工艺，更好地完成铝合金的焊接工作。

## 5.4.1　铝合金的种类、标准及性能

### 1. 铝合金的种类

根据化学成分和制造工艺不同，铝及铝合金分类如图 5-1 所示。

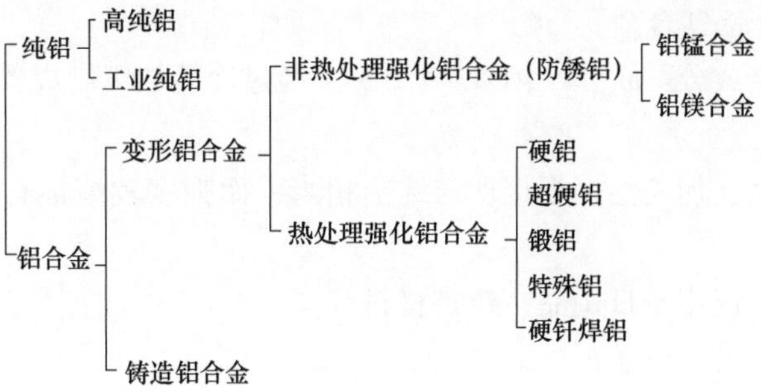


图 5-1　铝及铝合金材料分类

（1）纯铝　高纯铝的 $w_{Al}$≥99. 999%。主要供电子工业的导电元件、制作高纯铝合金和激光材料等用。

工业纯铝的 $w_{Al}$≥99%，其中主要杂质是铁和硅，可制作电缆、电容器、铝箔等，常用作垫片材料，很少直接制作受力结构零件。

（2）铝合金　在纯铝中加入各种合金元素冶炼出来的材料称为铝合金，生产铝合金的目的是提高材料强度，并获得其他需要的性能。

铝合金按工艺性能特点可分为变形铝合金和铸造铝合金两大类。其中变形铝合金又可分为非热处理强化铝合金和热处理强化铝合金两类，具体如下。

1）非热处理强化铝合金。非热处理强化铝合金主要有铝锰合金和铝镁合金等。它主要通过加入 Mn、Mg 等元素的固溶强化和加工硬化作用来提高力学性能，不能通过热处理来提高强度。此类铝合金在铝合金材料中焊接性最好，应用也最广。

2）热处理强化铝合金。热处理强化铝合金主要分为硬铝、超硬铝和锻铝。这类铝合金材料主要通过固溶、淬火和时效等工艺来提高力学性能。硬铝主要成分是 Al、Cu、Mg；超硬铝成分则是在硬铝的基础上增加了 Zn。

3）铸造铝合金。铸造铝合金分铝-硅合金、铝-铜合金、铝-镁合金和铝-锌合金四类，其中铝-硅合金应用最广。

### 2. 铝合金的数字系列分类及说明

铝及铝合金按 GB/T 16474—2011《变形铝及铝合金牌号表示方法》的规定和国际上较为通用的牌号命名方法分为八类，并用四位字符体系表示。这八类铝及铝合金的主要成分和性能特点如下。

（1）1000 系列（工业用纯铝）

1）主要成分：$\omega_{Al}$≥99%。

2）特点：具有优良的可加工性、耐蚀性、表面处理性和导电性，但强度较低。

3）主要用途：对强度要求不高的家庭用品、电气产品等。

（2）2000 系列（铝铜合金）

1）本族主要合金成分：$\omega_{Cu}=1.5\%\sim6.0\%$，属热处理强化铝合金。为加强其力学性能，需进行淬火处理。

2）特点：具有很高的强度，但耐蚀性较差，用于腐蚀环境时需进行防蚀处理。

3）主要用途：主要用于飞机结构材料、铆钉结构件等。

（3）3000 系列（铝锰合金）

1）本族主要合金成分：$\omega_{Mn}=1.0\%\sim1.3\%$，经过冷轧加工制成各种材质的非热处理强化铝合金。

2）特点：耐蚀性、加工性、焊接性与纯铝相当，而强度较纯铝有较大提高，焊接性能良好。

3）主要用途：广泛用于日用品、建筑材料等。

（4）4000 系列（铝硅合金）

1）本族主要合金成分：$\omega_{Si}=4.5\%\sim13.5\%$，为非热处理强化铝合金。

2）特点：具有熔点低、流动性好、耐蚀性强等优点，可用作焊接材料。

3）主要用途：常被用做焊条（电极焊丝）及硬钎焊用填料。常用于制作补强件、热交换器等。

（5）5000 系列（铝镁合金）

1）本族主要合金成分：$\omega_{Mg}=0.2\%\sim5.6\%$，只添加镁或同时添加锰的铝合金，为非热处理强化铝合金。

2）特点：耐蚀性、焊接性能、成形性好，强度比较高。

3）主要用途：最近多被用做焊接材料。常用在建筑、船舶车辆、机械零件、饮料罐等方面。

（6）6000 系列（铝镁硅合金）

1）本族主要合金成分：$\omega_{Mg}=0.45\%\sim1.5\%$、$\omega_{Si}=0.2\%\sim1.2\%$，属热处理强化铝合金。

2）特点：耐蚀性好，易成形加工，挤压性能较好，强度较高。

3）主要用途：常作为结构材料、建筑材料等。

（7）7000 系列（铝锌镁合金）

1）本族主要合金成分：$\omega_{Zn}=0.5\%\sim6.1\%$、$\omega_{Mg}=0.1\%\sim2.9\%$、$\omega_{Cu}=0.1\%\sim2.0\%$，属高强度热处理强化铝合金。

2）特点：焊接性、耐蚀性均较差，是目前铝合金中强度最高的材料，抗拉强度可达到 500MPa。

3）主要用途：常作为飞机结构材料、体育用品、车辆结构材料等。

（8）8000 系列（其他铝合金）　备用系列。

目前，轨道交通装备常用铝合金材料绝大部分为 5 系、6 系、7 系，主要用于车体及其零部件的制造，具体牌号、状态及厚度见表 5-14。

**表 5-14　轨道交通常用铝合金的牌号、状态及厚度**

| 牌号 | 状态 | 厚度 $t$/mm |
|---|---|---|
| 5083 | O | 0. 20 < $t$≤200. 00 |
| | H111 | 0. 20 < $t$≤200. 00 |
| | H22、H32、H24、H34 | 0. 20 < $t$≤6. 00 |
| | H321 | 1. 50 < $t$≤80. 00 |
| | H112 | 6. 00 < $t$≤120. 00 |
| 6005A | T4 | 1. 00≤$t$≤80. 00 |
| | T6 | 1. 00≤$t$≤80. 00 |
| | T651 | 6. 30≤$t$≤80. 00 |
| 6008 | T4 | 1. 00≤$t$≤20. 00 |
| | T6 | 1. 00≤$t$≤20. 00 |
| 6061 | O | 0. 40≤$t$≤25. 00 |
| | T4 | 0. 40 ~ 80. 00 |
| | T451 | 6. 30 ~ 80. 00 |
| | T6 | 0. 40 ~ 100. 00 |
| | T651 | 6. 30 ~ 100. 00 |
| 6082 | O | 0. 40≤$t$≤25. 00 |
| | T4 | 0. 40≤$t$≤80. 00 |
| | T451 | 6. 30≤$t$≤80. 00 |
| | T6 | 0. 40≤$t$≤65. 00 |
| | T651 | 6. 30≤$t$≤65. 00 |
| 6A01 | T5 | 1. 00≤$t$≤20. 00 |
| 7005 | T6 | 1. 00≤$t$≤80. 00 |
| | T651 | 6. 30≤$t$≤80. 00 |
| 7020 | O、T4 | 0. 40≤$t$≤12. 50 |
| | T451 | 6. 30≤$t$≤12. 50 |
| | T6 | 0. 40≤$t$≤200. 00 |
| | T651 | 6. 30≤$t$≤200. 00 |
| 7B05 | O、T4、T5、T6 | 1. 50≤$t$≤75. 00 |

### 3. 铝合金焊接的相关标准

目前，轨道交通装备制造行业铝合金焊接涉及的标准主要有接头设计类、工艺类、材料类等，具体见表 5-15。

**表 5-15　铝合金焊接相关标准**

| 类别 | 标准号 | 标准名称 |
|---|---|---|
| 接头设计类 | EN 15085-3：2007 | 铁路应用　铁路车辆和配件的焊接　第三部分：设计要求 |
| | ISO 9692-3：2016 | 焊接及相关工艺　推荐的接头坡口 第 3 部分：铝及其合金的金属惰性气体保护焊和钨极惰性气体保护焊 |
| | ISO 25239-2：2020 | 搅拌摩擦焊　铝　第 2 部分：焊缝接头的标准设计 |

（续）

| 类别 | 标准号 | 标准名称 |
|---|---|---|
| 工艺类 | ISO 15609-1：2019 | 金属材料焊接工艺规程及评定　焊接工艺规程 |
| | ISO 15614：2005 | 金属材料焊接工艺规程与评定　焊接工艺试验　第 2 部分：铝和铝合金的电弧焊 |
| 材料类 | GB/T 32182—2015 | 轨道交通用铝及铝合金板材 |
| | GB/T 32181—2015 | 轨道交通用焊接用铝合金线材 |
| | TB/T 3260—2011 | 动车组用铝及铝合金 |
| | EN 515：2017 | 铝及铝合金　锻制产品　调和设计 |
| | EN 573：2013 | 铝及铝合金　锻造品的化学成分和形成 |
| | EN 755：2016 | 铝及铝合金　挤压棒材、管材及型材 |
| | ISO 18273：2015 | 焊接消耗品　铝和铝合金焊接用焊丝和电极、金属丝和棒材分类 |

**4. 铝合金的性能**

（1）铝合金的物理性能　铝及铝合金密度低（2.7g/cm$^3$）、强度高（可达到 500～600MPa）、熔点低（铝的熔点 660℃）、电阻率小（约为钢的 1/4）、热导率大（约为钢的 3～4 倍）、热膨胀系数大（约为钢的 2 倍），延展性好、塑性好。

常用铝合金的物理性能见表 5-16。

**表 5-16　常用铝合金的物理性能**

| 铝合金牌号 | 密度 /g·cm$^{-3}$ | 比热容 /J·g$^{-1}$·℃$^{-1}$ | 热导率 /J·cm$^{-1}$·s$^{-1}$·℃$^{-1}$ | 线胀系数 /×10$^{-6}$℃$^{-1}$ | 电导率 /×10$^{-6}$Ω·cm |
|---|---|---|---|---|---|
| | | 100℃ | 25℃ | 20～100℃ | 20℃ |
| 3A21 | 2.693 | 1.00 | 1.80 | 23.2 | 3.45 |
| 5A03 | 2.67 | 0.88 | 1.46 | 23.5 | 4.96 |
| 6A02 | 2.80 | 0.79 | 1.75 | 23.5 | 3.70 |

（2）铝合金的力学性能　常用铝合金的力学性能见表 5-17。

**表 5-17　常用铝合金的力学性能**

| 铝合金牌号 | 材料状态 | 抗拉强度 /MPa | 屈服强度 /MPa | 断后伸长率（%） | 断面收缩率（%） | 硬度 HBW |
|---|---|---|---|---|---|---|
| 1A99 | 固溶态 | 45 | $R_{P0.2}=10$ | 50 | — | 17 |
| 1035 | 冷作硬化 | 140 | 100 | 12 | — | 32 |
| 2A01 | 淬火＋自然时效 | 300 | 170 | 24 | 50 | 70 |
| 3A21 | 冷作硬化 | 160 | 130 | 10 | 55 | 40 |
| 5A05 | 退火 | 270 | 150 | 23 | — | 70 |
| 6A02 | 淬火＋人工时效 | 323.4 | 274.4 | 12 | 20 | 95 |
| 7A04 | 淬火＋人工时效 | 588 | 539 | 12 | — | 150 |

## 5.4.2　铝合金用焊接材料

在铝及铝合金的焊接中，焊接材料主要指保护气体、焊丝等。

**1. 保护气体**

（1）氩气　氩气（Ar）是惰性气体，既不与金属起反应又不溶于液态金属，同时能量损耗低，电弧燃烧稳定。在 TIG 焊和 MIG 焊中均无飞溅。由于其密度比空气大，因此保护效果非常好。

（2）氦气　氦气（He）也是惰性气体，焊接过程中吸热少、熔池停留时间长，因此氦气保护焊接时气孔倾向小。但由于纯氦气保护焊接时，存在电弧稳定性差、短路过渡形式等缺点，故一般不单独使用。

（3）氩 + 氦混合气体　采用氩气保护时，可使熔滴过渡非常稳定，但采用氩气和氦气混合气体，可改善熔深和抗气孔性能，还可降低预热所需费用甚至不用预热。

（4）氩 + 氦 + 氮混合气体　氩 + 氦 + 氮混合气体，其组成为 1.5% 氮气、30% 的氦气、其余为氩气，加入微量的氮气可以进一步增加焊接热输入，减小预热温度，改善焊缝成形。

**2. 焊丝**

在铝合金焊接中，焊缝金属的组织成分决定着焊缝的强度、塑性、抗裂性、耐蚀性等，因此，合理选择焊丝及填充材料是十分重要的。选择焊丝时必须首先考虑基体金属的成分、产品的具体要求及施工条件，除了应满足接头力学性能、耐蚀性外，还应考虑结构的刚性及抗裂性等问题。

## 5.4.3　铝合金的焊接性能

所谓焊接性，就是材料的抗裂性、焊接结构的安全性、产品应用范围经济性三者的统一。如果材料的化学、冶金和物理性能都能适合于焊接工艺，并且其焊接接头达到了使用强度参数，就认为该材料适合于焊接。

由于铝及铝合金独特的物理、化学性能，使其在焊接过程中具有一定的困难，具体表现在以下几点。

（1）易氧化　铝在空气中及焊接时极易氧化，生成的氧化铝（$Al_2O_3$）熔点高、非常稳定，不易去除。氧化膜的熔点高达 2500℃，远超过铝合金的熔点（约 660℃）。在焊接过程中，氧化铝薄膜不但会阻碍母材的熔化及熔合，而且氧化膜的密度大（约为铝的 1.4 倍），不易浮出熔池，会造成熔合不良与焊缝夹渣。氧化膜还会吸附水分，焊接时会使焊缝生成气孔。因此，在焊接铝及铝合金时，为保证焊接质量，焊前应采用化学或机械方法进行严格的表面清理，去除工件表面的氧化膜，并防止在焊接过程中再氧化。

（2）易产生气孔　铝合金中的气孔均为氢气孔。氢在液态铝中的溶解度为 7mL/kg，而在 660℃凝固温度时，氢的溶解度为 0.4mL/kg，使原来溶于液态铝中的氢大量析出，形成气泡，因此在焊接铝合金时，焊缝很容易产生气孔。为减少氢的来源，在焊接铝合金时，应限制氢溶入母材金属和填充金属，且应使用纯度较高的保护气体。焊前对工件、焊丝、焊条等都应认真清除氧化膜、潮气和油污。焊接过程中尽可能减少中断，以防止气孔的形成。另外，在选择焊接参数时采用强参数，TIG 焊（惰性气体钨极保护焊）时选用大的焊接电流配合较快的焊接速度；MIG 焊（熔化极气体保护电弧焊）时选用大的焊接电流配合较慢的焊接速度，以提高熔池的存在时间，有利于氢从过饱和固溶状态中逸出，减少氢气孔的产生。

（3）易焊穿　铝及铝合金由固态转变为液态时，没有显著颜色变化，因此不易判断熔池的温度。另外，温度升高时，铝的机械强度降低，铝在 370℃时强度仅为 10MPa，焊接时会因为不能支撑住液态金属而使焊缝成形不良，甚至形成塌陷或烧穿。为了解决这个问题，焊接铝及铝合金时常常要采用垫板，同时需掌握好焊接时的加热温度，尽量采用平焊，在引（熄）弧板上引（熄）弧等。

（4）易产生热裂纹　铝的线膨胀系数比钢大将近两倍，而其凝固时的收缩率又比钢大两倍，因此铝工件的焊接应力大。另外，铝合金成分对热裂纹的产生有很大影响，当铝及铝合金成分中的杂质超过规定范围时，在熔池中将形成较多的低熔点共晶，两者共同作用就容易在焊缝中产生热裂纹。

焊接裂纹常出现在引弧、熄弧、突然断弧、定位焊、补焊处，因此焊接铝及铝合金时，防止热裂纹应从减少焊接应力、调节熔池金属成分、改善熔池结晶条件、正确选择焊接方法和控制焊接参数等几方面来考虑。

（5）接头不等强度　铝及铝合金焊接时，由于焊接热的影响，焊接接头中热影响区会出现软化，使强度降低、力学性能变坏，从而使接头与母材无法达到等强度。因此，要获得与母材等强度的对接接头，应增大焊缝区金属的厚度。

（6）焊后耐蚀性下降　热处理强化铝合金（如硬铝）接头的耐蚀性显著降低，接头组织越不均匀，耐蚀性越易降低。焊缝金属的纯度和致密性也影响接头耐蚀性。杂质较多、晶粒粗大以及脆性相（如 $FeAl_3$）析出等，耐蚀性就会明显下降，不仅产生局部表面腐蚀，而且经常出现晶间腐蚀。此外，对于铝合金，焊接应力的存在也是影响耐蚀性的一个重要因素。

为提高焊接接头的耐蚀性，主要采取以下措施。

1）改善接头组织成分的不均匀性，主要是通过焊接材料使焊缝合金化，细化晶粒并防止缺陷；同时调整焊接工艺以减少热影响区，并防止过热，焊后进行热处理。

2）消除焊接应力，如局部表面拉应力，可以采用局部锤击方式来消除。

3）采取保护措施，如采用阳极氧化处理或涂层等。

### 5.4.4　铝合金的焊接方法

由于铝合金材料应用的广泛性，到目前为止，铝合金焊接方法有脉冲熔化极氩弧焊（MIG）、脉冲钨极氩弧焊（TIG）、搅拌摩擦焊等。

针对不同牌号的铝合金进行焊接时，可采用不同的焊接方法，具体参见表 5-18。

**表 5-18　铝合金焊接性及适用厚度**

| 焊接方法 | 焊接性及适用厚度/mm | | | | | 说明 |
|---|---|---|---|---|---|---|
| | 工业纯铝 | 铝锰合金 | 铝镁合金 | 适用厚度/mm | | |
| | 1100 | 3003 | 5083 | 推荐 | 可用 | |
| TIG 焊 | 好 | 好 | 好 | 1 ~ 10 | 0.9 ~ 25 | 填丝或不填丝，厚板需预热，采用交流电源 |
| MIG 焊 | 好 | 好 | 好 | ≥8 | ≥4 | 焊丝为电极，厚板需预热和保温，直流反接 |
| 脉冲 MIG 焊 | 好 | 好 | 好 | ≥2 | 1.6 ~ 8 | 适用于薄板焊接 |

（续）

| 焊接方法 | 焊接性及适用厚度/mm | | | | | 说明 |
|---|---|---|---|---|---|---|
| | 工业纯铝 | 铝锰合金 | 铝镁合金 | 适用厚度 | | |
| | 1100 | 3003 | 5083 | 推荐 | 可用 | |
| 焊条电弧焊 | 尚好 | 尚好 | 很差 | 3～8 | — | 需预热，操作性差，直流反接 |
| 电阻焊（点焊、缝焊） | 尚好 | 尚好 | 好 | 0.7～3 | 0.1～4 | 需要电流大 |

铝合金车体常用的焊接方法为：MIG 焊、TIG 焊、搅拌摩擦焊。

**1. MIG 焊**

（1）MIG 焊设备　MIG 焊接设备主要由电源、控制器、送丝机、焊枪、封装套及地线等构成（见图 5-2）。

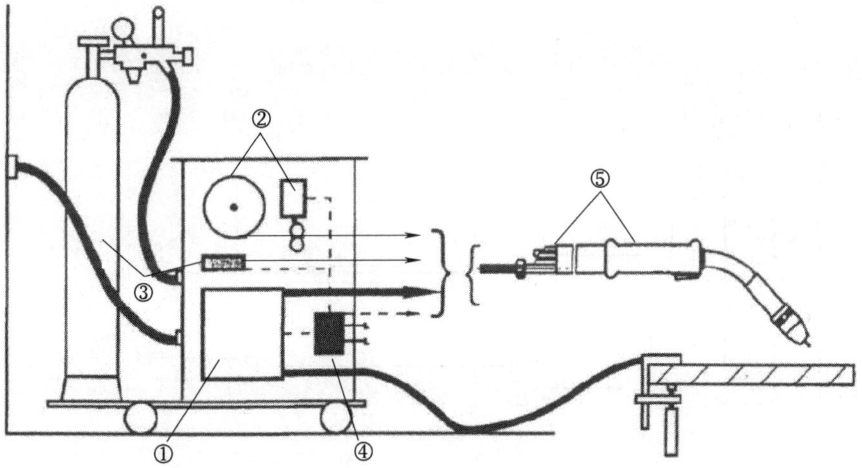


图 5-2　MIG 焊设备

注：①为带有网络和焊接电缆的焊接电源；②为带有焊丝盘和送丝机构的送丝装置；③为带有气体流量计和电磁阀的供气装置；④为带有接口的控制箱；⑤为带有送丝软管的焊枪。

（2）铝合金 MIG 焊　MIG 焊工艺方法生产率高，尤其大电流 MIG 焊适用于厚板焊接，焊后变形略大些，焊接质量与设备性能有一定关系，控制焊缝中气孔的产生是 MIG 焊接面对的主要问题。MIG 焊接时氢气的来源如图 5-3 所示。

**2. TIG 焊**

（1）TIG 焊设备　TIG 焊接设备主要由焊接电源、控制器、焊枪构成（见图 5-4）。

（2）TIG 焊特点　适用于薄板，变形小、气孔率低、质量好，主要用于要求严格的产品。选用交流 TIG 焊，背面加气体保护措施。交流 TIG 焊负半波可去除氧化膜，正半波可减少钨极过热。TIG 焊工艺方法常见缺陷为气孔，产生原因是 Ar 纯度低、焊丝或坡口不清洁、保护效果不好、焊接参数不合适、钨极伸出过长、电弧太长或电弧不稳等。

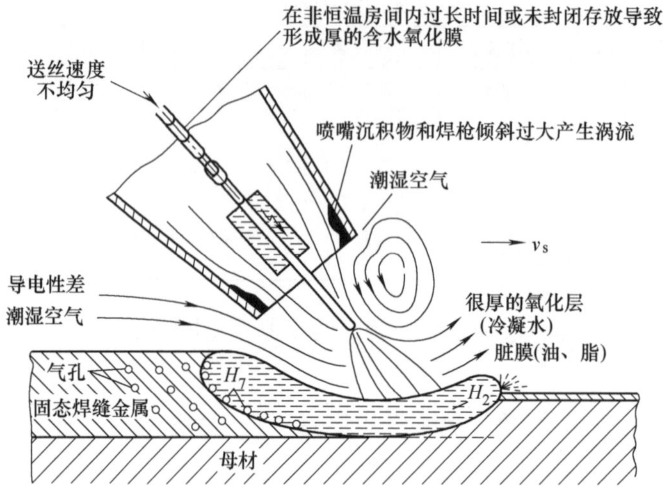


图 5-3　MIG 焊接时氢气的来源

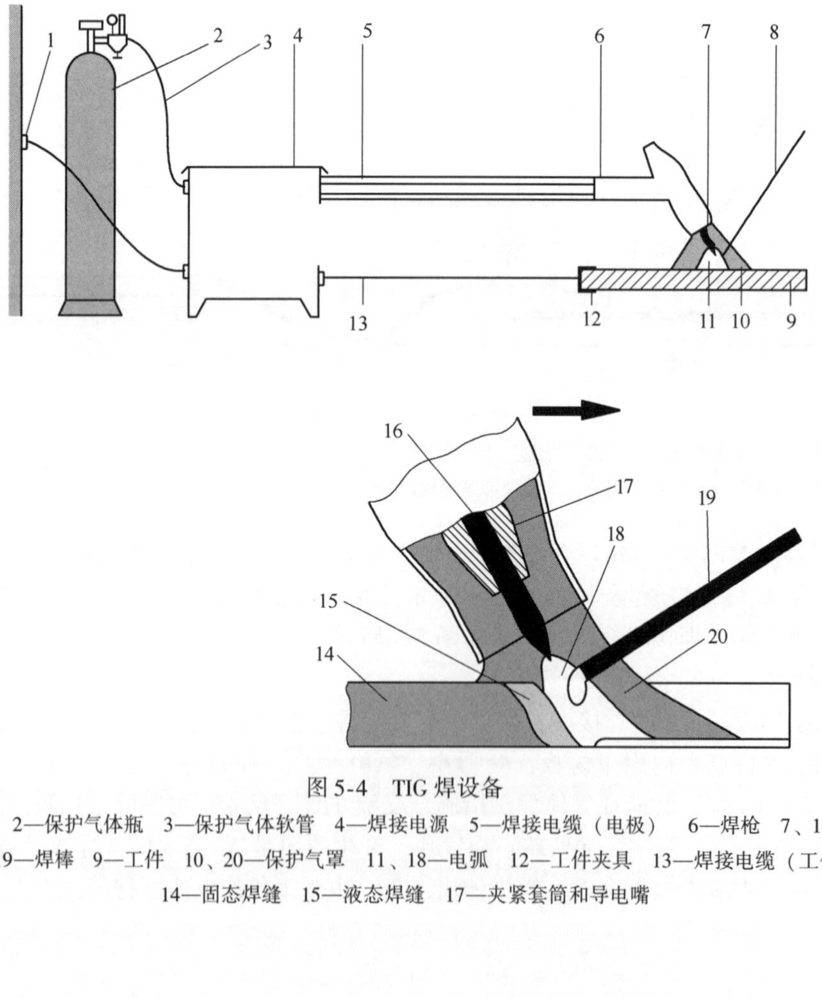


图 5-4　TIG 焊设备

1—网络　2—保护气体瓶　3—保护气体软管　4—焊接电源　5—焊接电缆（电极）　6—焊枪　7、16—钨极　8、19—焊棒　9—工件　10、20—保护气罩　11、18—电弧　12—工件夹具　13—焊接电缆（工件）　14—固态焊缝　15—液态焊缝　17—夹紧套筒和导电嘴

**3. 搅拌摩擦焊**

(1) 搅拌摩擦焊设备　搅拌摩擦焊主要由搅拌头完成，搅拌头由特型指棒、夹持器和圆柱体组成（见图 5-5）。

(2) 搅拌摩擦焊的原理和特点　工作原理：旋转的搅拌头将摩擦热传给接合区，使其呈熔融状态，同时，沿接缝行进形成焊接接头。焊接开始时，搅拌头高速旋转，特型指棒迅速钻入被焊材料的接缝处，特型指棒与接触的金属摩擦生热形成热塑性层，轴肩与焊件表面摩擦产生辅助热，搅拌头与焊件相对运动时，在搅拌头前面不断形成的热塑性金属转移到搅拌头后面，填满后面的空腔。搅拌摩擦焊即焊接区金属晶粒被挤压、摩擦生热、塑性变形、转移、扩散、再结晶过程。

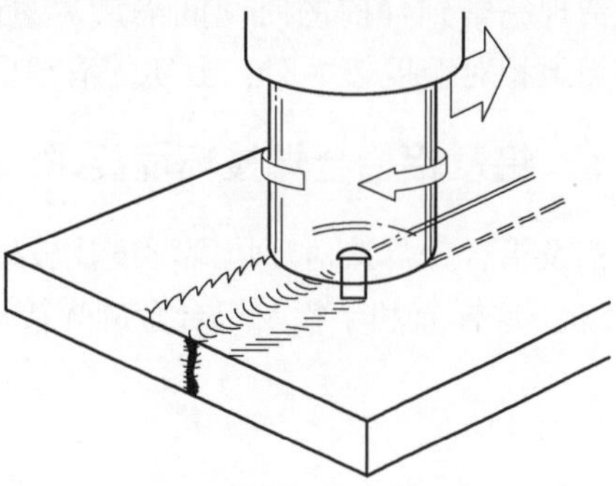

图 5-5　搅拌摩擦焊搅拌头

## 5.4.5　铝及铝合金焊接准备

焊前清理是保证铝及铝合金焊接质量的一个重要的工艺措施。众所周知，由于铝及铝合金极易氧化，表面生成一层致密而坚硬的氧化膜，该薄膜很容易吸收水分，其不仅妨碍焊缝的良好熔合，而且是生成气孔和夹渣的根源之一。此外，如焊件表面被油污、锈、垢污染后，也会引起气孔等缺陷。因此，为保证铝及铝合金的焊接质量，焊前应采取严格的清理措施，彻底清除焊丝和焊接接头的氧化膜和油污。清理的程度直接关系到焊接接头的焊接质量。清理方法主要有脱脂去油清理、化学清洗和机械清理三种。

**1. 脱脂去油清理**

将焊丝、焊件待焊处的油污用汽油、酒精、丙酮、醋酸乙酯、四氯化碳等溶液进行擦洗。擦洗时应注意将焊接坡口及两侧 30 ~ 50mm 内的部位都要擦洗干净。

**2. 化学清洗**

化学清洗主要是使用酸和碱等化学溶液清洗焊件、焊丝表面，使其与油、污、锈、垢、氧化膜发生化学反应，生成易溶的物质，使焊件待焊表面、焊丝表面露出金属光泽。

**3. 机械清理**

机械清理方法主要用于去除金属表面的氧化膜、锈蚀污染以及轧制生产中造成的氧化皮等。在焊件尺寸较大、生产周期长，以及多层焊及化学清洗后又玷污时，常采用机械清洗方法。

先用汽油、酒精、丙酮等有机溶剂擦拭表面以除油，然后采用不锈钢丝刷或刮刀将坡口两侧 50mm 范围内的氧化膜刷除或刮除干净，露出金属光泽。不可采用砂纸或砂轮打磨，因为铝及铝合金材质较软，在打磨过程中砂粒可能被压入母材内，在焊接时会产生缺陷。经机械清理之后，在焊件待焊处端面及正背面还要用丙酮或酒精等擦洗，以清除残存的氧化膜、油污或其他杂质。机械清理方法较为简便，但清理质量不及化学清理好，而且这种方法难于清除焊丝表面的氧化膜。

总之，铝及铝合金焊前的处理工作十分重要。焊前清理时，采用化学方法或机械方法均可，若能两者并用则焊接效果更好。在实际焊接现场，对某些不重要的工件，也可以经脱脂去油后便直接进行焊接，而不经过其他清理过程。

焊件和焊丝经过清理后，最好能及时施焊，因为在存放过程中又会重新生成氧化膜，所以在清理完毕到焊前的时间间隔应尽量短，最长不超过 4h。超过规定时间，应重新清理，生产场地相对湿度较大时，上述的清理要求尤其要认真对待。

### 5.4.6 铝及铝合金焊接环境要求

铝及铝合金焊接对环境温湿度比较敏感，一般要求环境温度不低于 8℃，相对湿度不高于 70%，这样有利于铝及铝合金的焊接质量控制。

# 第 6 章

# 焊接常见缺陷

焊接技术被广泛应用于各种工业生产中，使用的焊接工艺方式种类很多，但大多数的共同特点都是通过加热或介质将分离的材料相互连接在一起，形成一个永久连接不可分离的整体。焊接工艺过程对温度、时间、操作的要求都比较高，因此焊接过程中，经常会产生一些缺陷，作为一名焊工或操作人员，应对这些缺陷的表现形式、出现原因、有可能会造成的危害、防止措施等方面都有充分的了解，才能在焊接过程中尽量避免产生类似的缺陷，从而确保产品的的焊接质量。本章将对一些常见的熔化焊焊接缺陷形貌、产生原因和危害进行了阐述，并对预防措施提出了相应建议。

## 6.1　焊接缺欠与焊接缺陷

焊接缺欠与焊接缺陷无根本上区别，均表现为产品不完整或有缺损。但对于焊接结构而言，按照国际应用准则，需要对焊接缺欠与焊接缺陷赋予不同的含义。

（1）焊接缺欠　国际标准 ISO 6520-1：2007 中对“焊接缺欠”的定义为焊接接头中不连续或与预期几何形状有偏差。焊接缺欠是广义上的焊接缺陷，它的存在会降低焊接接头质量及焊缝性能。

（2）焊接缺陷　国际标准 ISO 6520-1：2007 中对“焊接缺陷”的定义为不可接受的缺欠，即超过规定限值的缺欠。焊接缺陷在产品中一旦出现，则该产品必须经过处理后方可使用。

（3）焊接缺欠与缺陷之间的关系　焊接缺欠表明的是在焊接接头中存在有客观的某种金属不连续、不致密的现象，它的存在是绝对的。而焊接接头中是否存在焊接缺陷则是相对的，相同的焊接缺欠出现在高要求和低要求的两种产品中，高要求条件下可能被认定是焊接缺陷，低要求条件下可能就不会。因此，实际生产中应按照相关标准、法规或产品的技术要求来对焊接缺欠进行评定。

## 6.2　焊接缺陷特征及预防措施

### 1. 焊接外观形状和尺寸不符合要求

（1）焊接缺陷特征表现　外表面形状高低不平，焊缝成形不良，焊波粗劣，焊缝宽度不均匀，焊缝余高过高或过低，角焊缝焊脚单边或下凹过大，母材错边，以及接头的变形和翘曲超过了产品的允许范围等。焊缝外观形状和尺寸不符合要求的实例如图 6-1 所示。

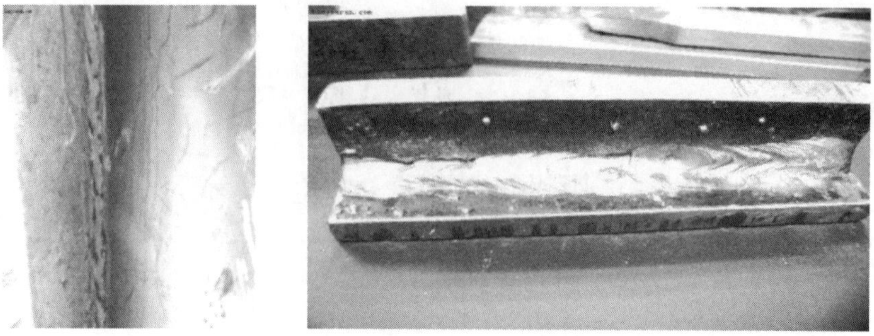

图 6-1　焊接外观形状和尺寸不符合要求

（2）危害　焊缝成形不美观，影响到焊接材料与母材的结合，削弱焊接接头的强度性能，使接头的应力产生偏向和不均匀分布，造成应力集中，影响焊接结构的安全使用。

（3）产生原因　焊件坡口角度不对，装配间隙不均匀，定位焊时未对正，焊接电流过大或过小，运条速度过快或过慢，焊条的角度选择不合适或改变不当，以及埋弧焊焊接工艺选择不正确等。

（4）防止措施　选择合适的坡口角度，按标准要求定位焊组装焊件，并保持间隙均匀，编制合理的焊接工艺流程，控制变形和翘曲，正确选用焊接电流，合理地控制焊接速度，采用恰当的运条手法和角度，随时注意适应焊件的坡口变化，以保证焊缝外观成形均匀一致。

**2. 焊接裂纹**

在焊接应力及其他致脆因素共同作用下，焊接接头中局部区域的金属原子结合力遭到破坏，形成新界面所产生的缝隙，具有尖锐的缺口和大的长宽比特征。按形态可分为：纵向裂纹、横向裂纹、弧坑裂纹、焊脚裂纹、焊根裂纹及热影响区再热裂纹等。图 6-2 所示为常见焊缝裂纹示意和实例。

裂纹是所有的焊接缺陷中危害最严重的一种。它的存在是导致焊接结构失效的最直接因素，特别是在锅炉压力容器的焊接接头中，因为它的存在可能导致一场灾难性事故的发生，裂纹最大的一个特征是具有扩展性，在一定的工作条件下会不断地“生长”，直至断裂。

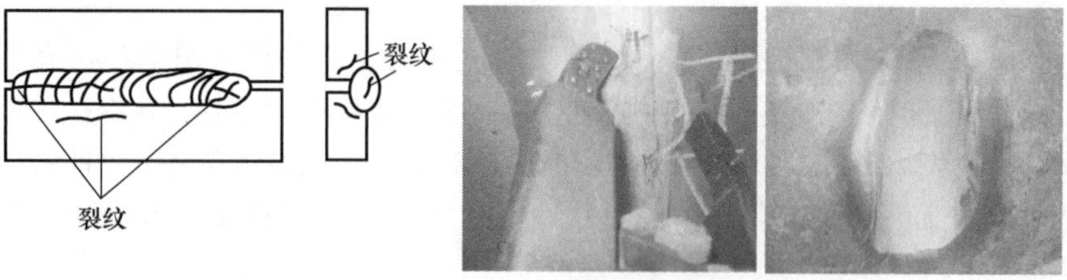


a) 焊接裂纹示意　　b) 焊缝表面裂纹　　c) 焊缝内部裂纹

图 6-2　焊接裂纹

（1）冷裂纹特征　冷裂纹是接头冷却到较低温度下（对于钢来说是 *Ms* 温度以下）时产生的焊接裂纹，冷裂纹的起源多发生在具有缺口效应的焊接热影响区或有物理化学不均匀的氢聚集的局部地带，裂纹有时沿晶界扩展，也有时穿晶扩展，这是由焊接接头的金相组织和应力状态及氢的含量决定的，如焊层下冷裂纹、焊脚冷裂纹、焊根冷裂纹等。

1）产生原因：冷裂纹产生的原因有以下4个方面。

第一，钢种原淬硬倾向。主要取决于化学成分、板厚、焊接工艺和冷却条件等。钢的淬硬倾向越大，越易产生冷裂纹。

第二，氢的作用。氢是引起超高强钢焊接冷裂纹的重要因素之一，并且有延迟的特征。高强钢焊接接头的氢含量越高，则裂纹的敏感性越大。

第三，焊接接头的应力状态。高强钢焊接时产生延迟裂纹的倾向不仅取决于钢的淬硬倾向和氢的作用，还决定于焊接接头的应力状态。焊接时主要存在的应力有：不均匀加热及冷却过程中所产生的热应力、金属相变时产生的组织应力、结构自身拘束条件等。

第四，焊接工艺的影响。焊接热输入过大时，会引起近缝区晶粒粗大，降低接头的抗裂性能；焊接热输入过小时，会使热影响区淬硬，也不利于氢的逸出而增大冷裂倾向。焊前预热和焊后热处理的温度不合适，以及多层焊的焊层熔深不合适等都会产生冷裂纹。

2）防止措施：可以采取以下几个措施防止冷裂纹的产生。

第一，选择合适的焊接材料。如优质的低氢焊接材料和低氢的焊接方法。对重要的焊接结构，应采用超低氢、高韧性的焊接材料，焊条、焊剂使用前应按规定烘干。

第二，焊前仔细清除坡口周围基体金属表面和焊丝上的水、油、锈等污物，减少氢的来源，以降低焊缝中扩散氢的含量。

第三，采用低匹配的焊缝或“软层焊接”的方法，对防止冷裂纹也是有效的。

第四，避免强力组装，防止错边、角变形等引起的附加应力；对称布置焊缝，避免焊缝密集；尽量采用对称的坡口形式并力求减少填充金属量，防止焊缝缺陷的产生。

第五，焊前预热和焊后缓冷，这不仅可以改善焊接接头的金相组织，降低热影响区的硬度和脆性，而且可以加速焊缝中的氢向外扩散，此外还可以起到减小焊接残余应力的作用。

第六，选择合适的焊接参数。焊接速度太快，则冷却速度相应的也快，易形成淬硬组织；若焊接速度太慢，又会导致热影响区变宽，造成晶粒粗大。另外，还应选择合理的装配工艺和焊接顺序以及多层焊的焊缝深度。

（2）热裂纹特征　热裂纹是焊缝和热影响区金属冷却到固相线附近的高温区产生的焊接裂纹。沿奥氏体晶界开裂，裂纹多贯穿于焊缝表面，断口被氧化，呈氧化色。常有结晶裂纹、液化裂纹、多边化裂纹等。

1）产生原因：热裂纹产生的原因有以下3个方面。

第一，焊缝化学成分的影响。主要是S、P的影响，易在钢中形成低熔点共晶体，是一种脆硬组织，在应力的作用下引起结晶裂纹。其中的S、P等杂质可能来自材料本身，也可能来自焊接材料中，还有可能来自焊接接头的表面。

第二，凝固结晶组织形态也是形成热裂纹的重要因素。晶粒越粗大，柱状晶的方向越明显，则产生结晶裂纹的倾向就越大，也就是焊接热输入越大越易形成热裂纹。

第三，力学因素对热裂纹的影响。焊件的刚性很大、工艺因素不当、装配工艺不当，以及焊接缺陷等，都会导致应力集中而加大焊缝的热应力，再结晶时形成热裂纹。

2）防止措施：可以采取以下几个措施防止热裂纹的产生。

第一，控制焊缝金属的化学成分，严格控制S、P含量，适当提高Mn含量，以改善焊缝组织，减少偏析，控制低熔点共晶体的产生。

第二，控制焊缝截面形状，宽深比要稍大些，以避免焊缝中心的偏析。

第三，对于刚性大的焊件，应选择合适的焊接参数、合理的焊接顺序和方向，以减少焊接应力。

第四，除奥氏体钢外，对于刚性大的焊件，采取焊前预热和焊后缓冷的方法，是防止产生热裂纹的有效措施。

第五，采用碱性焊条，甚至提高焊条或焊剂的碱度，以降低焊缝金属中的杂质含量，改善偏析程度。

（3）再热裂纹特征　对于某些含有沉淀强化元素（如 Cr、Mo、V、Nb 等）的高强钢和高温合金（包括低合金高强结构钢、珠光体耐热钢、沉淀强化的高温合金及某些奥氏体不锈钢等）焊接后并无裂纹产生，但在热处理过程中析出沉淀硬化相导致热影响区粗晶区或焊缝区产生裂纹。有些焊接结构即使焊后消除应力热处理过程中不产生裂纹，而在 500～600℃的温度下长期运行中也会产生裂纹，这些裂纹统称为再热裂纹。

1）产生原因：在热处理温度下，由于应力的松弛产生附加变形，同时在热影响区的粗晶区析出沉淀硬化相（如 Mo、Cr、V 等碳化物）造成回火强化，当塑性不足以适应附加变形时就会产生再热裂纹。

2）防止措施：可以采取以下几个措施防止再热裂纹的产生。

第一，控制基体金属的化学成分（如 Mo、V、Cr 的含量），降低再热裂纹的敏感性。

第二，工艺方面改善粗晶区的组织，减少马氏体组织，保证接头具有一定的韧性。

第三，减少焊接接头应力集中并降低残余应力，在保证强度条件下，尽量选用屈服强度低的焊接材料。

（4）层状撕裂特征　大型厚壁结构在焊接过程中会沿钢板的厚度方向产生较大的 $Z$ 向拉伸应力，如果钢中存在较多的夹层，就会沿钢板轧制方向出现一种台阶状的裂纹（见图 6-3），称为层状撕裂。

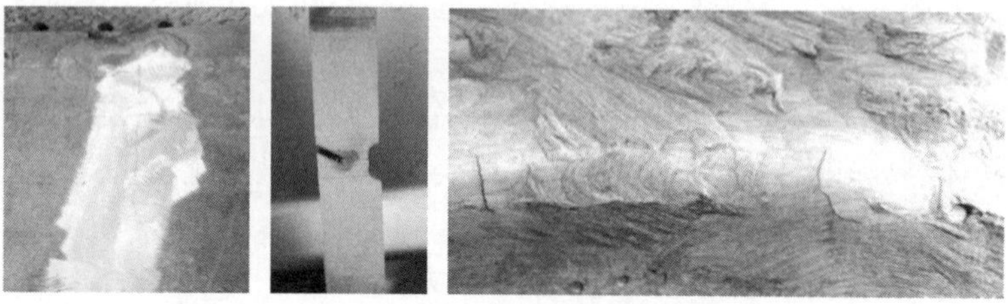

图 6-3　焊接裂纹

1）产生原因：金属材料中含有较多的非金属夹杂物，$Z$ 向拘束应力大，热影响区的脆化等。

2）防止措施：选用具有抗层状撕裂能力的钢材，在接头设计和焊接施工中采取措施降低 $Z$ 向应力和应力集中。

**3. 气孔**

（1）气孔特征　焊接时，因熔池中的气泡在凝固时未能逸出，而留存在焊缝金属内部（或表面）所形成的空穴，称为气孔，如图 6-4 所示。

（2）危害　气孔会减小焊缝的有效截面积，降低焊缝的力学性能，损坏焊缝的致密性，特别是直径不大，深度很深的圆柱形长气孔（俗称针孔）危害极大，严重者直接造成泄漏。

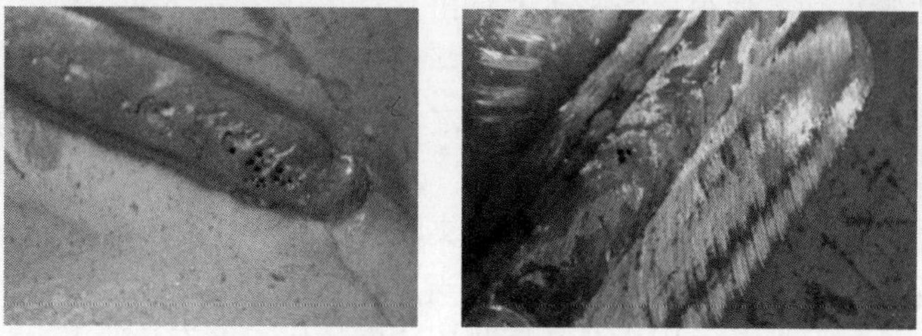

图6-4　气孔

（3）产生原因　气孔产生的原因有以下5个方面。

第一，焊条或焊剂受潮，或者未按要求烘干；焊条药皮开裂、脱落、变质。

第二，基体金属和焊条钢芯的碳含量过高；焊条药皮的脱氧能力差。

第三，焊件表面及坡口有水、油、锈等污物存在，这些污物在电弧高温作用下，分解出的一氧化碳、氢和水蒸气等，进入熔池后往往形成一氧化碳气孔和氢气孔。

第四，焊接电流偏低或焊接速度过快，熔池存在的时间短，以至于气体来不及从熔池金属中逸出。

第五，电弧长度过长，使熔池失去了气体保护，空气很容易侵入熔池；焊接电流过大，焊条发红，药皮脱落，从而失去了保护作用；电弧偏吹，运条手法不稳等。

第六，埋弧焊时，使用过高的电弧电压，网络电压波动过大。

（4）防止措施　可以采取以下几个措施防止气孔的产生。

第一，焊前一定要将焊条或焊剂按规定的温度和时间进行烘干，并做到随用随取，或取出后放在焊条保温桶中随用随取。

第二，应选取药皮无开裂、无脱落、无变质、无偏心、碳含量低、脱氧能力强的焊条。焊丝表面应清洁，无油无锈。

第三，认真清理去除坡口及两侧氧化物、油脂、水分等。

第四，当用碱性焊条施焊时，应保持较低的电弧长度，外界风大时应采取防风措施。

第五，选择合适的焊接参数，缩短灭弧停歇时间。灭弧后，当熔池尚未全部凝固时，应及时再引弧给送熔滴，击穿焊缝。

第六，运条角度要适当，操作应熟练，不得将熔渣拖离熔池。

**4. 夹渣**

（1）夹渣特征　焊接后残留在焊缝内部的非金属夹杂物，称为夹渣。立焊和仰焊比平焊更容易产生夹渣。

（2）危害　减少焊缝的有效截面积，降低焊缝的力学性能。

（3）产生原因　夹渣产生的原因有以下6个方面。

第一，焊接过程中，由于焊工操作不够认真仔细，焊件边缘、焊层之间、焊道之间的熔渣未清除干净就继续施焊，特别是碱性焊条，若熔渣未清除干净，则更易产生夹渣。

第二，由于焊条药皮受潮，药皮开裂或变质，药皮成块脱落进入熔池，又未能充分熔化或反应不完全，因此会使熔渣未能浮出熔池表面，造成夹渣。

第三，焊接时，焊接电流太小，熔化金属和熔渣所得到的热量不足，流动性差，再加上此时熔化金属凝固速度快，使得熔渣来不及浮出。

第四，焊接时，焊条角度和运条方法不恰当，熔渣和铁液分辨不清，把熔渣和熔化金属混杂在一起；焊缝熔宽忽宽忽窄，熔宽与熔深之比过小，以及咬边过深及焊层形状不良等均可造成夹渣。

第五，坡口设计、加工不当也可导致焊缝夹渣。

第六，基体金属和焊接材料的化学成分不当。如当熔池中氧、氮、硫含量较多时，形成的氧化物、氮化物、硫化物等，因熔化金属凝固速度较快而来不及浮出，就会残留在焊缝金属中形成夹渣。

（4）防止措施　可以采取以下几个措施防止夹渣的产生。

第一，认真清除坡口及两侧焊渣与锈皮和焊层间的焊渣，将凸凹不平处铲平，然后才能进行下一层焊接。

第二，选用具有良好工艺性能的焊条，选择合适的焊接电流，能改善熔渣上浮的条件，有利于防止夹渣的产生。遇到焊条药皮成块脱落时，必须停止焊接，查明原因并更换焊条。

第三，选择适当的运条角度，操作应熟练，使熔渣和液态金属良好地分离。

**5. 未焊透**

（1）未焊透特征　焊接时接头根部未完全熔透的现象。对接焊缝也指焊缝未达到设计要求的现象，如图 6-5 所示。

（2）危害　明显地减小了焊缝的有效截面积，降低了焊接接头的力学性能，由于未焊透处存在缺口及“末端尖劈”，会造成严重的应力集中现象，故在承载后，极易在此处引起裂纹。

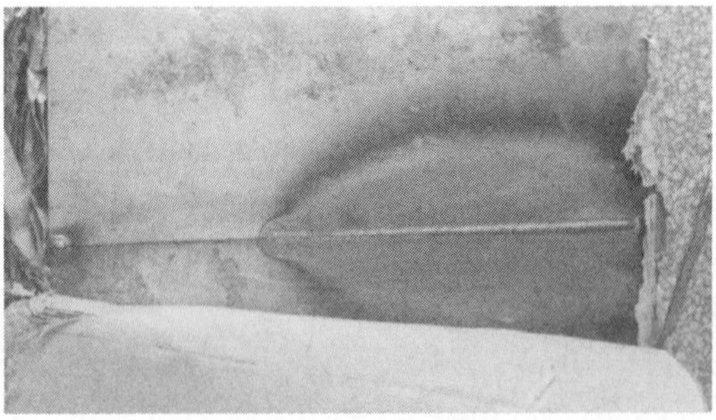

图 6-5　未焊透

（3）产生原因　未焊透产生的原因有以下 3 个方面。

第一，坡口角度小，钝边过大，装配间隙小或错边，所选用的焊条直径过大，使熔敷金属达不到根部。

第二，焊接电流过小，焊接速度过快，由于电弧穿透力降低使得熔池变浅而造成未焊透。

第三，由于操作不当，使熔敷金属未能达到预定位置，或由于电弧的磁偏吹使热能散失，局部电弧吹力小，或者单面焊双面成形的打底焊由于电弧燃烧时间短或坡口根部未能形成一定尺寸的熔孔而造成未焊透。

（4）防止措施　可以采取以下几个措施防止未焊透的产生。

第一，选择合适的坡口角度、装配间隙及钝边尺寸，并防止错边。

第二，选择合适的焊接电流、焊条直径、运条角度。如果焊条药皮厚度不均产生偏弧时，应及时更换。

第三，掌握正确的焊接操作方法，如焊条电弧焊的运条和氩弧焊焊丝的送进应平稳、准确。熟练地进行打底焊，控制尺寸适宜的熔孔，使熔敷金属达到坡口根部。

**6. 未熔合**

(1) 未熔合特征　熔焊时，焊道与母材之间或焊道之间未能完全熔化结合在一起的部分，称为未熔合，也称为“假焊”。常见未熔合产生的部位有三处：坡口边缘未熔合、焊缝金属层间未熔合、焊缝根部未熔合，如图6-6所示。

(2) 危害　未熔合是一种比较危险的焊接缺陷，焊缝出现间断和突变部位，使得焊接接头的强度大大降低。未熔合部位还存在尖劈间隙，承载后应力集中严重，极易由此处产生裂纹。

(3) 产生原因　未熔合产生的原因有以下5个方面。

第一，电流不稳定，电弧偏吹，使得偏离部位（如母材或上一道焊层）所得到的热能不足以熔化基体金属或上道焊层的熔敷金属。

第二，在坡口或上一层焊缝的表面有油、锈等污物，或存在熔渣及氧化物，阻碍了金属的熔合。

第三，焊接电流过大，使焊条熔化过快、坡口母材金属或前一层焊缝金属未能充分熔化，熔敷金属却已覆盖上去，造成“假焊”。

第四，在横焊时，由于上侧坡口金属熔化后产生下坠，影响下侧坡口面金属的加热熔化，造成“冷接”。

第五，横焊操作时在上下坡口面焊接顺序不对，未能先焊接下坡口后焊接上坡口，或者在上下坡口面焊接接头未能错开一定距离，使上坡口熔化金属下坠产生黏接，造成未熔合。

(4) 防止措施　可以采取以下几个措施防止未熔合的产生。

第一，焊条或焊枪的倾斜角度要适当，并注意观察坡口两侧母材金属的熔化情况。

第二，选用稍大的焊接电流或火焰能量，以使基体金属或前一道焊层金属充分熔化。

第三，当焊条偏弧时，应及时调整焊条角度或更换焊条，使电弧始终对准熔池。

第四，对坡口表面和前一层焊道的表面，应认真进行清理，使之露出金属光泽后再施焊。

第五，横焊操作时，掌握好上下坡口面的击穿顺序，保持适宜的熔孔位置和尺寸大小。气焊和氩弧焊时，焊丝的送进应熟练地从熔孔上坡口拖到下坡口。

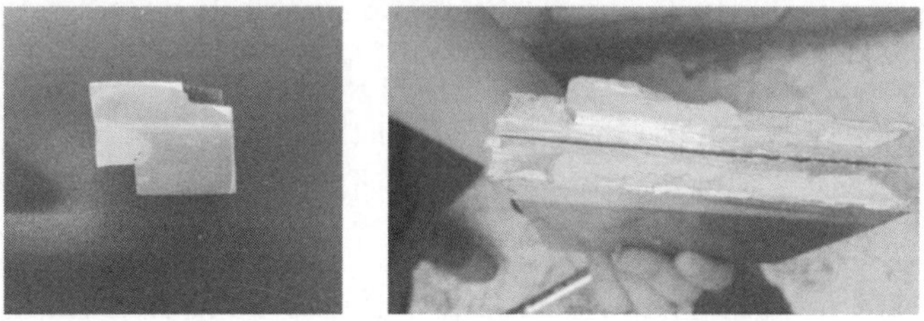

图6-6　未熔合

**7. 咬边**

(1) 咬边特征　在焊缝金属与基体金属交界处沿焊脚的母材部位，金属被电弧烧熔后形成的凹槽，称为咬边。

(2) 危害　咬边减少了基体金属的有效截面，直接削弱了焊接接头的强度，在咬边处，容易引起应力集中，承载后可能在此处产生裂纹。

（3）产生原因　咬边产生的原因有以下 3 个方面。

第一，焊接电流过大、电弧过长、运条角度不适当，以及焊缝局部不平等。

第二，运条时，电弧在焊缝两侧停顿时间短，液态金属未能填满熔池。横焊时在上坡口面停顿的时间过长，以及运条、操作不正确等，均会造成咬边。

第三，埋弧焊时主要是焊接电流过大、焊接速度过快、焊丝角度不当等造成咬边。

（4）防止措施　可以采取以下几个措施防止咬边的产生。

第一，选择适宜的焊接电流、运条角度进行短弧操作。

第二，焊条摆动至坡口边缘稍作稳弧停顿，操作应熟练、平稳。

第三，埋弧焊的焊接参数应选择适当。

**8. 夹钨**

（1）夹钨特征　在手工钨极氩弧焊时，由于钨极强烈发热，钨极端部熔化、蒸发，或因钨极与焊件接触，使钨过渡到了焊缝中，如图 6-7 所示。

（2）危害　焊缝的力学性能，特别是韧性和塑性下降。

（3）防止措施　选用直径大小适宜的钨极，并配合适当的电流，使氩气可靠地保护钨极端部，以防止钨极烧损，采用短弧操作，并应及时修磨钨极端部。

图 6-7　夹钨

**9. 夹珠**

（1）夹珠特征　如果焊接参数不合理，或焊工操作不当，会有金属飞溅物或孤立的单个金属熔滴飞出熔池，落到其他已经冷却但尚未焊完的焊道上，这些飞溅物和熔滴不可能与已冷却的焊道自行熔合，而只是黏附在原焊缝表面，且在这些金属飞溅物和熔滴的表面上，还可能覆盖有熔渣，如果再焊接下一层焊道就会被夹入焊缝中，形成“夹珠”。

（2）防止措施　选择合适的焊接参数，提高焊工的焊接技术水平，严格执行焊接操作规程。在每一层焊道施焊前，仔细地清理原焊缝表面的焊渣、熔滴和飞溅物等杂物。适当加大焊接电流，减慢焊接速度，可使黏附在原焊缝表面的飞溅、熔滴等物熔化。

**10. 根部收缩**

（1）根部收缩特征　焊道中心的金属低于焊道边缘和母材表面的现象称为根部收缩，如图 6-8 所示。

（2）危害　减小了基体金属的有效截面，造成焊接接头处应力不均匀，降低焊接接头的强度，并产生应力集中。

（3）产生原因　根部收缩产生的原因有以下 3 个方面。

第一，装配间隙过大、钝边过小，或熔池体积较大，液态金属因自重产生下坠。

第二，焊条直径或焊接电流过大，或灭弧慢，或连弧焊接使熔池温度增高，冷却慢，导致熔池金属重力增加而使表面张力减小。

第三，运条角度不当，减弱了电弧对熔池金属的压力，或焊条未运送到坡口根部。

（4）防止措施　可以采取以下几个措施防止根部收缩的产生。

第一，在进行单面焊双面成形焊接时，应选择合适的坡口钝边、角度、间隙。操作要熟练、准确。

第二，严格控制打底焊的电弧加热时间及运条角度，熔孔大小应适当，采用短弧施焊。

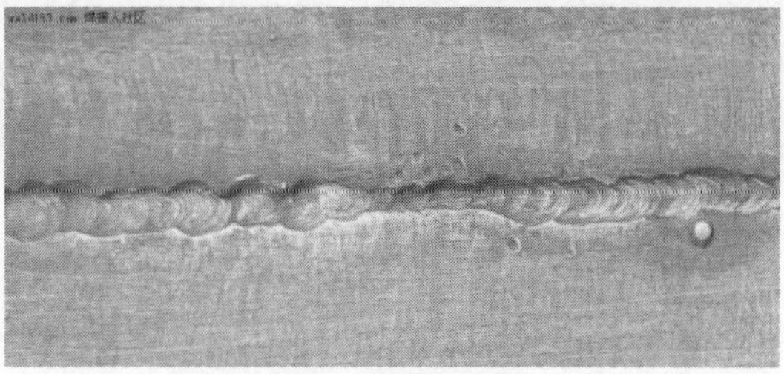

图 6-8　根部收缩

**11. 满溢**

（1）满溢特征　熔焊金属流淌出并覆盖在焊道两侧的母材金属上，称为满溢。

（2）危害　满溢的焊接接头，在焊缝金属与未熔母材金属的交界处，存在一个犹如人工预制的裂口，承载后应力集中现象十分严重，极易扩展成裂纹。

（3）产生原因　主要是坡口边缘的污物没有清除干净；焊接电流过大；焊条金属熔化而母材金属还没有充分熔化，也容易产生满溢。

（4）防止措施　采用合适的焊接参数施焊，焊前要清理干净坡口及附近的表面。

**12. 焊瘤**

（1）焊瘤特征　在焊接过程中，液态金属流淌到焊缝之外形成的金属瘤，称为焊瘤，如图 6-9 所示。

（2）危害　影响焊缝表面的美观；会造成应力集中现象；在焊瘤处，常有未焊透缺陷存在；在焊瘤附近，容易造成表面夹渣；在管道内部的焊瘤，还会影响管道内的有效截面积，甚至造成堵塞。

（3）产生原因　焊瘤产生的原因有以下 4 个方面。

第一，钝边薄，装配间隙大，击穿熔孔尺寸大。

第二，焊接电流过大，打底焊接时电弧燃烧、加热时间长，造成熔池温度增高。熔池体积增大时，液态金属因自身重力作用下坠而形成焊瘤。

第三，操作运条或送焊丝动作不熟练，焊条或焊丝与焊枪角度不合适。

第四，焊接速度过慢。

（4）防止措施　可以采取以下几个措施防止焊瘤的产生。

第一，选择适宜的钝边尺寸和装配间隙，控制熔孔大小并均匀一致；掌握电弧燃烧和熄灭的时间。

第二，选择合理的焊接参数，打底焊接电弧加热时间不可过长，操作应熟练自如，运条角度应合适。

**13. 弧坑**

（1）弧坑特征　电弧焊时，由于断弧或收弧不当，在焊缝末端（熄弧）处，形成低于

图 6-9　焊瘤

母材金属表面的凹坑，称为弧坑，如图 6-10 所示。

（2）危害　弧坑处的强度被大大削弱，并易在弧坑处引发微裂纹、气孔等缺陷，引起应力集中。

（3）产生原因　熄弧时间过短，或焊接突然中断；薄板焊接时，焊接电流过大；埋弧焊时，没有分两步按下“停止”按钮。

（4）防止措施　焊缝结尾应在收弧处作短时间停留或作几次环形运条，以便继续填加一定量的熔化金属；埋弧焊时，应分两次按“停止”按钮（先停止送丝，后切断电源）；重要的结构应设置引弧板和引出板。

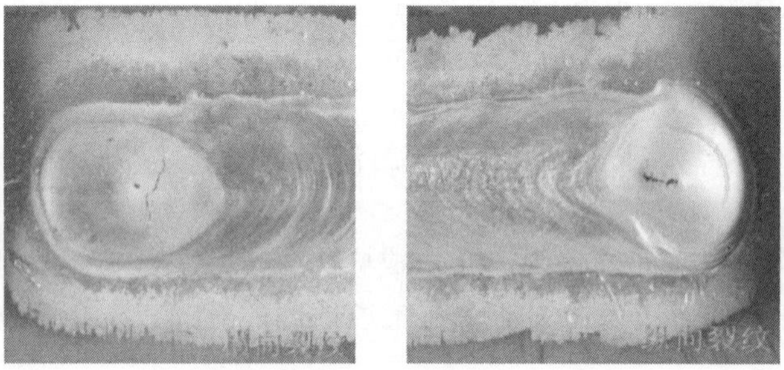

图 6-10　弧坑

**14. 电弧擦伤**

（1）电弧擦伤特征　电弧焊时，在坡口外母材上引弧或打弧产生的局部损伤（弧痕），称为电弧擦伤，如图 6-11 所示。

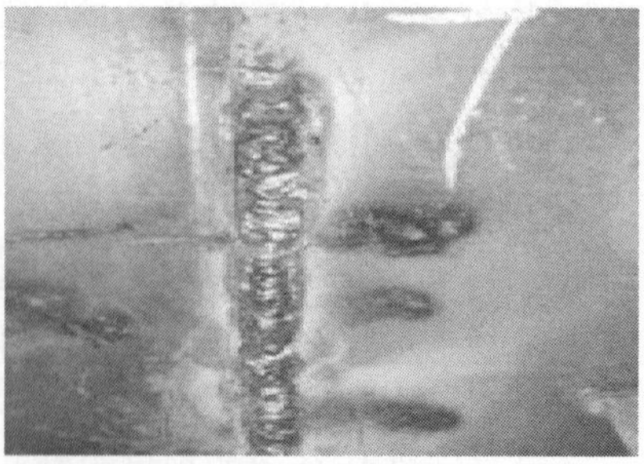

图 6-11　电弧擦伤

（2）危害　电弧擦伤处，由于冷却速度快，因此容易造成表面脆化，可能成为引起焊件脆断的原因。

（3）防止措施　要保证焊接二次线路完好，焊工操作应熟练准确。

**15. 冷缩孔**

（1）冷缩孔特征　熔化金属在凝固过程中收缩而产生的孔穴，称为冷缩孔。

（2）产生原因　施焊时灭弧快，由于母材金属的热传导作用，因此熔池中靠近坡口两侧熔化金属快速冷却、凝固，而熔池中部冷却较慢，从而产生一种“横向冷却收缩”现象。

（3）防止措施　应注意在收弧时不要太突然或太快；更换焊条时，应填满熔池后灭弧，还可采用两点击穿法施焊，以防止冷却速度过快。

**16. 烧穿**

（1）烧穿特征　焊接过程中，在焊缝的某处或多处形成的穿孔称为烧穿，如图 6-12 所示。

（2）产生原因　焊接电流过大、焊接速度过慢、坡口间隙过大时都可能产生烧穿。

（3）防止措施　选择合适的焊接电流、坡口角度和装配间隙。

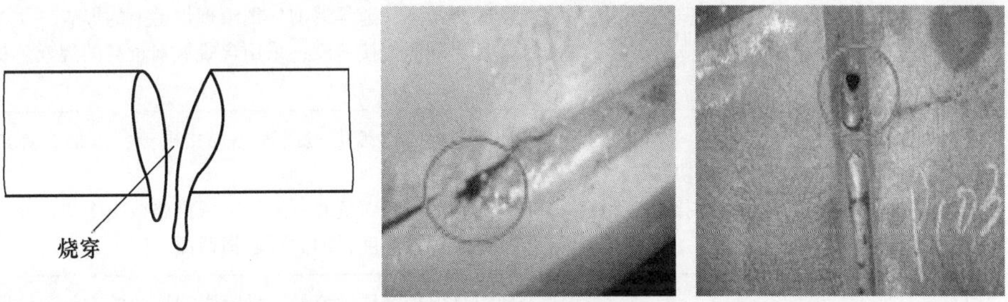


图 6-12　烧穿

**17. 过烧**

（1）过烧特征　焊缝金属在焊接过程中受热时间过长，造成晶粒粗大，金属变脆，晶粒边界被剧烈氧化，焊缝“发渣”，金属表面变黑并起氧化皮，这种现象称为过烧。

（2）产生原因　焊接速度过慢、焊枪在某处的停留时间过长、焊工操作手法欠熟练等。

（3）防止措施　选择合适的焊接速度、减少焊接停留时间、加强焊工操作手法训练。

图 6-13　过烧

## 6.3　熔化焊常见焊接缺陷及预防措施

焊接缺陷直接影响焊接接头的质量，而焊接接头的质量又影响到整体焊接结构的安全运行。应根据相关标准，判定焊接缺陷容限、产生的原因等，采取相应的预防措施，才能保证焊接结构的质量和运行安全。熔化焊常见焊接缺陷及预防措施见表 6-1。

**表 6-1　熔化焊常见焊接缺陷及预防措施**

| 缺陷现象 | 产生原因 | 预防措施 |
|---|---|---|
| 咬边 | ① 焊接速度过快<br>② 电弧电压偏高<br>③ 焊枪指向位置不对<br>④ 摆动时，焊枪在两侧停留时间太短 | ① 降低焊接速度<br>② 根据焊接电流调整电弧电压<br>③ 注意焊枪的正确操作<br>④ 适当增加焊枪在两侧的停留时间 |
| 焊瘤 | ① 焊接速度过慢<br>② 电弧电压过低<br>③ 两端移动速度过快，中间移动速度过慢 | ① 适当提高焊接速度<br>② 根据焊接电流调整电弧电压<br>③ 调整移动速度，两端稍慢，中间稍快 |
| 夹渣 | ① 采用短路电弧进行多道焊<br>② 焊接速度过高 | ① 在焊接下一道焊缝前仔细清理焊道上的焊渣<br>② 适当降低焊接速度，采用含脱氧剂较高的焊丝，提高电弧电压 |
| 裂纹 | ① 焊缝的深宽比过大<br>② 焊缝末端的弧坑冷却快<br>③ 焊道太小（特别是角接焊缝和根部焊道） | ① 适当提高电弧电压或减小焊接电流，以加宽焊道而减小熔深<br>② 适当的填满弧坑并且采用衰减措施减小冷却速度<br>③ 减小焊接速度，加大焊道横截面 |
| 气孔 | ① 气体保护效果不好<br>② 工件表面有油污<br>③ 电弧电压过大<br>④ 焊丝受到污染<br>⑤ 焊件与焊枪导嘴的距离过大 | ① 提高保护气体的流量，排除影响熔池的空气；清除气体喷嘴处的飞溅；减小喷嘴与工件的距离；过大的保护气体流量对焊接过程不利，应适当减小<br>② 做好焊前清理工作<br>③ 降低电弧电压<br>④ 焊前仔细清除焊丝表面污染物<br>⑤ 减小焊丝伸出长度 |
| 烧穿 | ① 热输入过大<br>② 坡口加工不当 | ① 减小电弧电压和送丝速度，提高焊接速度<br>② 加大钝边，减小根部间隙 |
| 未熔合 | ① 焊接操作不当<br>② 焊接接头设计不合理<br>③ 焊接部位有氧化膜<br>④ 热输入不够 | ① 采用摆动动作在坡口面上暂时停歇，焊丝在熔池的前沿<br>② 坡口夹角符合标准，V 形坡口改为 U 形坡口<br>③ 焊前仔细清理待焊表面<br>④ 提高焊接电流、电弧电压，降低焊接速度 |
| 未焊透 | ① 坡口加工不当<br>② 焊接技术不高<br>③ 热输入不够<br>④ 焊接电流出现波动 | ① 适当减小钝边、增加根部间隙<br>② 提高焊接技术<br>③ 提高送丝速度，保持喷嘴与工件距离适当<br>④ 增加稳压电源装置 |

# 第 7 章 焊工考试

焊接是现代工业制造中不可或缺的一项特殊工艺过程。为了保证焊接质量，ISO/TC44（国际标准化组织/44 技术委员会）和 AWS（美国焊接学会）分别针对金属材料熔化焊的质量管理制定了标准，对焊接生产过程中的每个方面都做出了规定，而焊工考试就是其中非常重要的一个环节。

## 7.1 钢的熔化焊焊工考试标准解析

《焊工资格考试——熔焊　第 1 部分：钢》标准是由 EN 287-1：2011 焊工考试标准转化而成的。在 ISO 9606-1：2017 标准中，取消了以母材作为资质证书覆盖范围的要求，将填充材料作为资质证书覆盖范围的依据之一。

### 7.1.1 范围

ISO 9606-1：2017 标准部分规定了焊工进行钢制品熔化焊所应具备的资格要求。本部分提供了一套技术规则，可用于焊工进行系统的资格认定，适用于所有的产品类型、场所、考官或考试机构。

对焊工进行资格认定时，重点应放在焊工手工操作焊枪的能力以及焊接出质量合格焊缝的能力上。

ISO 9606-1：2017 标准部分所指的焊接工艺包括手工或部分机械化焊接所使用的熔化焊工艺，对全机械化和自动化焊接工艺不进行资格认定。

### 7.1.2 参考编号、符号和缩略语

焊工资格考试时应使用相应缩略语和参考编号。

**1. 焊接工艺参考编号**

111 焊条电弧焊

121 实芯焊丝埋弧焊（部分机械化）

131 熔化极惰性气体保护焊（MIG）

135 实芯焊丝非惰性气体保护焊（MAG）

136 药芯焊丝非惰性气体保护焊

138 金属药芯焊丝非惰性气体保护焊

141 实芯焊接材料（丝/条）钨极惰性气体保护焊（TIG）

142 非熔化极惰性气体保护自熔焊

15 等离子弧焊

311 氧乙炔气焊

**2. 符号和缩略语**

（1）用于试件

a：设计焊脚厚度

BW：对接焊缝

D：外管径

FW：填角焊

P：板材

s：对接焊缝熔敷厚度或熔敷金属厚度

t：试件材料厚度（板或壁厚）

T：管材

z：角焊焊脚长度

（2）用于填充材料　用于填充材料的各种符号和缩略语如下。

1）nm：无填充材料，盖面或药芯类型符号以不同国际标准有关焊接材料的符号为基础。

03：金红石型药皮

10：纤维素型药皮

11：纤维质药皮

12：金红石型药皮

13：金红石型药皮

14：金红石型 + 铁粉药皮

15：基础药皮

16：基础药皮

18：基础 + 铁粉药皮

19：钛铁矿药皮

20：氧化铁药皮

24：金红石型 + 铁粉药皮

27：氧化铁 + 铁粉药皮

28：基础 + 铁粉药皮

45：基础药皮

48：基础药皮

2）A：酸性药皮

3）B：基础药皮或焊条芯——基础

4）C：纤维素型药皮

5）R：金红石型药皮或焊条芯——金红石型，慢凝固型渣

RA：金红石型——酸性药皮

RB：金红石型——基础药皮

RC：金红石型——纤维素型药皮

RR：金红石型——厚药皮

6）M：金属药芯焊条或金属粉

7）P：焊条芯——金红石型，快凝固型渣

8）S：实芯焊丝——实心焊条

9）V：焊条芯——金红石型或基础/氟化物

10）W：焊条芯——基础/氟化物，慢凝固型渣

11）Y：焊条芯——基础/氟化物，快凝固型渣

12）Z：焊条芯——其他类型

（3）用于其他焊缝细节

fb：焊剂垫

bs：双面焊

ci：自耗嵌块

lw：左焊法

mb：材料衬垫

gb：气体衬垫

ml：多层焊

nb：无材料衬垫焊接

rw：右焊法

sl：单层焊

ss：单面焊

### 7.1.3 主要可变因素和资格评定范围

焊工资格评定依据的是主要可变因素。对各主要可变因素都确定了资格范围。如果焊工的焊接作业超出了资格范围，则要求进行一次新的资格考试。主要可变因素为：①焊接工艺。②产品类型（板材或管材）。③焊缝种类（对接焊缝或角焊缝）。④填充材料组别。⑤填充材料类型。⑥尺寸（材料厚度和管外径）。⑦焊接位置。⑧焊缝因素（材料衬垫、气体衬垫、焊剂垫、自耗嵌块、单面焊、双面焊、单层、多层、左焊法、右焊法）。

**1. 焊接工艺**

焊接工艺按 ISO 857-1：1998 和前述内容中给出的定义。一次考试通常只对一种焊接工艺进行资格评定。如焊接工艺变动，则要求进行一次新的资格考试。如下情况例外。

1）将实芯焊丝 135 改为金属药芯焊丝 138（或反之），不要求新的考试。

2）将实芯焊丝 121 改为管状药芯焊丝 125（或反之），不要求新的考试。

3）焊接工艺 141、143 或 145 适用于 141、142、143 及 145，142 仅适用于 142。

4）获得短路过渡模式（131、135 和 138）资格的焊工应获得其他过渡模式的资格，反之则不然。

5）允许一个焊工通过焊接单个试件（多工序接头）或通过两次或两次以上单独的资格考试而获得两个或两个以上焊接工艺资格。例如，对接焊中单工艺和多工艺接头的熔敷厚度范围见表 7-1。

表 7-1　对接焊中单工艺和多工艺接头的熔敷厚度范围

| 用于试件的焊接工艺 | 依据后文中对接符合条件的熔敷厚度范围 | |
|---|---|---|
| | 单工艺接头 | 多工艺接头 |
| 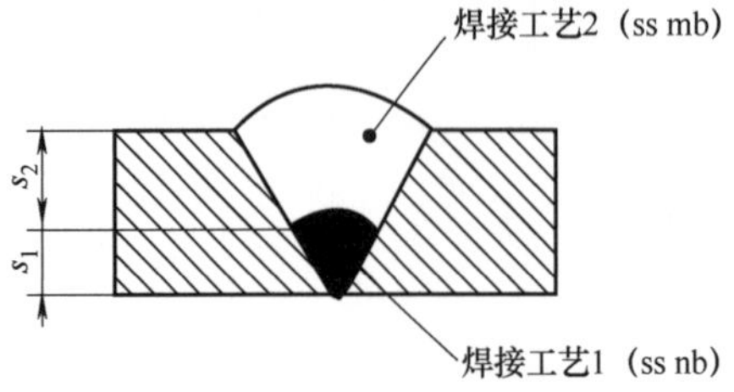 | 焊接工艺 1：<br>$s = s_1$<br>焊接工艺 2：<br>$s = s_2$ | $s = s_1 + s_2$ |
| 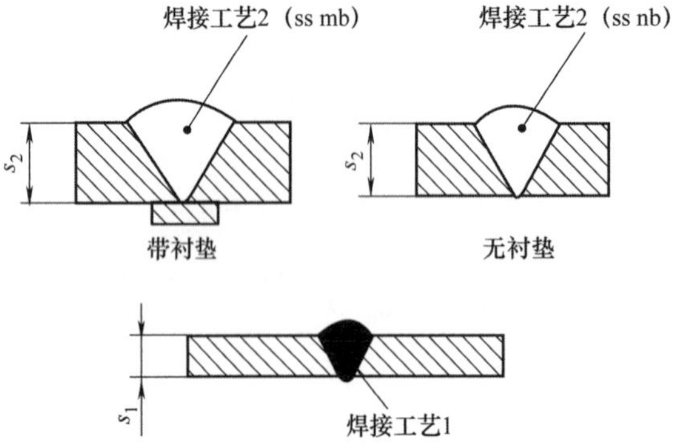 | 焊接工艺 1：<br>$s_1$<br>焊接工艺 2：<br>$s_2$ | $s = s_1 + s_2$<br>焊接工艺 1 仅针对根部焊接 |

注：有关可变因素的定义请参见前文符号和缩略语部分内容。

**2. 产品类型**

资格考试应在板材、管道或其他适用产品形式上进行，并适用以下准则。

1）取得外管径 $D>25$mm 的试件焊缝资格，也就取得了板材盖面焊缝资格。

2）依据前述标准内容，取得了板材盖面焊缝资格，也就取得外管径 $D \geqslant 500$mm 的固定管材试件焊缝资格。

3）依据前述标准内容，取得板材盖面焊缝资格，也就取得了外管径 $D \geqslant 75$mm 的旋转管材（焊接位置为 PA、PB、PC 和 PD）试件焊缝资格。

**3. 焊缝类型**

资格考试应进行对接焊或角焊，并适用以下准则。

1）取得对接焊资格，也就取得了除支管连接之外的任何类型焊接资格。

2）虽然对接焊缝的焊接不适用于角焊缝（或反之），但允许获得角焊与对接焊相组合的资格，例如：带永久性材料衬垫的单斜接头坡面加工，应使用最小试件厚度 10mm。

对于此类组合考试，应符合 ISO 9606-1：2017 中规定的所有考试要求，并应根据考试条件给出相关资格评定范围。

3）取得管件对接焊资格，也就取得了角度为 60°的支管接头焊接资格，资格范围见标准中表 7-1 ~ 表 7-12。对于支管焊缝而言，资格范围根据支管的外管径而定。

4）对于无法通过对接焊、角焊或小于 60°的支管接头焊接获得资格的焊缝类型应用，应将特定试件用于焊工的资格评定，例如：通过产品标准。

5）依据标准中表 7-3 ~ 表 7-5，若在每个工艺中使用填充材料（FM）组别和焊条药皮/

芯对附加角焊试件进行焊接，则取得对接焊资格，也就取得了角焊资格。试件或对接焊试件的厚度应至少为10mm，若厚度较小，则应使用PB位置的单层完成焊接。对于此附加考试，根据给定的与角焊资格范围相关的对接焊资格可变因素，焊工应通过所有角焊缝资格评定。通过此次考试，可获得角焊位置PA和PB的焊接资格。

**4. 填充材料分组**

应使用表7-2中所列其中一个填充材料分组进行资格考试。当使用表中填充材料分组以外的填充材料进行焊接时，要求进行单独的考试。

资格考试中使用的母材应取自ISO/TR 15608：2017标准材料分组1～11中的任意适用材料。

**表7-2 填充材料分组**

| 分组 | 焊接填充材料 | 适用标准实例 |
|---|---|---|
| FM1 | 非合金钢和细晶粒钢 | ISO 2560：2020、ISO 14341：2020、ISO 636：2017、ISO 14171：2016、ISO 17632：2015 |
| FM2 | 高强度结构钢 | ISO 18275：2018、ISO 16834：2012、ISO 26304：2017、ISO 18276：2017 |
| FM3 | 耐蠕变钢 $w_{Cr}<3.75\%$ | ISO 3580：2017、ISO 21952：2012、ISO 24598：2019、ISO 17634：2015 |
| FM4 | 耐蠕变钢 $3.75\%\leqslant w_{Cr}\leqslant 12\%$ | ISO 3580：2017、ISO 21952：2012、ISO 24598：2019、ISO 17634：2015 |
| FM5 | 不锈钢和耐热钢 | ISO 3581：2016、ISO 14343：2017、ISO 17633：2017 |
| FM6 | 镍和镍合金 | ISO 14172：2015、ISO 18274：2010 |

取得一组填充材料焊接资格的焊工，也取得了表7-3中相同组的所有其他填充材料和其他组中填充材料，以及ISO/TR 15608：2017标准材料分组1～11中母材的焊接资格。

**表7-3 焊接材料资格范围**

| 填充材料 | 资格范围 | | | | | |
|---|---|---|---|---|---|---|
| | FM1 | FM2 | FM3 | FM4 | FM5 | FM6 |
| FM1 | X | X | — | — | — | — |
| FM2 | X | X | — | — | — | — |
| FM3 | X | X | X | — | — | — |
| FM4 | X | X | X | X | — | — |
| FM5 | — | — | — | — | X | — |
| FM6 | — | — | — | — | X | X |

注：X表示焊工获得资格的焊接材料。

—表示焊工未获得资格的焊接材料。

**5. 填充材料类型**

使用填充材料的焊接资格适用于不使用填充材料的焊接资格，反之则不然。注意：对于工艺142和311（不使用填充材料），考试中使用的母材分组是焊工获得焊接资格的材料分组。

填充材料类型的资格范围见表7-4、表7-5。

表7-4 药皮焊条的资格范围

| 焊接工艺 | 考试中使用的药皮类型① | 资格范围 | | |
|---|---|---|---|---|
| | | A、RA、RB、RC、RR、R<br>03、13、14、19、20、24、27 | B<br>15、16、18、28、45、48 | C<br>10、11 |
| 111 | A、RA、RB、RC、RR、R<br>03、13、14、19、20、24、27 | X | — | — |
| | B<br>15、16、18、28、45、48 | X | X | — |
| | C<br>10、11 | — | — | X |

注：X表示焊工获得资格的焊接材料类型。
—表示焊工未获得资格的焊接材料类型。
① 在焊工无衬垫（ss nb）根部焊道焊接资格考试中，使用的药皮类型为获得无衬垫生产中根部焊道焊接资格的药皮类型。

表7-5 填充材料类型的资格范围①

| 试件中使用的填充材料类型 | 资格范围 | | | |
|---|---|---|---|---|
| | S | M | B | R、P、V、W、Y、Z |
| 实芯焊丝、焊条（S） | X | X | — | — |
| 金属药皮焊条、焊条（M） | X | X | — | — |
| 药芯焊丝、焊条（B） | — | — | X | X |
| 药芯焊丝、焊条（R，P，V，W，Y，Z） | — | — | — | X |

注：X表示焊工获得资格的焊接材料类型。
—表示焊工未获得资格的焊接材料类型。
① 在焊工无衬垫（ss nb）根部焊道焊接资格考试中，使用的药芯焊丝类型为获得无衬垫生产中根部焊道焊接资格的药芯焊丝类型。

**6. 尺寸**

对接焊缝的焊工考试以熔敷厚度和外管径为基础。表7-6和表7-7规定了资格范围。虽然熔敷厚度或外管径不一定非得准确测量才行，但表7-6和表7-7所给出的数值基本原则应遵循。在角焊资格范围，材料厚度按表7-8规定。对于具备不同外管径和熔敷厚度的试件，考试应针对：①一经认可，最薄和最厚的熔敷和/或母材厚度。②一经认可的最小和最大直径。

表7-6 对接焊中熔敷金属厚度的资格范围 (mm)

| 试件熔敷厚度 $s$/mm | 资格范围①,② |
|---|---|
| $s<3$ | $s\sim3$③<br>或<br>$s\sim2s$③<br>以较高者为准 |

（续）

| 试件熔敷厚度 $s$/mm | 资格范围①,② |
|---|---|
| $3 \leqslant s < 12$ | $3 \sim 2s$④ |
| $s \geqslant 12$⑤,⑥ | $\geqslant 3$⑥ |

① 对于单工艺和相同类型的焊接材料，$s$ 等于母材厚度 $t$。
② 对于支管接头，熔敷厚度的资格范围如下：
例如：对于安放式支管，支管的熔敷厚度如图 7-1a 所示。
例如：对于贯穿式和插入式支管，主管或壳体的熔敷厚度如图 7-1b 和图 7-1c 所示。
③ 对氧乙炔气焊（311）：$s \sim 1.5s$。
④ 对氧乙炔气焊（311）：$3 \sim 1.5s$。
⑤ 必须至少完成 3 层试件焊接。
⑥ 对于多工艺，$s$ 为每个工艺的熔敷厚度。

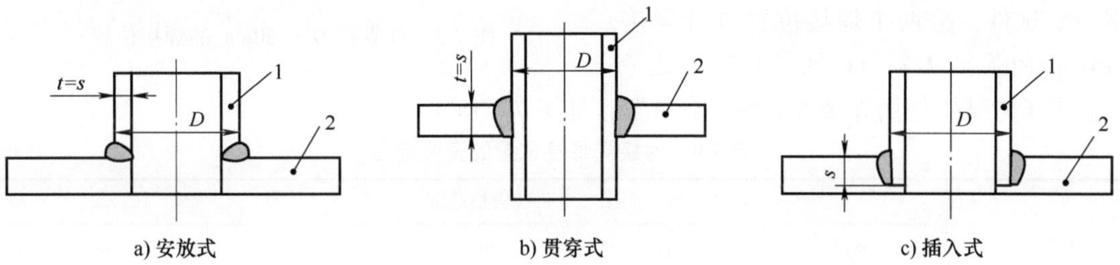


图 7-1　支管类型
1—支管　2—主管或壳体
注：$D$ 为外管径；$s$ 为对接焊缝的熔敷厚度或熔敷金属厚度；$t$ 为试件材料厚度（板或壁厚）。

**表 7-7　外管径的资格范围**　（mm）

| 试件外管径① $D$ | 资格范围 |
|---|---|
| $D \leqslant 25$ | $D \sim 2D$ |
| $D > 25$ | $\geqslant 0.5D$（最小 25） |

注：$D$ 为较小侧的尺寸。
① 对于非圆截面空心管。

**表 7-8　角焊缝材料厚度的资格范围**　（mm）

| 试件材料厚度 $t$ | 资格范围 |
|---|---|
| $t < 3$ | $t \sim 2t$ 或 3，以较高者为准 |
| $t \geqslant 3$ | $\geqslant 3$ |

当进行支管焊接时，表 7-6 的熔敷厚度准则适用，表 7-7 的外管径准则也适用，例如，安放式：支管的熔敷厚度和外管径如图 7-1a 所示；插入式或贯穿式：主管或壳体的熔敷厚度和支管的外管径如图 7-1b 和图 7-1c 所示。

**7. 焊接位置**

表 7-9 和表 7-10 给出了各焊接位置的资格范围。焊接位置与符号见 ISO 6947：2019 标准。根据 ISO 6947：2019 标准的规定，试件应按焊接位置的标称角度进行焊接。

1）当焊接两个外管径相同的管材时，一个焊接位置为 PH，另一个为 PC，焊工如获得此资格，也就获得了管道焊接位置为 H-L045 的上行焊接法焊接资格范围。

2）当焊接两个外管径相同的管材时，一个焊接位置为 PJ，另一个为 PC，焊工如获得此资格，也就获得了管道焊接位置为 J-L045 的下行焊接法焊接资格范围。

3）当外管径 $D \geqslant 150$mm 时，可仅使用一个试件，分两个焊接位置进行焊接（PH 或 PJ 圆周 2/3，PC 圆周 1/3）。此考试涵盖了考试中使用焊接方向的所有位置，如图 7-2 所示。

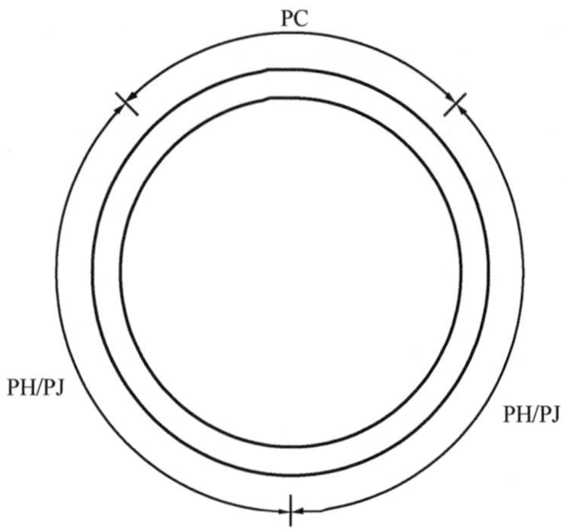


图 7-2　外管径 $D \geqslant 150$mm 的焊接位置

**表 7-9　对接焊焊接位置的资格范围**

| 考试位置 | 资格范围 | | | | |
|---|---|---|---|---|---|
| | PA<br>平焊 | PC<br>横焊 | PE<br>仰焊 | PF<br>向上立焊 | PG<br>向下立焊 |
| PA | X | — | — | — | — |
| PC | X | X | — | — | — |
| PE（板） | X | X | X | — | — |
| PF（板） | X | — | — | X | — |
| PH（板） | X | — | X | X | — |
| PG（板） | — | — | — | — | X |
| PJ（管） | X | — | X | — | X |
| H-L045 | X | X | X | X | — |
| J-L045 | X | X | X | — | X |

注：X 表示焊工获得资格的焊接位置。
　　—表示焊工未获得资格的焊接位置。

**表 7-10　角焊缝焊接位置的资格范围**

| 考试位置 | 资格范围 | | | | | | |
|---|---|---|---|---|---|---|---|
| | PA<br>平焊 | PB<br>平角焊 | PC<br>横焊 | PD<br>仰角焊 | PE<br>仰焊 | PF<br>向上立焊 | PG<br>向下立焊 |
| PA | X | — | — | — | — | — | — |
| PB | X | X | — | — | — | — | — |
| PC | X | X | X | — | — | — | — |
| PD | X | X | X | X | X | — | — |
| PE（板） | X | X | X | X | X | — | — |

（续）

| 考试位置 | 资格范围 | | | | | | |
|---|---|---|---|---|---|---|---|
| | PA 平焊 | PB 平角焊 | PC 横焊 | PD 仰角焊 | PE 仰焊 | PF 向上立焊 | PG 向下立焊 |
| PF（板） | X | X | — | — | — | X | — |
| PH（管） | X | X | X | X | X | X | — |
| PG（板） | — | — | — | — | — | — | X |
| PJ（管） | X | X | — | X | X | — | X |

注：X 表示焊工获得资格的焊接位置。
　　—表示焊工未获得资格的焊接位置。

**8. 焊缝因素**

表 7-11 和表 7-12 根据焊缝因素给出了资格范围。使用工艺 311 进行焊接时，左焊法改成右焊法或反之均要求重新考试。

**表 7-11　衬垫和自耗嵌块的资格范围**

| 考 试 条 件 | 无衬垫（ss nb） | 材料衬垫（ss mb） | 双面焊接（bs） | 气体衬垫（ss gb） | 自耗嵌块（ci） | 焊剂垫（ss fb） |
|---|---|---|---|---|---|---|
| 无衬垫（ss nb） | X | X | X | X | — | X |
| 材料衬垫（ss mb） | — | X | X | — | — | — |
| 双面焊接（bs） | — | X | X | — | — | — |
| 气体衬垫（ss gb） | — | X | X | X | — | — |
| 自耗嵌块（ci） | — | X | X | — | X | — |
| 焊剂垫（ss fb） | — | X | X | — | — | X |

注：X 表示焊工获得资格的条件。
　　—表示焊工未获得资格的条件。

**表 7-12　角焊分层法的资格范围**

| 试　　件 | 资格范围② | |
|---|---|---|
| | 单层（sl） | 多层（ml） |
| 单层（sl） | X | — |
| 多层（ml）① | X | X |

注：X 表示焊工获得资格的分层法。
　　—表示焊工未获得资格的分层法。
① 试件焊接过程中，考官应根据下文第 7.1.5 条的规定执行外观检测。
② 焊工获得多层对接焊接资格，并且参加了前面所述附加对接焊接考试，则获得了多层和单层填脚焊接资格。

## 7.1.4　考核及检测

**1. 考核**

1）试件的焊接应有考官或考试机构见证，并应由考官或考试机构对考试进行验证。

2）应在试件上标记考官和焊工的标识；另外，所有试件的焊接位置要标在该试件上，如果是固定管道焊缝，12 点钟焊接位置也要标出来。

3）如果焊接条件不正确，或者发现焊工技能不能满足要求，例如：修理过多或返工过多，考官或考试机构可中止本次考试。

**2. 试件**

1）试件的形状和尺寸要求如图 7-3 ~ 图 7-6 所示。

2）板材要求最小试件长度为 200mm；考试长度为 150mm。如果管的圆周长小于 150mm，则应另加试件，试件最多为 3 个。

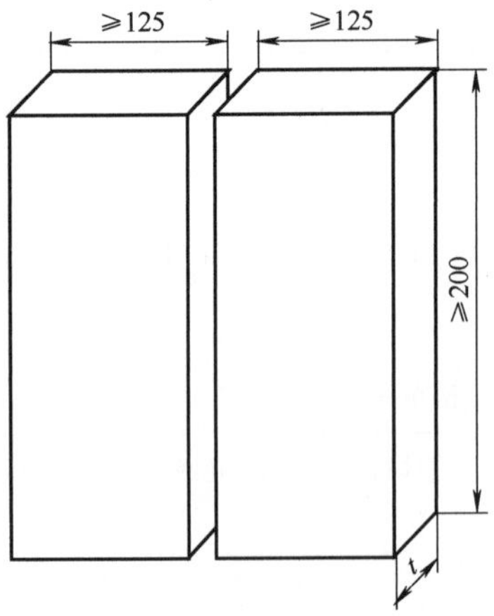


图 7-3　板对接焊试件尺寸

注：$t$ 为试件的材料厚度。

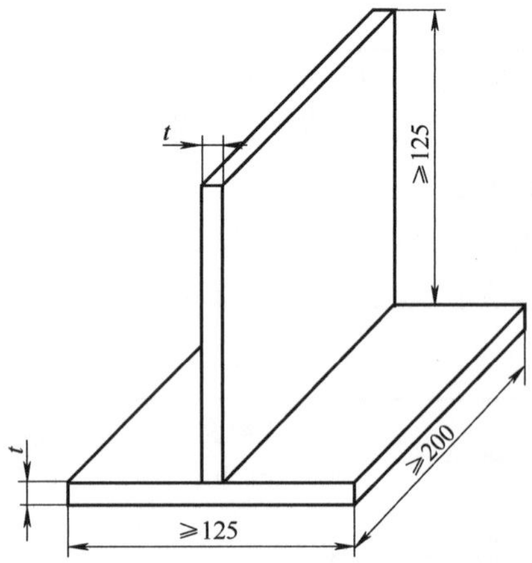


图 7-4　板角焊试件尺寸

注：$t$ 为试件的材料厚度，母材可具备不同的厚度。

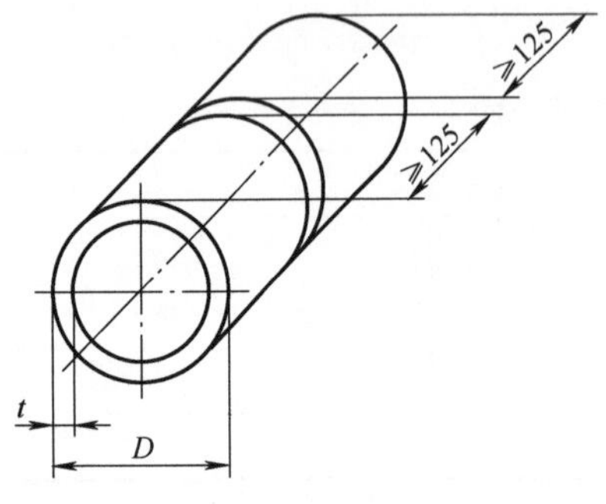


图 7-5　管对接焊试件尺寸

注：$D$ 为外管径，$t$ 为试件的材料厚度（壁厚）。

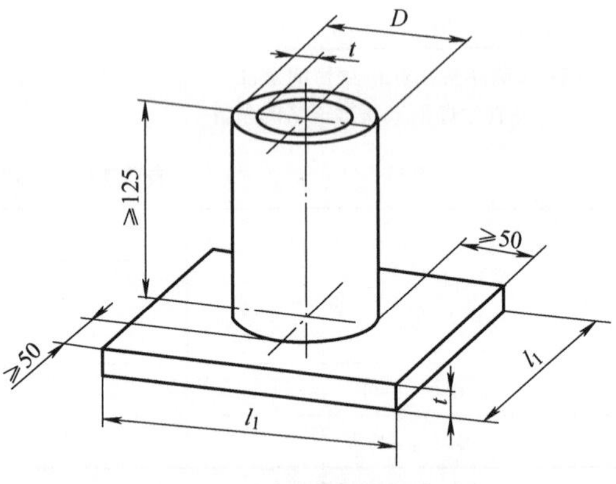


图 7-6　管角焊试件尺寸

注：$D$ 为外管径，$l_1$ 为试件长度，$t$ 为试件的材料厚度（板或壁厚），管和板的母材可具备不同的厚度。

**3. 焊接条件**

按照 ISO 15609-1：2019 或 ISO 15609-2：2019 标准的要求，焊工的资格考试应符合所制备的 pWPS 或 WPS。角焊试件要求焊脚厚度应符合考试中所使用的 pWPS 或 WPS 规定。

1）试件在根部焊道和盖面焊道上至少有一次停弧和再起弧。所使用的工艺超过一个时，每个工艺均应至少执行一次停弧和再起弧，其中包括根部焊道和最后焊道；并且应对停弧和再起弧区域进行标记。

2）除盖面焊道（仅可打磨停弧和再起弧）之外，允许焊工在征得考官或考试机构同意的条件下，通过打磨去除轻微的缺陷。

3）制造商可自主决定省去 pWPS 或 WPS 中所要求的焊后热处理。

**4. 检测方法**

焊接完成后，应依据表 7-13 对试件进行检测。表 7-13 要求的附加检测应在外观检测合格后进行。资格考试中采用材料衬垫时，应在有损检测之前将其去除（宏观检测除外），执行无损检测（NDT）之前，无需将其去除。为了清晰地显示焊缝，宏观试样应在一侧制备并腐蚀，一般不要求抛光。

**表 7-13 检测方法**

| 检测方法 | 对接焊（板或管） | 角焊和支管接头 |
|---|---|---|
| 外观检测按 ISO 17637：2016 | 强制性 | 强制性 |
| 射线检测试验按 ISO 17636：2013 | 强制性①,②,③ | 非强制 |
| 弯曲试验按 ISO 5173：2009 | 强制性①,②,④ | 不适用 |
| 断裂试验按 ISO 9017：2019 | 强制性①,②,④ | 强制性⑤,⑥ |

① 应使用射线检测试验或弯曲或断裂试验。

② 如使用射线检测试验，另外的弯曲或断裂试验对焊接工艺 131、135、138 以及 311 而言是强制性的。

③ 根据 ISO 17640：2018，仅对于厚度为 8mm 的铁素体不锈钢，可用超声波检测试验代替射线检测试验。在这种情况下，无需进行脚注中提及的附加考试。

④ 如果外管径 $D \leqslant 25$mm，那么弯曲或断裂试验可以用完整试件的切口拉伸试验来替代。

⑤ 根据 ISO 17639：2003，断裂试验可用宏观检测替代，但至少应有两个截面，其中一个截面应取自停弧/起弧位置。

⑥ 管材断裂试验可由射线检测试验替代。

**5. 试件和试样**

前述中规定了试件和试样的制备、类型和尺寸等详细情况，以及指出了有损检测要求。对于根部、面或侧弯曲或断裂试验，应选择起弧或停弧区域内符合检测长度的试样。对于 PH、PJ、H-L045 和 J-L045 位置的管材对接焊，应取 PE 和 PF/PG 位置的试样，如图 7-7 所示。

（1）板和管对接焊

1）当采用射线检测试验时，应对试件中焊件（见图 7-7 和图 7-8）的检测长度进行射线检测。

当采用断裂试验时，应在试样上受拉边焊缝的中央位置开纵向切口，使之在焊缝中产生断裂。允许按照 ISO 9017：2017 进行切口加工。

所有试样的试验方式均应产生断裂，并实现断裂后试样检测。

2）仅断裂试验。对于板对接焊，应根据表 7-14 中给出的尺寸，将试验检测长度（见图 7-8）分为 4 个宽度相等的试样。

对于管对接焊，应根据表 7-14 中给出的尺寸，将试验检测长度（见图 7-7）分为 4 个宽度相等的试样。

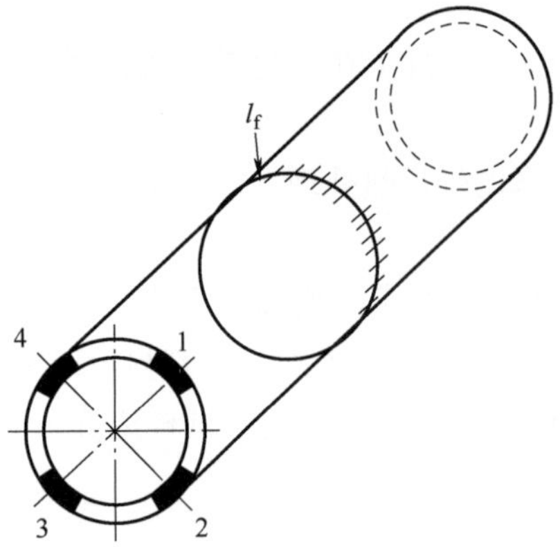


图 7-7　管对接焊断裂或弯曲试样检测长度和位置

注：$l_f$为检测长度，1 为一个根部断裂或一个根部横向弯曲或一个侧弯曲试样，2 为一个面断裂或一个面横向弯曲或一个侧弯曲试样，3 为一个根部断裂或一个根部横向弯曲或一个侧弯曲试样，4 为一个面断裂或一个面横向弯曲或一个侧弯曲试样。

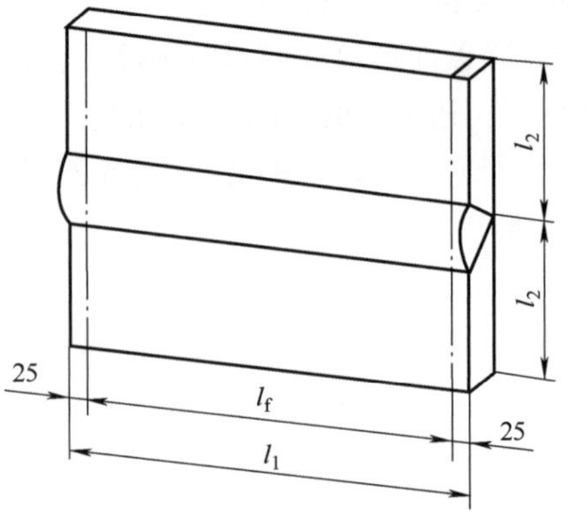


图 7-8　板对接焊断裂试样检测长度

注：$l_1$ 为试件长度，$l_2$ 为试件半宽，$l_f$ 为检测长度。

**表 7-14　断裂试样宽度**　（mm）

| 产品类型 | | 断裂试样宽度 |
|---|---|---|
| 板（P） | 管（T）[①]外径 $D$ | |
| X | >100 | ≥35 |
| — | $50 \leqslant D < 100$ | ≥20 |
| — | $25 < D < 50$ | ≥10 |

① 对于外径 $D \leqslant 25$mm 的管材，建议依据图 7-9 中的切口拉伸试样。

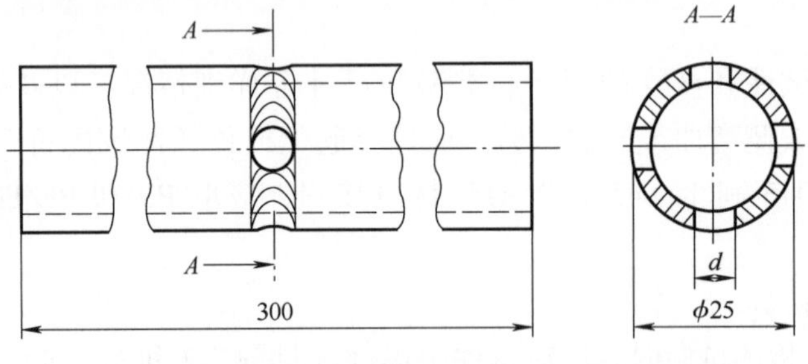


图 7-9　管外径≤25mm 试件的切口拉伸试验实例

注：$d$ 为成形辊或内辊直径，起弧和停弧区域不允许有气孔。当 $t \geqslant 1.8$mm 时，$d = 4.5$mm，当 $t < 1.8$mm 时，$d = 3.5$mm，依据 ISO 9017：2017 标准，轴向允许存在切口剖面 $s$ 和 $q$。

3）仅弯曲试验。应依据 ISO 5173：2009 执行弯曲试验。仅执行弯曲试验时，适用以下条件。

当厚度 $t < 12$mm 时，应至少使用 2 个面弯和 2 个背弯试样，并应检测完成检测长度。

当厚度 $t \geqslant 12$mm 时，应使用沿检测长度间隔大约相等的 4 个侧弯试样。

依据图 7-7 所示，对于管对接焊，4 个试样的间隔应相等。

在所有情况中，至少应有一个试样取自停弧/起弧位置。出于此目的，侧弯试样可由根部弯曲试样替代。

采用横向弯曲试验或侧弯试验时，成形辊或内辊的直径应为$4t$，母材的弯曲角度应为180°，伸长率$A \geqslant 20\%$。对于伸长率$A < 20\%$的母材，适用以下等式式，即

$$d = \frac{100t_s}{A} - t_s$$

式中 $d$——成形辊或内辊的直径（mm）；

$t_s$——弯曲试样的厚度（mm）；

$A$——材料标准要求的最小伸长率（%）。

4）附加弯曲或断裂试验。要求进行附加弯曲或断裂试验（见表7-13表注②）时，在所有情况中，至少应有一个试样取自停弧/起弧位置。出于此目的，侧弯试样可由根部弯曲试样替代。

对于所有板对接焊，应进行1个面弯和1个背弯试验。适用情况下，可进行2个侧弯试验。

对于PA或PC位置的管对接焊，应进行1个面弯和1个背弯试验。适用情况下，可进行2个侧弯试验。

对于所有其他焊接位置的管对接焊，1个背弯试样应取自PE（上方）焊接位置，1个面弯试样应取自PF（垂直向上）位置或PG（垂直向下）位置。在适用情况下，可进行2个侧弯试验。

（2）板和管角焊　对于板角接焊，应将试件检测长度（见图7-10）分割为1个完整试样。如有必要，可将试件分割成若干个宽度相等的试样。

对于管角焊，应将试件切成4块或4块以上试样并破断。

板和管角焊断裂试验可用宏观试验替代。采用宏观试验时，应至少取2个试样，且至少应有1个宏观试样取自停弧/起弧位置。

应依据ISO 9017：2017定位角焊试样的断裂位置。

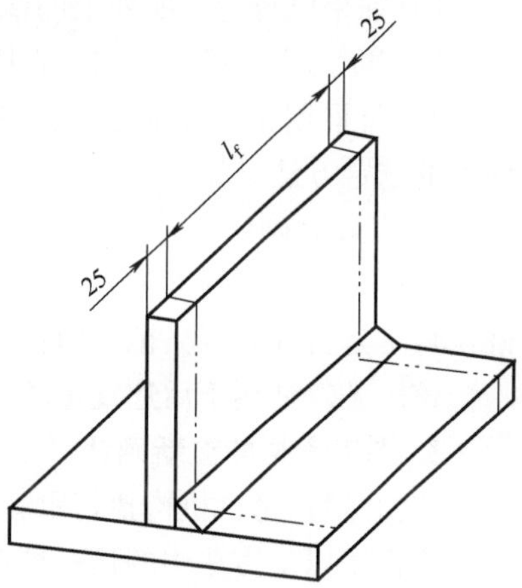


图7-10　板角焊断裂试验检测长度

注：$l_f$为检测长度。

**6. 试验报告**

应依据相关试验标准记录所有试验结果。

## 7.1.5　试件验收要求

试件应按有关类型缺陷的验收要求进行评价。试验前应进行以下检查。

1）所有焊渣及飞溅已去除。

2）焊缝的根部和表面未进行研磨。

3）根部焊道和盖面焊道的停弧和再起弧位置均已标记。

4）剖面和尺寸合格。

除非另有规定，按照ISO 9606标准中所规定的方法发现的缺陷，在验收时应按照ISO

5817：2014 进行评价。如果缺陷在 ISO 5817：2014 的质量水平 B 之内，则焊工合格。以下缺陷类型除外：补强焊料（502）、焊缝过凸（503）、焊脚过厚（5214）、严重贯穿（504）及咬边（501），以上这些缺陷可以放宽到水平 C。

弯曲试样不能发现各方向上大于 3mm 的任何不连续裂纹。试样边缘上出现的裂纹在试验中可以忽略，除非裂缝是由未焊透、焊渣或其他缺陷所引起的。弯曲试样上超过 1mm、但小于 3mm 的最大缺陷总和不得超过 10mm。

若焊工试件上的缺陷超出了规定的最大允许限度，则焊工考试不合格。

同时，应参照相应的无损检测验收准则。所有有损和无损检测均应使用标准规定的程序。

### 7.1.6 复考

若任何试验没有达到 ISO 9606 要求，则应给焊工（无进一步培训）再次参加资格考试的机会。

### 7.1.7 有效期

**1. 初始资格**

1）如果已进行了所要求的试验且试验结果合格，则焊工资格从试件焊接合格之日起有效。证书需每半年确认一次，否则证书将无效。

2）可根据相关规定延长证书的有效期，但应在颁布证书时说明依据哪些规定延长资格证书的选定方法。

**2. 有效期确认**

应由负责焊接活动的人或考官/考试机构每半年对焊工的工艺资格进行确认。其目的是确认焊工是否在其资格范围内执行作业，如果是，则将资格有效期延长 6 个月。

该子条款适用于后述规定的所有重新确认选项。

**3. 焊工资格的重新确认**

应由考官/考试机构执行重新确认。

应使用以下方法中的任一种对焊工技能进行定期验证。

1）焊工应每隔 3 年复考一次。

2）每隔 2 年，应通过射线检测试验或超声波检测试验或有损检测，对过去 6 个月有效期内所进行的 2 个焊件进行试验，并进行记录。应依据标准 7.1.5 中规定的缺陷验收水平。焊接试验应重现除厚度和外径之外的原始试验条件。这些试验用于重新确认焊工另外 2 年的资格。

3）根据前述，假设满足以下所有条件，则焊工资格证书的有效期应与确认的期限相同：①焊工为其获得资格的相同制造商（负责产品制造）工作。②制造商的质量程序已依据 ISO 3834-2：2021 或 ISO 3834-3：2021 经过验证。③制造商已经证明焊工依据应用标准生产出质量可接受的焊件。焊接检测应确认以下条件：焊接位置、焊缝类型（FW、BW）、材料衬垫（mb）或无材料衬垫（nb）。

**4. 资格取消**

存在特定原因质疑焊工制作焊件的能力不符合产品标准质量要求时，应取消支持焊工进行焊接的资格。所有其他未遭到质疑的资格仍有效。

### 7.1.8　焊工资格考试证书

应验证焊工是否已顺利通过了资格考试。证书上应记录所有主要可变因素。如果试件未能通过所要求的任何试验，则不予以颁发证书。

对所颁发的证书，考官和考试机构负全部责任。建议用标准中附录A作为焊工资格考试证书式样。如焊工资格考试证书采用其他式样，证书应包含附录A中所要求的内容。考官或考试机构负责验证证书上是否包含所有主要可变因素。

应在证书上记录以下非主要可变因素：①当前类型和极性。②母材分组/子分组。③保护气体。

通常，一个试件应单独颁发一个焊工资格考试证书。

如果焊接的试件为一个以上，可单独颁发一本焊工资格考试证书，将各个试件的资格范围进行合并；另外应在合并证书上记录所有考试的主要可变因素。前述“尺寸”这部分内容给出的情况除外，只可以变更以下主要可变因素中的一个：焊缝类型、焊接位置、熔敷厚度。

不允许变更其他主要可变因素。

建议所颁发的焊工资格考试证书至少应使用英语、法语或德语中的一种。

专业知识考试（见标准中附录B）应标明“合格”或“未试验”。

根据前述内容，应将与对接焊资格相关的附加角焊试验记录在证书中。

### 7.1.9　名称

焊工资格审定的名称应按顺序包括以下事项（这样安排的目的是便于计算机化）。

1）ISO 9606本部分的编号（ISO 9606-1：2017）。

2）主要可变因素有以下几个方面。

焊接工艺：参见前述7.1.2第1条、7.1.3第2条和ISO 4063：2009。

产品类型：板（P）、管（T），参见前述7.1.2第2条和7.1.3第2条。

焊缝类型：对接焊缝（BW）、角焊缝（FW），参见前述7.1.3第3条。

焊接材料分组或母材分组（自熔焊接）：参见前述7.1.3第4条。

焊接材料类型：参见前述7.1.3第5条。

试件尺寸：熔敷厚度 $s$ 或材料厚度 $t$，及外管径 $D$，参见前述7.1.3第6条。

焊接位置：参见前述7.1.3第7条和ISO 6947：2019。

焊接因素：参见前述7.1.3第8条。

虽然名称中不应包括保护和背面保护气体的类型，但在焊工资格考试证书中应包括此项内容。

## 7.2　铝的熔化焊焊工考试标准解析

《焊工资格考试——熔焊　第2部分：铝》标准是由EN 287-2：1997焊工考试标准转化而成的，在EN ISO 9606-2：2004标准中，仍以母材作为资质证书覆盖范围的依据之一。另外，由于该版本较早，因此其中引用的部分标准现已被更新的标准替代。

### 7.2.1 范围

EN ISO 9606-2：2004 标准规定了焊工进行铝和铝合金熔化焊所应具备的资格要求。

该标准提供了一套技术规则，可用于焊工进行系统的资格认定，适用于所有的产品类型、场所、考官以及考试机构。

对焊工进行资格认定时，重点应放在焊工手工操作焊枪的能力以及焊出质量合格的焊缝的能力上。

该标准所指的焊接工艺包括手工或部分机械化焊接所使用的熔化焊工艺。对全机械化和自动化焊接工艺不进行资格认定。

### 7.2.2 参考编号、符号和缩略语

焊工资格考试时应使用下列符号和缩略语以及焊接工艺参考编号。

**1. 焊接工艺参考编号**

131 熔化极惰性气体保护焊（MIG）

141 实芯焊接材料（丝/条）钨极惰性气体保护焊（TIG）

15 等离子弧焊

**2. 符号和缩略语**

（1）用于试件

a：设计焊脚厚度

BW：对接焊缝

D：外管径

FW：角焊

$l_1$：试件长度

$l_2$：试件宽度

$l_f$：试验长度

P：板材

s：对接焊缝熔敷厚度或熔敷金属厚度

t：试件材料厚度（板或壁厚）

T：管材

z：角焊焊脚长度

（2）用于填充材料

nm：无填充金属

S：实芯焊丝

（3）用于其他焊缝细节

bs：双面焊

mb：材料衬垫

ml：多层焊

nb：无材料衬垫焊接

sl：单层焊

ss：单面焊

## 7.2.3　主要可变因素和资格评定范围

焊工资格评定基于基本变量。对于每个基本变量，定义了一个限定范围。除 7.2.3 第 6 条和第 7 条外，应使用基本变量单独焊接所有试样。如果焊工必须在评定范围之外进行焊接，则需要进行新的评定试验。基本变量包括：焊接工艺、产品类型（板和管）、焊缝类型（对接焊和角焊缝）、材料级别、焊接耗材、尺寸（材料厚度和外管径）、焊接部位、焊缝具体情况（垫板、单面焊接、两面焊接、单层、多层）。

**1. 焊接工艺**

焊接工艺按 ISO 857-1：1998 和前述 7.2.2 第 1 条中给出的定义。

一次考试通常只对一种焊接工艺进行资格评定。如焊接工艺变动，要求重新进行一次资格考试。然而，允许一个焊工通过焊接单个试件（多工序接头）或通过 2 次或 2 次以上单独的资格考试而获得 2 个或 2 个以上焊接工艺资格。表 7-15 给出了对接焊中单工序和多工序接头的板厚范围。

焊接工艺 141，电流从直流变为交流或从交流变为直流时，要求进行一次新的资格考试。

**表 7-15　对接焊中单工序和多工序接头的板厚范围**

<table>
<tr><th rowspan="2">用于试件的焊接工艺</th><th colspan="2">厚度范围</th></tr>
<tr><th>单工艺接头</th><th>多工艺接头</th></tr>
<tr><td>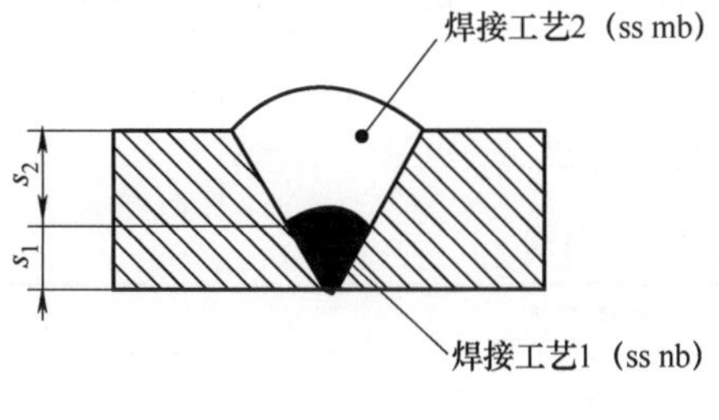</td><td>根据表 7-17<br>焊接工艺 1：$t=s_1$<br>焊接工艺 2：$t=s_2$</td><td>根据表 7-17<br>$t=s_1+s_2$</td></tr>
<tr><td>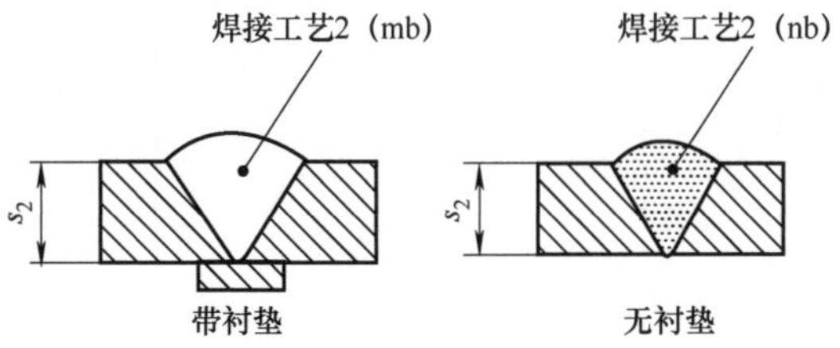</td><td rowspan="2">根据表 7-17<br>焊接工艺 1：$t=s_1$<br>焊接工艺 2：$t=s_2$</td><td rowspan="2">根据表 7-17<br>$t=s_1+s_2$<br>焊接工艺 1<br>仅用于根部焊接</td></tr>
<tr><td>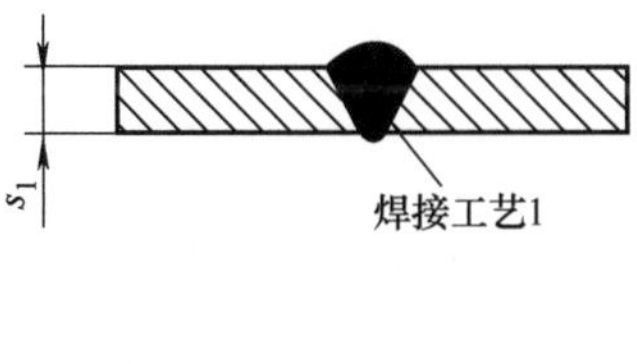</td></tr>
</table>

**2. 产品类型**

资格考试应在板或管材上进行。以下准则适用该标准。

1）取得外管径 $D>25$mm 的管材焊缝资格，也就取得了板材焊缝资格。

2）取得板材焊缝资格，也就取得了以下管材焊缝资格：外管径 $D\geqslant150$mm 时，焊接位置为 PA、PB 和 PC。外管径 $D\geqslant500$mm 时，所有其他焊接位置

**3. 焊缝类型**

资格考试应进行对接焊或角焊，适用以下准则。

1）取得对接焊资格，也就取得了除支管焊接之外的任何类型接缝的资格。

2）在大部分工作为角焊的情况下，应进行适当的角焊考试对焊工进行资格评定。在大多数工作为对接焊的情况下，无需再进行角焊资格评定。

3）取得无垫板管材对接焊资格，也就取得了角度≥60°的支管焊接资格，资格范围同表 7-16 ~ 表 7-21。对支管焊缝而言，资格范围应根据支管的外管径而定。

4）如果无法采用对接焊或角焊缝类型对焊工进行资格评定，应使用特殊试件对焊工进行资格评定，如支管连接、铸件精饰焊接及预热等。

**4. 材料分组**

（1）铝和铝合金母材　为了减少资格考试次数，铝和具有类似焊接性能的铝合金按 CR ISO 15608：2000 进行分组。

（2）资格范围　焊工获得一组中任何一种母材的焊接资格，也就取得了同一组中所有其他母材的焊接资格，以及表 7-16 中其他组的焊接资格。

如焊接的母材不在分组范围之内，应另外进行考试。

试件如为 21 ~23 组的材料和 24 或 25 组材料的组合，焊工获得该试件资格，也就获得了 21 ~23 组材料和 24 或 25 组材料任意组合后所形成的异种材料接头焊接资格。但与 26 组材料所形成的异种材料接头，要求进行专门的资格考试。

**表 7-16　母材资格范围**

| 试件材料分组① | 资格范围 | | | | | |
|---|---|---|---|---|---|---|
| | 21 | 22 | 23 | 24 | 25 | 26 |
| 21 | X | X | — | — | — | — |
| 22 | X | X | — | — | — | — |
| 23 | X | X | X② | — | — | — |
| 24 | — | — | — | X | X | — |
| 25 | — | — | — | X | X | — |
| 26 | — | — | — | X | X | X |

注：X 表明焊工获得资格的材料组。

　　—表明焊工未获得资格的材料组。

① 材料分组按 CR ISO 15608：2000。

② 参见 7. 2. 3 第 5 条内容。

**5. 焊接耗材**

1）获得填丝焊资格，如焊接工艺 141 和 15，也就获得了无填丝焊资格，反之不然。

2）获得 AlMg 合金类的填丝焊资格，也就获得了使用 AlSi 合金类的资格，反之不然。

3）对焊接工艺131，如惰性保护气体氦含量的增幅超过50%，则要求重新进行一次资格考试。

**6. 尺寸**

对接焊焊工资格考试依据材料厚度和外管径进行。表7-17和表7-18规定了资格范围（**注：**材料厚度或外管径不一定非得准确测量，但表7-17和表7-18所给出数值的基本原则应遵循）。

角焊试件材料厚度的资格范围按表7-19规定。

对支管焊接而言，适用表7-17的材料厚度及适用表7-18的外管径的准则如下。

1）对于组合式支管连接，则取支管的材料厚度与外管径。

2）对于置入式或贯穿式支管连接，则取主管或壳体的材料厚度和支管的外管径。

如果试件的外管径和材料厚度不同，则焊工可取得以下焊接资格。

1）根据表7-17，获得最薄和最厚材料厚度资格。

2）根据表7-18，获得最小和最大外管径资格。

**表7-17 对接焊中试件的焊接金属厚度（多工艺）和材料厚度资格范围** （mm）

| 试件的材料厚度 $t$ | 资格范围 |
|---|---|
| ≤6 | $0.5t \sim 2t$ |
| $t>6$ | ≥6 |

**表7-18 外管径资格范围** （mm）

| 试件外管径①$D$ | 资格范围 |
|---|---|
| $D \leq 25$ | $D \sim 2D$ |
| $D>25$ | $\geq 0.5D$（最小25） |

① 对结构空心型材来说，$D$为小边的尺寸。

**表7-19 角焊试件材料厚度的资格范围①** （mm）

| 试件的材料厚度 $t$ | 资格范围 |
|---|---|
| $t<3$ | $t \sim 3$ |
| $t \geq 3$ | ≥3 |

① 参见表7-22。

**7. 焊接位置**

表7-20给出了各焊接部位的资格范围。焊接部位与符号见EN ISO 6947。根据EN ISO 6947的规定，试件应按焊接部位的标称角度进行焊接。

在资格考试中，取得板材上焊接部位的资格，也就取得了旋转管材上同样部位的焊接资格。取得管材上焊接部位H-L045资格，也就取得了所有管子角度焊接资格。

当焊接两个外管径相同的管材时，一个焊接部位为PF，另一个为PC，焊工如获得此资格，也就获得了管道焊接部位为H-L045的焊接资格范围。

如外管径$D>150$mm时，则可将试件固定，分两个焊接部位进行焊接（PF圆周2/3，PC圆周1/3）。

**表 7-20　焊接部位资格范围**

| 试件焊接位置 | 资格范围① | | | | | | | | | |
|---|---|---|---|---|---|---|---|---|---|---|
| | PA | PB② | PC | PD② | PE | PF（板） | PF（管） | PG（板） | PG（管） | H-L045 |
| PA | X | X | — | — | — | — | — | — | — | — |
| PB② | X | X | — | — | — | — | — | — | — | — |
| PC | X | X | X | — | — | — | — | — | — | — |
| PD② | X | X | X | X | X | X | — | — | — | — |
| PE | X | X | X | X | X | X | — | — | — | — |
| PF（板） | X | X | — | — | — | X | — | — | — | — |
| PF（管） | X | X | — | X | X | X | X | — | — | — |
| PG（板） | — | — | — | — | — | — | — | X | — | — |
| PG（管） | X | X | — | X | X | — | — | X | X | — |
| H-L045 | X | X | X | X | X | X | X | — | — | X |

注：X 表明焊工在这些焊接部位合格。
　　—表明焊工在这些焊接部位不合格。
① 还应满足 7.2.3 第 2 条和 7.2.3 第 3 条的要求。
② 焊接部位 PB 和 PD 仅用于角焊缝，在焊接部位只能考核角焊缝。

### 8. 焊缝细节

表 7-21 和表 7-22 根据焊缝具体情况，给出了资格范围。

**表 7-21　对接焊中不同焊缝的资格范围**

| 试件的焊缝细节 | 资格范围 | | |
|---|---|---|---|
| | 单面焊/无垫板（ss nb） | 单面焊/带垫板（ss mb） | 双面焊（bs） |
| 单面焊/无垫板（ss nb） | X | X | X |
| 单面焊/带垫板（ss mb） | — | X | X |
| 双面焊（bs） | — | X | X |

注：X 表示焊工合格的焊缝。
　　—表示焊工不合格的焊缝。

**表 7-22　角焊分层技术资格范围**

| 试件① | 资格范围 | |
|---|---|---|
| | 单层（sl） | 多层（ml） |
| 单层（sl） | X | — |
| 多层（ml） | X | X |

注：X 表示焊工获得资格的分层法。
　　—表示焊工未获得资格的分层法。
① 焊脚厚度范围：$0.5t \sim 0.7t$。

## 7.2.4　考核和检测

### 1. 监督

1）试件的焊接和检测应有考官或考试机构见证。

2）焊接开始前，应在试件上标记考官和焊工的标识。另外，所有试件的焊接位置要标在该试件上，如果是固定管道焊缝，12 点钟焊接部位也要标出来。如果焊接条件不正确，或者发现焊工技能不能满足要求，例如，修理过多或返工过多，考官或考试机构可中止本次考试。

**2. 试件的形状、尺寸和数量**

试件的形状和尺寸要求如图 7-11 ~ 图 7-14 所示。管材的考试长度最小为 150mm。然而，如果管的圆周长小于 150mm，则应另加试件，试件最多为 3 个。

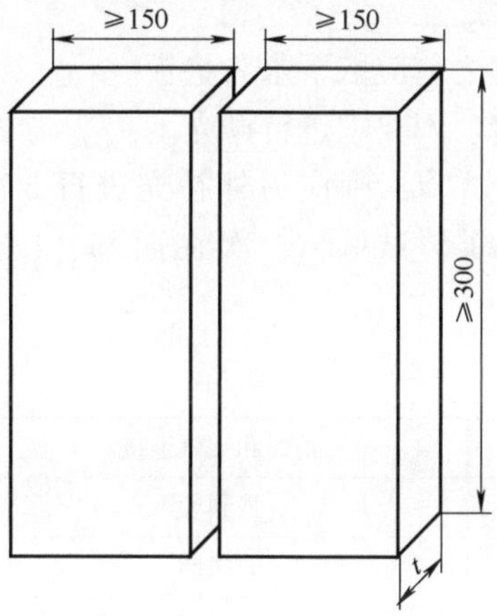


图 7-11 板对接焊试件尺寸

注：$t$ 为试件的材料厚度。

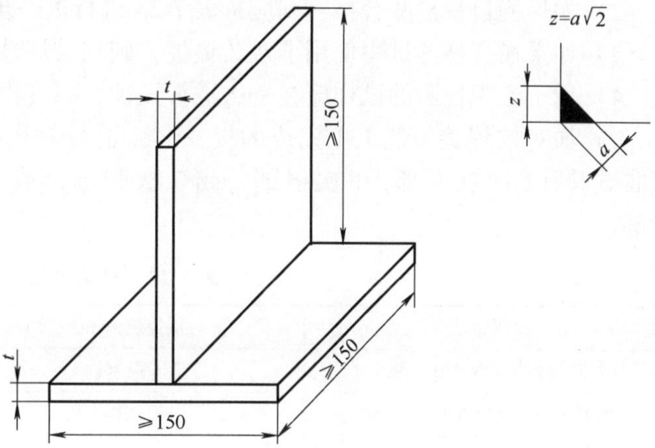


图 7-12 板角焊试件尺寸

注：$a$ 为试件焊脚厚度，$0.5t \leqslant a \leqslant t$，$t$ 为试件的材料厚度，$z$ 为角焊焊脚长度。

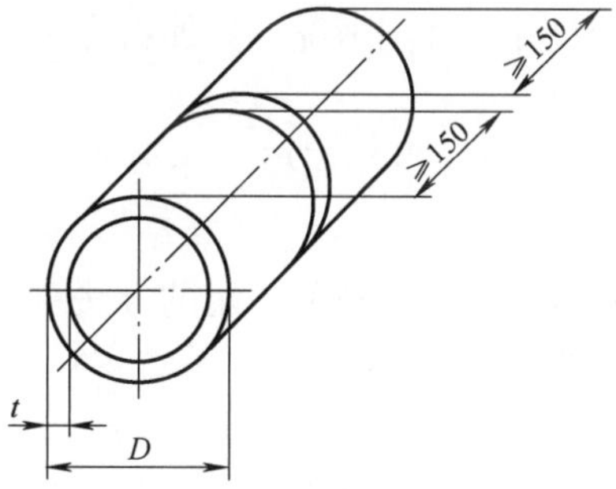


图 7-13 管对接焊试件尺寸

注：$D$ 为管外径，$t$ 为试件的材料厚度（厚壁）。

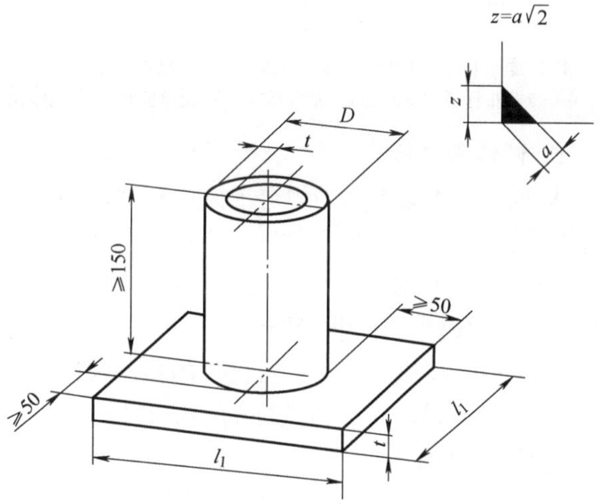


图 7-14 管板角接焊试件尺寸

注：$a$ 为设计焊脚厚度，$0.5t \leqslant a \leqslant t$，$D$ 为管外径，$l_1$ 为试件长度，$t$ 为试件材料厚度（板或壁厚），$z$ 为角焊焊脚长度，$t$ 为对应较薄部位。

**3. 焊接条件**

按 EN ISO 15609-1：2019 的要求，焊接应符合 pWPS 或 WPS 工艺。

1）试件的焊接时间与平常生产条件下的作业时间一致。

2）试件在根部焊道和盖面焊道上至少有一次停弧和再起弧，并应对停弧和再起弧区域进行标记。

3）除非要求进行弯曲或拉伸试验，pWPS 或 WPS 所要求的焊后热处理可以省略。

4）试件的标示。

5）除盖面焊道外，焊工经考官或考试机构允许可通过研磨方法去除较小缺陷。

**4. 检测方法**

1）完成焊接后，应依据表 7-23 对试件进行检测。

2）如焊缝目视检测合格，则应按表 7-23 进行进一步检测。

3）如果在资格考试中使用了永久垫板，则在破坏性试验之前应取下永久垫板。

4）用于宏观检测的试样应在一边进行浸蚀，以突出焊缝，不要求进行抛光。

5）如对按焊接工艺 131 完成的接头焊缝进行射线检测试验，则应另外补充进行 2 次弯曲试验（1 次在面部，1 次根部，或 2 次侧弯）或 2 次断裂试验（1 次在面部，1 次根部）。

**表 7-23　检测方法**

| 检测方法 | 对接焊缝（板或管） | 角焊和支管连接 |
| --- | --- | --- |
| 外观检测按 EN 970：1997 | 强制性 | 强制性 |
| 射线检测试验按 EN 1435：2002 | 强制性①,② | 非强制 |
| 弯曲试验按 EN 910：1996 | 强制性①,②,⑤ | 不适用 |
| 断裂试验按 EN 1320：1996 | 强制性①,②,⑤ | 强制性③,④ |

① 除工艺 131 外，可使用射线检测试验或弯曲或断裂试验。

② 如使用射线检测试验，另外的弯曲或断裂试验对焊接工艺 131 而言是强制性的。

③ 断裂试验可用宏观检测（根据 EN 1321：1997）替代，但至少应有 2 个截面。

④ 在管材上进行的断裂试验可用射线检测试验替代。

⑤ 如果外管径 $D \geqslant 25$mm，那么弯曲或断裂试验可以用完整试件的切口拉伸试验来替代。

**5. 试件和试样**

标准 7. 2. 4 第 5 条中规定了试件和试样制备、类型和尺寸等详细情况，另外指出了破坏性试验要求。

（1）板和管对接焊缝　当采用射线检测试验时，试件中焊缝应按原样（不除去补强焊料）对检测长度进行射线照相。

当采用断裂试验时，应将试件的检测长度分成宽度相等的试样，按照一定的方法对所有的试样进行断裂试验。各试样的检测长度应≥40mm（见图 7-15）时，允许符合 EN 1320：1996 的切口剖面。

当采用符合 EN 910：1996 的横向弯曲试验时，应按 EN ISO 15614-2：2005 对 2 个焊缝反面弯曲试验样品和 2 个表面弯曲试验样品进行检测。

如 $t > 12$mm 时，横向弯曲试验可由侧弯试验替代。

对管材而言，焊接工艺 131 所要求的额外的断裂或横向弯曲试验样品的数量，当采用射线检测试验时，取决于焊接位置。焊接位置 PA 或 PC，应对 1 个根部和 1 个表面弯曲试验样品进行检测（见图 7-16）。对所有其他焊接位置，应对 2 个根部和 2 个表面弯曲试验样品进行检测（见图 7-17、图 7-18）。

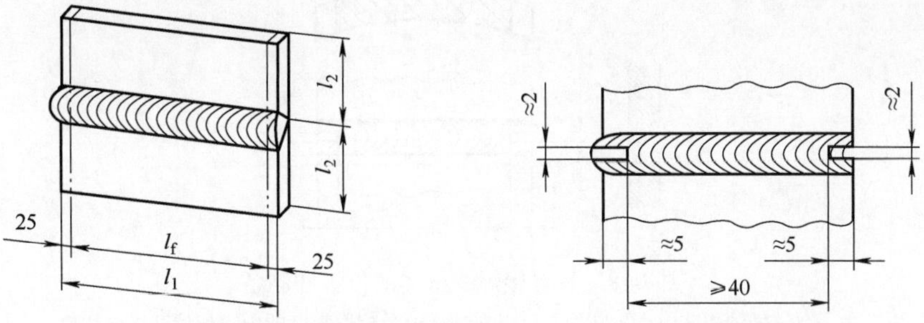


a) 分割成偶数数量的测试样品　　b) 试样的检测长度

图7-15　板对接焊接试样的制备和断裂测试

注：$l_1$为试件长度，$l_2$为试件宽度，$l_f$为试验长度。为了在试样的焊缝中产生断裂，可以在试样上受拉边焊缝的中央位置开纵向切口。

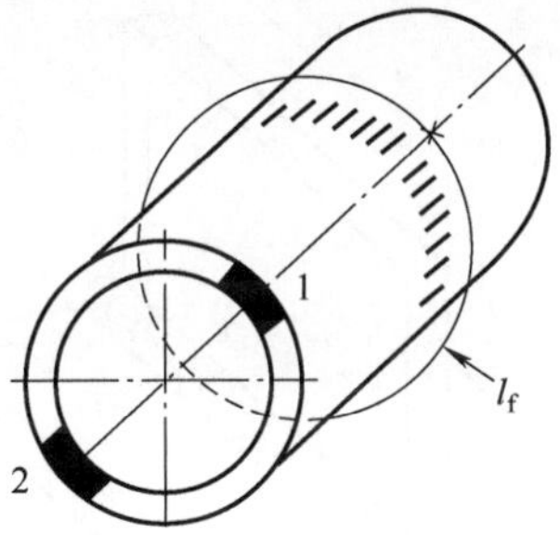


图7-16　焊接位置PA和PC额外断裂或弯曲试验样品的分段

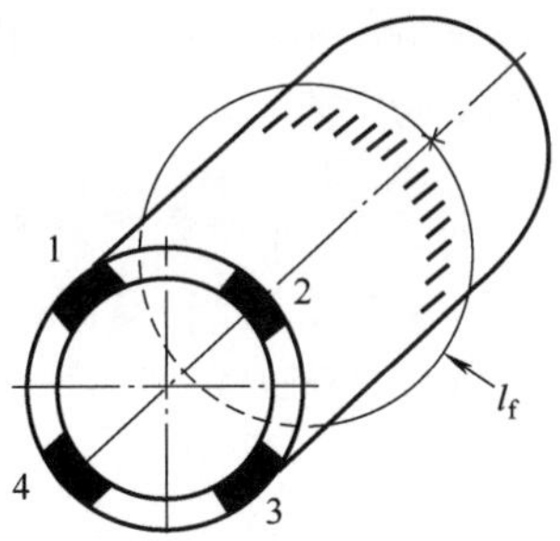


图7-17　焊接位置PF/PG/H-L045额外断裂或弯曲试验样品分段

注：1为1个根部断裂或1个根部横向弯曲或1个侧弯试验样品的位置，2为1个表面断裂或1个表面横向弯曲或1个侧弯试验样品的位置，3为1个根部断裂或1个根部横向弯曲或1个侧弯试验样品的位置，4为1个表面断裂或1个表面横向弯曲或1个侧弯试验样品的位置，$l_f$为检测长度。

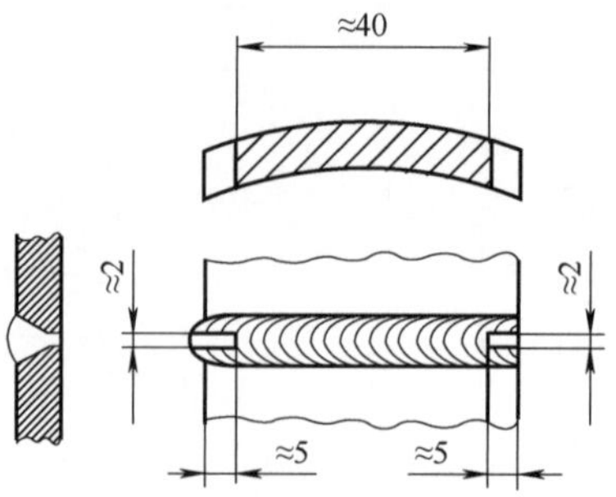


图 7-18　管对接焊缝试样的位置和制备

注：为了在试样的焊缝中产生断裂，可以在试样上受拉边焊缝的中央位置开纵向切口。

（2）板角接焊缝　进行断裂试验（见图 7-19）时，必要时可将试件切成数个试样。每个试样应根据 EN 1320：1996 放置进行断裂试验，且断裂后进行检查。

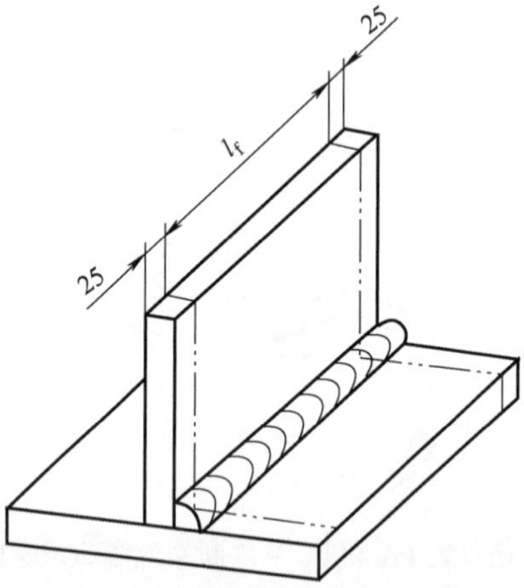


图 7-19　板角焊断裂试验检测长度

注：$l_f$为检测长度。

注：1 为 1 个根部断裂或一个根部横向弯曲或一个侧弯试验样品的位置；2 为 1 个表面断裂或 1 个表面横向弯曲或 1 个侧弯试验样品的位置，$l_f$为检测长度。

当采用宏观检测时，至少应取 2 个试样。1 个宏观检测样品应取接头部位。

（3）管对接焊　当 $t \geqslant 1.8$mm，$d = 4.5$mm；当 $t < 1.8$mm，$d = 3.5$mm。在接头区域不允许有孔。根据 EN 1320：1996，沿圆周方向允许 V 型和矩型切口剖面（见图 7-20）。

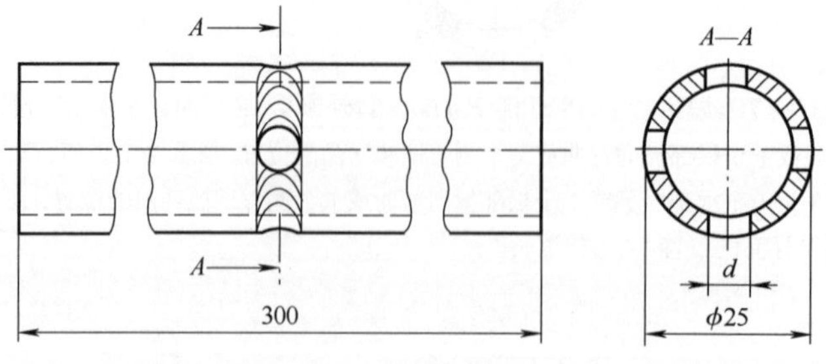


图 7-20　外径≤25mm 管试件缺口拉伸试验

（4）管角焊　进行断裂试验时，试件应分成4个或以上试样进行断裂，图7-21给出了一种可能情形。

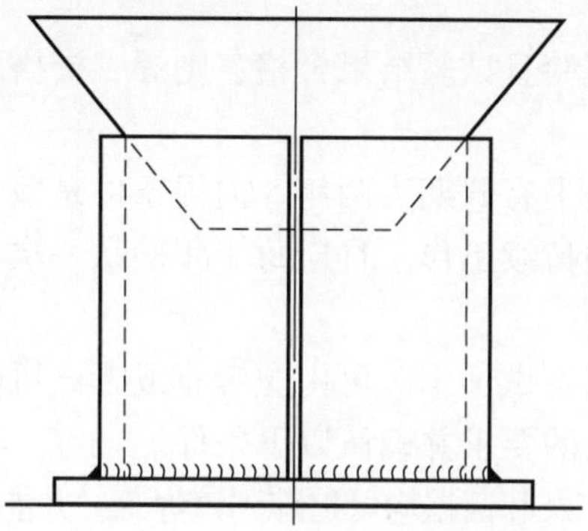

图7-21　管角焊试样的制备和断裂试验

当采用宏观检测时，至少应取两个试样。一个宏观检测样品应取自接头部位。

**6. 试验记录**

所有检测的结果应归档。

## 7.2.5　试件验收要求

试件应按有关类缺陷的验收要求规定进行评价。

检测前应进行以下4项内容的检查。

1）所有的焊接飞溅已去除。

2）焊缝的根部和表面没有进行研磨。

3）根部焊道和顶层焊道的停止和重新开始位置都已标记。

4）剖面和尺寸合格。

除非另有规定，否则按照该标准所规定的方法发现的缺陷，在验收时应依照EN ISO 30042：1994㊀进行评价。如果缺陷在EN ISO 30042：1994的质量水平B之内，则焊工合格。以下缺陷类型除外：补强焊料、焊缝过凸、焊脚过厚及严重贯穿，如有这些缺陷可以放宽到水平C。

弯曲试验样品不能发现各方向上大于3mm的单个裂纹。试样边缘上出现的裂纹在评价中可以忽略，除非裂缝是由未焊透、焊渣或其他缺陷所引起。

如果焊接试件上的缺陷超出了规定的最大允许限度，则焊工考试不合格。

同时，应参照相应的非破坏性试验验收准则。所有破坏性和非破坏性试验均应使用规定的程序（**注**：EN 12062：2002给出了EN ISO 30042：1994质量水平和不同非破坏性试验技术验收标准之间的相互关系）。

## 7.2.6　重新试验

1）如果某试验没有达到该标准的要求，则应给焊工再次参加资格考试的机会。

2）如果经确认，考试失败是由于金相或其他无关的原因而不能直接归结为是焊工熟练程度不够，则应安排另外的试验对新试验材料和新试验条件的质量和完善性进行评价。

### 7.2.7 有效期

**1. 初始资格**

如果已进行了所要求的试验且试验结果合格，则焊工资格从试件焊接之日起有效。

**2. 有效期确认**

所颁发的焊工资格考试证书有效期为两年。前提条件是雇主的焊接主管或负责人可以确认该焊工在最初的认可范围内持续工作。且应每半年确认一次。

**3. 资格延长**

按该标准取得的焊工资格考试证书，可由主考官或考试机构每两年延长一次。在延长证件之前，应达到7.2.7第2条的要求并确认以下条件。

1）所有用于支持延长的记录和证据均可追踪到该焊工，并能说明在生产中使用了WPS。

2）用于支持延长的证据应齐全（射线检测试验或超声波检测），破坏性试验（断裂或弯曲）要在前6个月在两个焊缝上进行。与延长有关的证据至少应保留两年。

3）焊缝满足第7.2.5条规定的缺陷验收标准。

4）上条提及的试验结果应证明焊工已再现了初始试验条件。

### 7.2.8 证书

1）应核实焊工已顺利通过了资格考试。证书上应记录所有的管子与管板焊接主要参数。如果试件未能通过所要求的试验之一，则不予颁发证书。

2）对所颁发的证书，考官和考试机构负全部责任，证书应包含Annex A所列全部事项。建议用标准中附录A作为焊工资格考试证书式样。如焊工资格考试证书采用其他式样，证书应包含标准中附录A所要求的内容。

3）通常，一试件应单独颁发一本焊工资格考试证书。

4）如果焊接的试件为一个以上，可单独颁发一本焊工资格考试证书，将各个试件的资格范围进行合并。7.2.3第7条给出的情况除外，只可以变更以下管子与管板焊接的主要参数中的一个：焊缝类型、焊接部位、材料厚度。

5）应确保焊工资格考试证书不会产生任何歧义。建议所颁发的焊工资格考试证书至少应使用英语、法语或德语中的一种，必要时与其他的语言联合使用。

6）实践测验和工作知识考试应标明“合格”或“未试验”。

7）资格考试中，如任一管子与管板焊接主要参数的变化超出了允许范围，则应进行新的试验，并颁发新的焊工资格考试证书。

### 7.2.9 名称

焊工资格审定的名称应按顺序包括以下事项（这样安排的目的是便于计算机化管理）。

1）文件编号，EN ISO 9606-2：2004。

2）管子与管板焊接的主要参数如下。

焊接工艺：参照前述7.2.2第1条、7.2.3第1条和EN ISO 4063：2009。

产品类型：板（P）、管（T），参见前述7.2.2第3条和7.2.3第2条。

焊缝类型：对接焊缝（BW）、角焊（FW），参见前述7.2.3第3条。

材料分组：参见前述7.2.3第4条。

焊接耗材：参见前述7.2.3第5条。

试件尺寸：材料厚度 $t$ 和外管径 $D$，参见7.2.3第6条。

焊接部位：参见前述7.2.3第7条和EN ISO 6947：2019。

焊缝细节：参见前述7.2.3第8条。

在名称中不应包括不确定保护和背面保护气体的类型，但在焊工资格考试证书中应包括。

## 7.3 针对AWS D1.1中焊工考试部分的解析

AWS D1.1钢结构焊接规范已经更新至2020版，本文仅对其中第六章C部分板的焊工考试内容进行介绍。

### 7.3.1 概述

该规范要求的技能评定试验是专门制订的试验，用以评定焊工、焊接操作工或定位焊工施焊完好焊缝的能力。本评定试验并不打算用作实际结构的焊接或定位焊接的指南。实际的焊接必须按WPS执行。

**1. 评定覆盖的产品焊接位置**

(1) 焊工和焊接操作工　焊工和焊接操作工用板材试验评定所覆盖的产品焊接位置必须符合表7-24的规定。

(2) 定位焊工　定位焊工必须对每一种定位焊接的位置焊接一块试板进行评定。

**2. 评定覆盖的产品厚度和直径**

(1) 焊工和焊接操作工　焊工或焊接操作工技能评定所覆盖的产品焊接的厚度和直径的范围必须符合表7-25的规定。

(2) 定位焊工　定位焊工必须用≥3mm厚度的板材进行评定。

**3. 通过WPS评定的焊工和焊接操作工的技能评定**

焊工或焊接操作工也可通过焊接一块满意的用于WPS评定的试板或试管并符合检测要求而通过其技能评定，由此而获得资格的焊工或焊接操作工符合7.3.1第1条和第2条的要求。

### 7.3.2 要求的评定试验类型

**1. 焊工和焊接操作工**

适用于焊工和焊接操作工评定所要求的评定试验类型和数量必须符合表7-25的规定。有关各自NDT和力学性能试验，详细要求见下述内容。

1) 目视检测（采用WPS要求）。

2) 面弯、根弯和侧弯（采用WPS要求）。

3) 宏观腐蚀（见7.3.8第2条）。

4) 角焊缝破断（见7.3.8第4条）。

(1) 用RT替代导向弯曲试验　除GMAW-S焊接接头外，可对焊工或焊接操作工的评定试板或试管进行射线检测，以替代7.3.2第1条规定的弯曲试验（见7.3.8第3条的RT要求）。

焊接操作工可用产品坡口焊缝起始段 380mm 的射线检测，以代替对评定试板的力学性能试验或 RT 检测。覆盖的材料厚度范围见表 7-25 的规定。

**表 7-24　焊工和焊接操作工评定——利用板材、管材和箱形管试验评定的焊接位置[①]**

| | 评定试验 | | 所评定的板材焊接 | | | 所评定的管材焊接 | | | | | 所评定的箱形管焊接 | | | | |
|---|---|---|---|---|---|---|---|---|---|---|---|---|---|---|---|
| | 焊缝类型 | 试验位置 | 坡口 | | 角焊缝[③] | 对接接头[②] | | T 形、Y 形和 K 形连接 | | 角焊缝[③] | 对接接头 | | T 形、Y 形和 K 形连接 | | 角焊缝[③] |
| | | | CJP | PJP | | CJP | PJP | CJP | PJP[②,④] | | CJP[⑤] | PJP | CJP | PJP[④] | |
| 板材 | 坡口焊缝[⑥] | 1G | F | F | F、H | F | F | | F | F、H | F | F | | F | F、H |
| | | 2G | F、H | F、H | F、H | F、H | F、H | | F、H | F、H | F、H | F、H | | F、H | F、H |
| | | 3G | F、H、V | F、H、V | F、H、V | F、H、V | F、H、V | | F、H、V | F、H、V | F、H、V | F、H、V | | F、H、V | F、H、V |
| | | 4G | F、OH | F、OH | F、H、OH | F、OH | F、OH | | F、OH | F、H、OH | F、OH | F、OH | | F、OH | F、H、OH |
| | | 3G+4G | 全部 | 全部 | 全部 | 全部 | 全部 | | 全部 | 全部 | 全部 | 全部 | | 全部 | 全部 |
| | 角焊缝 | 1F | | | F | | | | | F | | | | | F |
| | | 2F | | | F、H | | | | | F、H | | | | | F、H |
| | | 3F | | | F、H、V | | | | | F、H、V | | | | | F、H、V |
| | | 4F | | | F、H、OH | | | | | F、H、OH | | | | | F、H、OH |
| | | 3F+4F | | | 全部 | | | | | 全部 | | | | | 全部 |
| | 塞焊缝和槽焊缝 | 仅在试验位置评定塞焊缝和槽焊缝 | | | | | | | | | | | | | |

注：CJP 为全熔透接头；PJP 为部分熔透接头。

① 电渣焊（ESW）或气电立焊（EGW）焊接操作工的评定仅适用于所试验的位置。

② 仅评定直径 $\geqslant \phi600$mm 且加衬垫和（或）背面清根的管子。

③ 板接头及管材 T 形、Y 形和 K 形连接的二面角的限制见 7.3.7。

④ 不评定坡口角度 <30°的焊缝。

⑤ 不评定不用衬垫，仅从一面施焊或不清根而从两面施焊的接头。

⑥ 坡口焊缝评定还应覆盖所示试验位置的塞焊缝和槽焊缝。

**表 7-25　焊工和焊接操作工评定——所评定试样的数量和类型及厚度和直径范围**

| | 坡口焊缝或塞焊缝 | | 试样数量[①]（个） | | | | 所评定尺寸 | |
|---|---|---|---|---|---|---|---|---|
| | | | 正面弯曲[②] | 根部弯曲[②] | 侧面弯曲[②] | 宏观腐蚀 | 所评定板材或管材公称厚度/mm | |
| | 试验焊缝的类型 | 试板公称厚度 $t$/mm | | | | | 最小值 | 最大值 |
| 板材试验 | 坡口焊缝 | 10 | 1 | 1 | （注[③]） | — | 3 | 20（最大值）[④] |
| | | $10<t<25$ | — | — | 2 | — | 3 | $2t$（最大值）[④] |
| | | ≥25 | — | — | 2 | — | 3 | 无限定[④] |
| | 塞焊缝 | 10 | — | — | — | 2 | 3 | 无限定 |

| | 角焊缝（T 形或斜 T 形接头） | | 试样数量[①]（个） | | | | | 所评定尺寸 | | 所评定二面角/(°) | |
|---|---|---|---|---|---|---|---|---|---|---|---|
| | 试验焊缝的类型 | 试板公称厚度 $t$/mm | 角焊缝断裂 | 宏观腐蚀 | 侧面弯曲[②] | 根部弯曲[②] | 正面弯曲[②] | 所评定板材公称厚度/mm | | | |
| | | | | | | | | 最小值 | 最大值 | 最小值 | 最大值 |
| 板材试验 | 坡口焊缝 | 10 | — | — | （注③） | — | — | 3 | 无限定 | 30 | 无限定 |
| | 坡口焊缝 | $10<t<25$ | — | — | 2 | — | — | 3 | 无限定 | 30 | 无限定 |
| | 坡口焊缝 | ≥25 | — | — | 2 | — | — | 3 | 无限定 | 30 | 无限定 |
| | 角焊缝方案 1 | 12 | 1 | 1 | — | 2 | — | 3 | 无限定 | 60 | 135 |
| | 角焊缝方案 2 | 10 | — | — | — | — | — | 3 | 无限定 | 60 | 135 |

（续）

| 电渣焊和气电立焊试验 | 产品板材上的坡口焊缝 | | 试样数量①（个） | 所评定板材公称厚度/mm | | |
|---|---|---|---|---|---|---|
| | 试验焊缝的类型 | 试板公称厚度 $t$/mm | 侧面弯曲② | 最小值 | 最大值 | |
| | 坡口焊缝（见图7-22） | <38 | 21/8 | 3 | $t$ | |
| | | 38 | 21/8 | 3 | 无限定 | |

① 所有焊缝均应进行目视检测。

② 可利用试板射线检测来代替弯曲试验。

③ 如果板材厚度或壁厚是10mm，则可用侧面弯曲试验来替代规定的正面弯曲试验和根部弯曲试验。

④ 也应评定任何厚度的板材或管材上任何尺寸角焊缝或PJP焊缝的焊接。

（2）导向弯曲试验　必须根据适用情况，分别按照用于焊工和焊接操作工评定（见图7-22～图7-28）的要求，切割试板，制备力学性能试样。

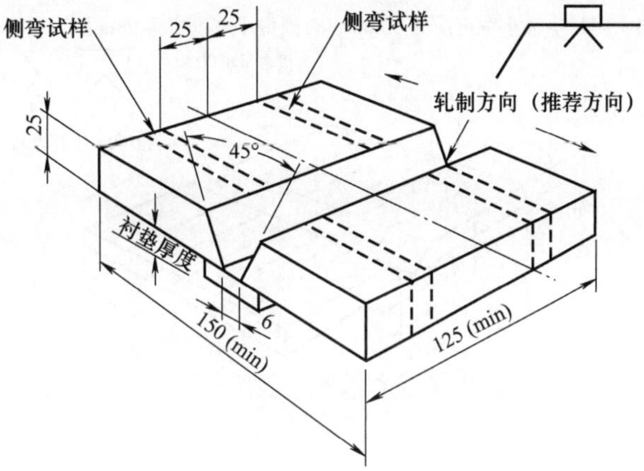


图7-22　厚度无限定的试板——所有位置——焊工评定

注：衬垫最小厚度应为6mm，最大厚度应为10mm。如果进行RT检测时不移除衬垫，则衬垫宽度最小应为75mm，否则最小宽度应为25mm。当采用RT检测时，检测区域内不应有定位焊缝。

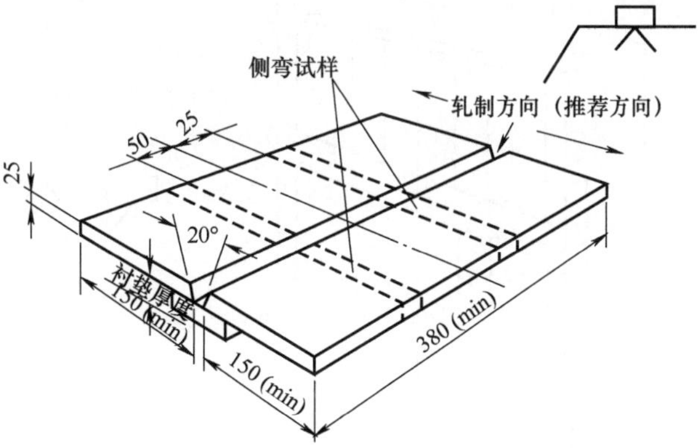


图7-23　厚度无限定的试板——所有位置——焊接操作工评定

注：衬垫最小厚度应为10mm，最大厚度应为12mm。如果进行RT检测时不移除衬垫，则衬垫宽度最小应为75mm，否则最小宽度应为40mm。当采用RT检测时，检测区域内不应有定位焊缝。可用已经评定合格的WPS接头形状来代替本图所示坡口形状。

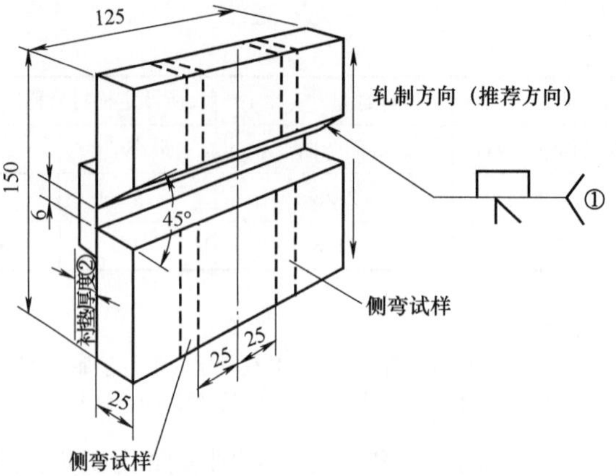


图 7-24　厚度无限定的试板——横焊位置——焊工评定

注：①当采用 RT 检测时，检测区域内不应有定位焊缝。②衬垫最小厚度应为 6mm，最大厚度应为 10mm。如果进行 RT 检测时不移除衬垫，则衬垫最小宽度应为 75mm，否则最小宽度应为 25mm。

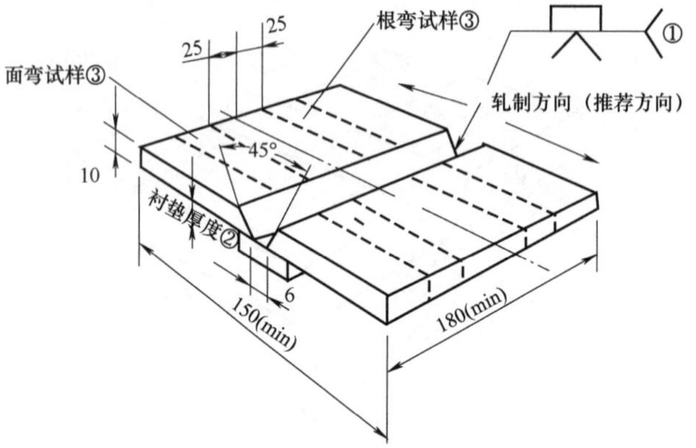


图 7-25　厚度有限定的试板——所有位置——焊工评定

注：①当采用 RT 检测时，检测区域内不应有定位焊缝。②衬垫最小厚度应为 6mm，最大厚度应为 10mm。如果进行 RT 检测时不移除衬垫，则衬垫最小宽度应为 75mm，否则最小宽度应为 25mm。③为对于厚度为 10mm 的板材，可用侧弯试验来代替规定的正面弯曲试验和根部弯曲试验。

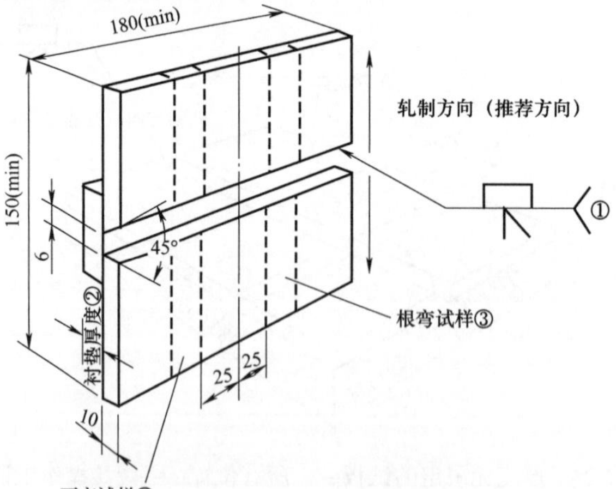


图 7-26　厚度有限定的试板——横焊位置——焊工评定

注：①当采用 RT 检测时，检测区域内不应有定位焊缝。②衬垫最小厚度应为 6mm，最大厚度应为 10mm。如果进行 RT 检测时不移除衬垫，则衬垫最小宽度应为 75mm，否则最小宽度应为 25mm。③为对于厚度为 10mm 的板材，可用侧弯试验来代替规定的正面弯曲试验和根部弯曲试验。

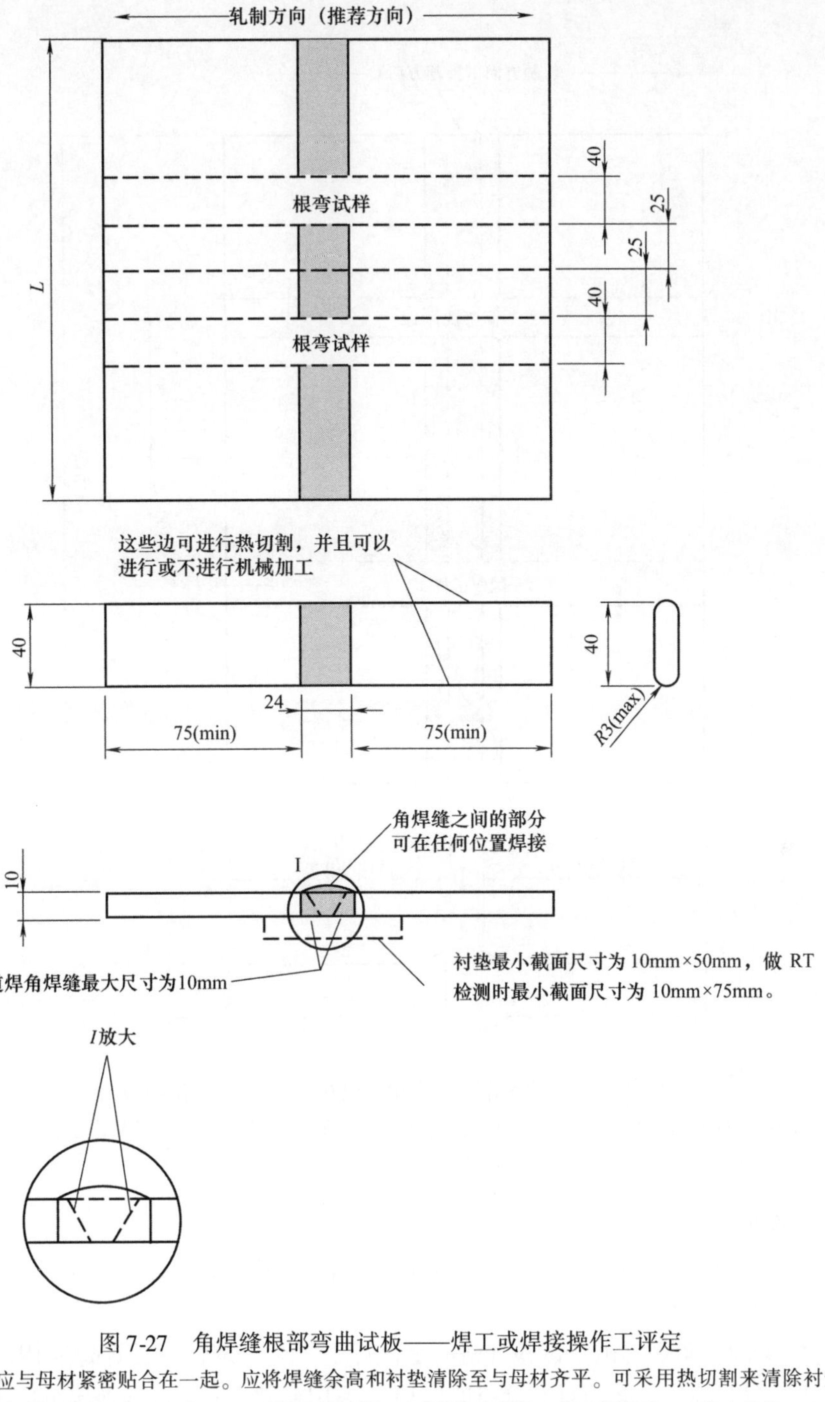


图 7-27　角焊缝根部弯曲试板——焊工或焊接操作工评定

注：衬垫应与母材紧密贴合在一起。应将焊缝余高和衬垫清除至与母材齐平。可采用热切割来清除衬垫的主要部分。如果待清除部分的厚度至少为 3mm，则通过机械加工或磨削来清除。焊工评定时，L 最小值为 175mm，焊接操作工评定时，L 最小值为 380mm。

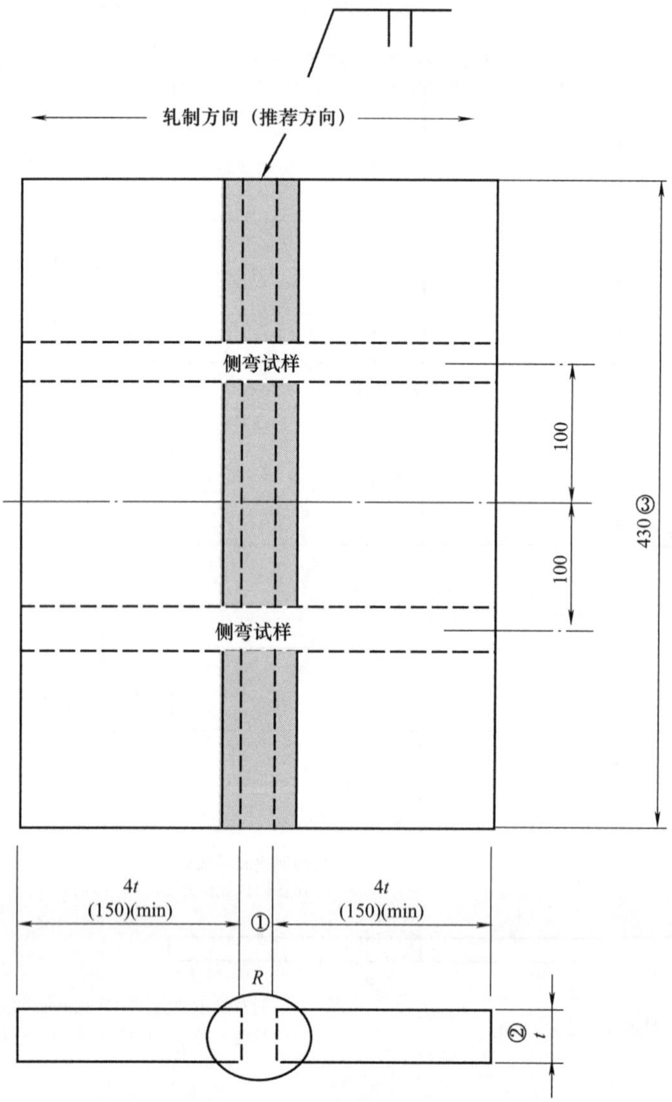


图 7-28　焊接操作工评定用对接接头——ESW 和 EGW

注：①为利用 WPS 来确定根部间隙“R”。②为 t 等于施工中所焊接的最大焊缝，但无需超过 38mm。③为如果接头长度足以提供 430mm 的完好焊缝，则无需使用延长段。

**2. 定位焊工**

1）定位焊工必须按如图 7-29 所示，在角焊缝破断试样上，焊接一段长约 50mm、最大尺寸约 6mm 的定位焊缝。

2）评定范围：角焊缝破断试验合格的定位焊工，对于定位焊接评定所用的焊接方法和位置的各种类型的接头，必须具有合格的资质（不用衬垫、仅从一面施焊的 CJP 坡口焊缝，例如对接接头和 T、Y-和 K-形节点的情况除外）。上述例外情况的定位焊接必须由通过了完全按照所用焊接方法和位置进行焊接评定的焊工来执行。

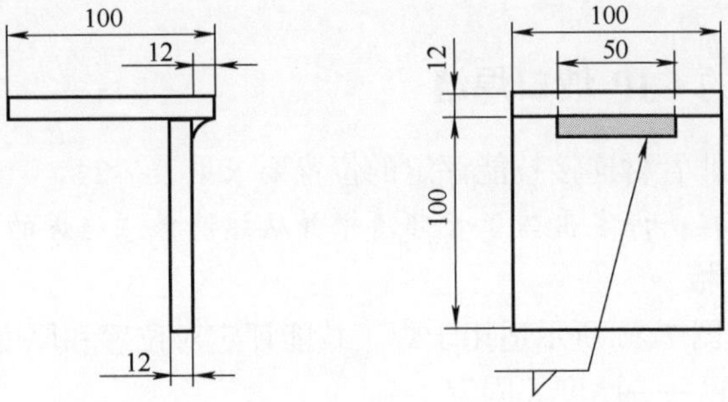


图7-29 角焊缝断裂试样——定位焊工评定

## 7.3.3 焊工和焊接操作工技能评定的焊缝类型

用作焊工和焊接操作工评定的焊缝类型分为如下几类。

1）非管材连接的CJP坡口焊缝（见7.3.6）。

2）非管材连接的PJP坡口焊缝（见7.3.7第1条）。

3）非管材连接的角焊缝（见7.3.7第2条）。

4）管材和非管材连接的塞焊缝和槽焊缝（见7.3.7第3条）。

## 7.3.4 焊接人员技能评定表格的准备

焊接人员必须遵循适合于所要求的评定试验的WPS。除7.3.5的技能评定基本参数外，还必须实施全部WPS基本参数的限定。焊接人员技能评定记录（WPQR）必须作为一份书面证明，并必须列出表7-26的所有适用的基本参数。

表7-26 焊接人员技能评定中需重新评定的基本参数变化

| 需重新评定的WPQR的基本参数变化 | 焊接人员 | | |
|---|---|---|---|
| | 焊工① | 焊接操作工①,② | 定位焊工 |
| 未评定过的焊接工艺（GMAW-S被视为是一种独立工艺） | X | X | X |
| 采用比WPQR焊条的F编号高的SMAW焊条 | X | — | X |
| 未评定过的焊接位置 | X | X | X |
| 未评定过的直径或厚度 | X | X | — |
| 未评定的立焊施焊方向（向上或向下） | X | — | — |
| 未采用衬垫（如果在WPQR试验中使用） | X | X | — |
| 采用多丝焊条（如果在WPQR试验中使用单丝焊条），反之则不然 | — | X③ | — |

注：1. “X”表示焊接人员的适用性；“—”表示不适用。
2. WPQR=焊工技能评定记录。

① 采用SAW、GMAW、FCAW或GTAW评定的焊工应被视为是采用相同工艺进行了评定的焊接操作工，并且要遵守焊工基本参数的限制要求。

② 坡口焊缝评定的槽焊缝是WPQR焊接位置和厚度范围内的槽焊缝。

③ 不适用于ESW或EGW。

## 7.3.5 基本参数

焊工、焊接操作工或定位焊工的操作超出本标准中表7-26的基本参数限定范围时，必须重新评定。

### 7.3.6 非管材连接的 CJP 坡口焊缝

焊工或焊接操作工非管材连接技能评定的位置要求见表 7-24。

**注意：**使用衬垫的接头评定覆盖了背部清根并从该清根侧施焊的产品焊接接头。

**1. 焊工技能评定试板**

图 7-22、图 7-24 ~ 图 7-26 所示适用于焊工技能评定对位置和厚度的要求。

1）图 7-22 所有位置——厚度无限定。

2）图 7-24 横焊位置——厚度无限定。

3）图 7-25 所有位置——限定厚度。

4）图 7-26 横焊位置——限定厚度。

**2. 焊接操作工技能评定试板**

（1）非 EGW、ESW 和塞焊缝　不进行 EGW、ESW 和塞焊缝焊接操作的焊接操作工技能评定的试板必须符合图 7-23 的要求。经此评定合格的焊接操作工必须具有按试验的焊接方法和位置在不限定厚度的材料上焊接坡口焊缝和角焊缝的资格。

（2）EGW 和 ESW　进行 ESW 或 EGW 焊接操作的焊接操作工技能评定试板，必须与结构中采用最大厚度材料接头一致，但试验焊缝材料厚度无需超过 38mm。如果焊接了 38mm 厚度的试验焊缝，则无需用更薄板材进行试验。此试验必须覆盖焊接操作工使用该焊接方法和焊接位置在不限定厚度材料上完成坡口焊缝和角焊缝的资格。

### 7.3.7 评定范围

（1）非管材连接的 PJP 坡口焊缝　对 CJP 坡口焊缝的技能评定必须覆盖所有 PJP 坡口焊缝。

（2）非管材连接的角焊缝　对 CJP 坡口焊缝的技能评定必须覆盖角焊缝，不过，仅需进行角焊缝技能评定的场合见表 7-25 的规定。

（3）塞焊缝和槽焊缝　管材或非管材连接进行的 CJP 坡口焊缝的技能评定必须覆盖所有塞焊缝和槽焊缝，仅进行塞焊缝和槽焊缝的技能评定见表 7-24 的规定。焊接接头必须由在 10mm 厚的板材上开直径为 20mm 的孔，与最小厚度为 10mm 的垫板所组成。

### 7.3.8 焊工和焊接操作工技能评定的试验方法和合格判据

**1. 焊缝的目视检测**

坡口焊缝和角焊缝（不包括焊缝引弧板、引出板）评定的目视检测合格判据必须符合以下适用要求。

（1）坡口焊缝的目视检测　坡口焊缝必须符合以下要求。

1）不论裂纹大小如何，任何裂纹都必须拒收。

2）所有弧坑必须填满至焊缝的整个横截面。

3）焊缝余高严禁超过 3mm。焊缝剖面形状必须符合要求，且必须完全熔合。

4）咬边严禁超过 1mm。

5）必须检测 CJP 坡口焊缝的根部，严禁有任何裂纹、未完全熔合，或未充分焊透。

6）对于不用衬垫并仅从一面焊接的 CJP 坡口焊缝，根部的凹陷或熔塌必须符合下述要求：①如果焊缝总厚度等于或大于母材，则允许的最大根部凹陷为 2mm。②最大熔塌为 3mm。

（2）角焊缝的目视检测　角焊缝必须符合以下要求：①不论裂纹大小如何，任何裂纹都必须拒收。②所有弧坑必须填满至焊缝的整个横截面。③角焊缝的焊脚尺寸严禁小于所要求的焊脚尺寸。④焊缝的剖面形状必须符合要求。⑤母材咬边严禁超过 1mm。

**2. 宏观腐蚀试验**

宏观腐蚀试样必须抛光，以适合于宏观腐蚀检测。必须使用合适的溶液进行腐蚀，以得到清晰的焊缝轮廓。

（1）塞焊缝和角焊缝宏观腐蚀试验　宏观腐蚀的面必须光滑，以便腐蚀。

1）角焊缝宏观腐蚀试验必须从试验接头上切取：①焊工技能评定如图 7-30 所示。②焊接操作工技能评定如图 7-30 所示。

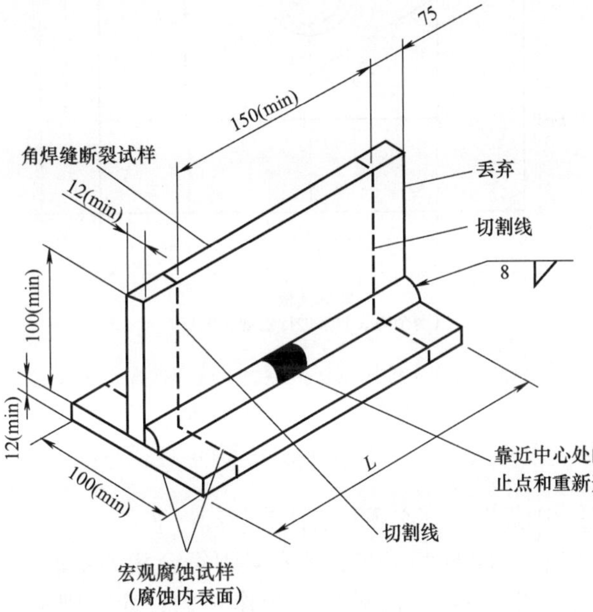


图 7-30　角焊缝断裂和宏观腐蚀试验用试板——焊工或焊接操作工评定

注：焊工技能评定时，*L* 最小值为 200mm；焊接操作工技能评定时，*L* 最小值为 380mm。两端中有一段可被用作所需的宏观腐蚀试样，另一端则可弃用。

2）塞焊缝宏观腐蚀试样必须从试验接头上切取：①焊工技能评定如图 7-31 所示。②焊接操作工技能评定如图 7-31 所示。

（2）宏观腐蚀试验合格判据　对合格的评定而言，当进行目视检测时，试样必须符合以下要求：①角焊缝必须熔合至接头根部，但无需超过。②最小的焊脚尺寸必须符合规定的角焊缝尺寸。③塞焊缝必须做到：首先，无裂纹；其次，与背部垫板以及孔的侧壁完全熔合；最后，可见夹渣总累加长度≤6mm。

**3. RT**

如果用 RT 替代规定的弯曲试验，则无需为 RT 检测而打磨焊缝余高或使其光滑，除非这种表面不平整或其与母材的交界在射线底片中使不能接受的焊缝不连续变得模糊不清。如

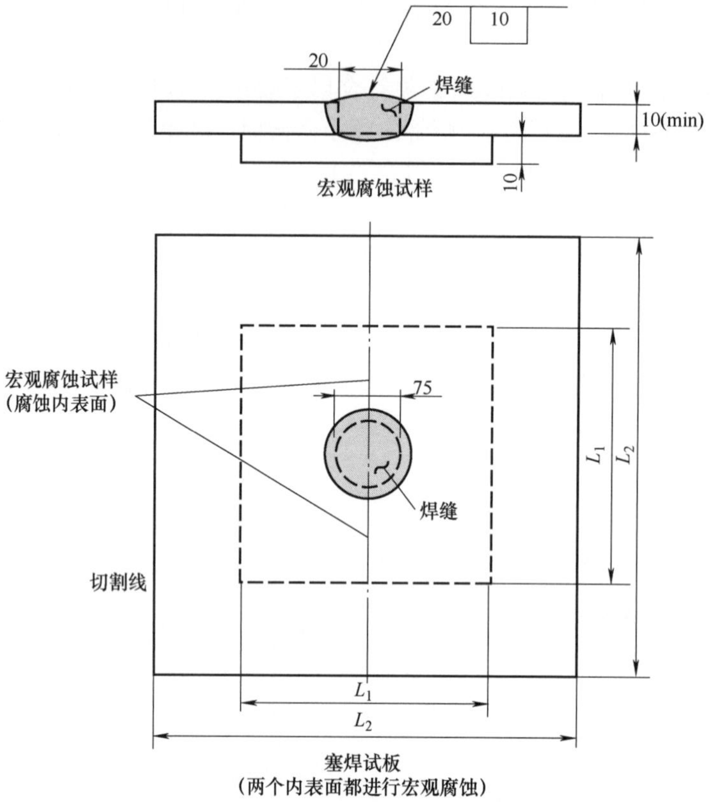


图 7-31　塞焊缝宏观腐蚀用试板——焊工或焊接操作工评定

注：$L_1$ = 50mm（焊工最小值），75mm（焊接操作工最小值）。

$L_2$ = 75mm（焊工最小值），125mm（焊接操作工最小值）。

因射线检测而将衬垫除去，则焊缝根部必须打磨使其与母材平齐。

（1）RT 检测工艺和技术　RT 检测工艺和技术必须符合相关要求。对于焊工评定，需从试板待评估焊缝的每端去掉 32mm；而对焊接操作工的评定，则从试板长度的每端去掉 75mm。

（2）RT 合格判据　评定合格的焊缝，当用射线检测时，必须符合相关要求。

**4. 角焊缝破断试验**

必须对角焊缝的全长作目视检测，然后对 150mm 长的试样或 1/4 段的管材角焊缝组装件加载，并使焊缝的根部处于受拉状态。必须至少 1 个焊接引弧处和停弧处位于该试样内。必须增加载荷或反复加载，直至试样破裂或发生弯曲而成扁平状。

角焊缝破断试验合格判据：为了在破断试验之前通过焊缝的目视检测，焊缝必须外观均匀，严禁有焊瘤、裂纹，以及超过允许的咬边。焊缝表面严禁有可见气孔。如果破断试样符合以下情况，则必须认为合格：①试样弯曲成扁平状。②如断裂，则角焊缝破裂面呈现接头根部完全熔合，并无最大尺寸超过 2. 5mm 的夹渣或气孔，且在试样 150mm 长范围内，全部最大尺寸夹渣和气孔总和未超过 10mm。

**5. 根弯、面弯和侧弯试样**

必须对已经弯曲的试样凸面的表面不连续进行目视检测。合格试样表面的不连续严禁超过下述尺寸。

1）表面任何方向上3mm。

2）所有超过1mm但≤3mm的缺陷的最大尺寸总和为10mm。

3）最大角部裂纹6mm，但如果角部裂纹由可见夹渣或其他熔化型不连续所致，则裂纹最大值必须为3mm。

角部裂纹超过6mm而并无夹渣或其他熔化型不连续的试样必须废弃，并必须从原焊件上另取试样重做弯曲试验。

### 7.3.9　定位焊工技能评定的试验方法和合格判据

必须如图7-32所示对试样加力直至出现破裂。可以用任何适当的方式施力。必须对焊缝表面和断裂表面进行目视检测，以检查缺陷。

**1. 目视检测合格判据**

定位焊缝必须外观匀称，严禁有焊瘤、裂纹和超过1mm的咬边。定位焊缝表面严禁有可见气孔。

**2. 破坏性试验合格判据**

定位焊缝的断裂表面必须呈现焊缝熔至根部，但无需超过，并且严禁有与母材未完全熔合的情况，或任何最大尺寸超过2.5mm的夹渣或气孔。

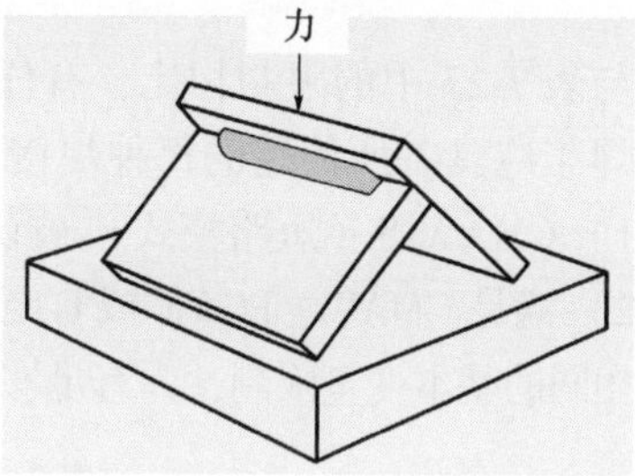


图7-32　试样断裂方法——定位焊工评定

### 7.3.10　重新考试

当焊工、焊接操作工或定位焊工有一项技能评定考试不及格，或因特别的原因怀疑其焊接工作能力，或有效期失效，都必须做下述处理。

**1. 焊工和焊接操作工重新考试要求**

（1）立即重新考试　技能评定不及格的焊工或焊接操作工可以立即重新考试，每一种类型和位置都焊接2个试样。所有重新考试的试样都必须符合规定的全部要求。

（2）进一步培训或实习后重新考试　如果证实某焊工或焊接操作工已经过进一步培训或实习，可重新进行技能评定考试。原先不及格或有疑问的类型和位置必须做完整的重新考试。

（3）技能评定有效期失效后的重新考试　当焊工或焊接操作工技能评定的有效期已经失效，则必须重新进行技能评定考试。焊工可以选择10mm的试板厚度，用以评定任何产品焊接中≥3mm的情况。

（4）例外：重新评定考试不及格　重新进行的技能评定考试不及格后，严禁立即再重新考试。必须按7.3.10第1条的要求进一步培训和实习后才能再重新进行技能评定考试。

**2. 定位焊工重新考试要求**

（1）无需附加培训重新评定考试　在未能通过考试要求的情况下，定位焊工无需经过培训而可以再重新进行一次评定考试。

（2）进一步培训或实习后重新评定考试　如果定位焊工已经过进一步培训或实习，可重新进行评定考试。且重新评定考试必须完整地进行。

## 7.4 针对 AWS D15.1 中焊工考试部分的解析

AWS D15.1：2019 中，车辆和机车轨道焊接规范发展至今已经更新至 2019 版，其中第十一章至第十三章和第十九章是关于焊工、焊接操作工、定位焊工资格评定，以及薄板焊工、焊接操作工、定位焊工资格评定的内容，这里我们将对第十一章进行介绍。

### 7.4.1 通用要求

该部分描述的评定试验是专门用于确定焊工完成质量良好的焊接工作的能力。这些评定不得在实际工作中作为焊接指南，而是按照焊接工艺规程执行焊接工作。

### 7.4.2 变量限制

与表 7-27 中的限制相比，有任何变化时需要单独的资格。

焊工应具备所使用的每种焊接方法的资格如下：

1）GMAW-S（短路模式）被认为是一个单独的工艺。

2）满足 GMAW、FCAW 或 GTAW 资格的焊工应视为满足同种工艺的焊接操作工资格，但须遵守相同的基本变量限制，并有足够证据表明焊工已接受培训，且有能力生产合格产品。

**表 7-27 技能评定——基本变量限制**

| 项目 | 焊接人员 | | |
|---|---|---|---|
| | 焊工①,② | 焊接操作工 | 定位焊工 |
| 工艺（GMAW-S 为单独工艺）不覆盖 | X | X | X |
| 从黑色金属变更为有色金属或相反 | X | X | — |
| 有色金属材料中“M”号发生变更（涉及铝合金的更改除外） | X | X | X |
| 采用比 WPQR 焊条的 F 编号高的 SMAW 焊条 | X | — | X |
| 未评定的焊接位置 | X | X | X |
| 未评定过的直径或厚度 | X | X | — |
| 未评定的立焊施焊方向（向上或向下） | X | — | — |
| 未采用衬垫（如果在 WPQR 试验中使用）③ | X | X | — |
| 采用多丝焊条（如果在 WPQR 试验中使用单丝焊条），反之则不然 | — | X | — |

注：1. “X”表示焊接人员的适用性；“—”表示不适用。

2. WPQR = 焊工技能评定记录。

① 采用 SAW、GMAW、FCAW 或 GTAW 评定的焊工应被视为是采用相同工艺进行了评定的焊接操作工，并且要遵守焊工基本参数的限制要求。

② 坡口焊缝评定的槽焊缝是 WPQR 焊接位置和厚度范围内的槽焊缝。

③ 双面焊对接接头被视为带衬垫的焊缝

### 7.4.3 资格评定要求

**1. 板和结构型材**

1）手动和半自动焊接焊工资格评定试验应满足如下条件：①7.4.4 要求的板材坡口焊缝评定试验。②7.4.6 第 1 条要求的角焊缝评定试验。

2）焊工也可以通过焊接满足要求的工艺评定试板进行资格评定。

**2. 圆管或正方形/矩形管**

1）手工焊接和半自动焊接资质测试：①7.4.4 要求的板材对接接头的坡口焊缝评定试验。②7.4.5 要求的圆管或方管对接接头的坡口焊缝评定试验。③7.4.6 第 2 条要求的角焊缝评定试验。

2）按规定，完成一根符合要求的焊接工艺评定管材（无衬垫），焊工就可以通过评定。焊工因此获得以该方法在工艺评定的试验位置焊接管材的资格。焊工具有资格焊接的管材直径和厚度范围应按照表 7-28 的规定。

**表 7-28 焊工和焊接操作工资格评定——试样数量与类型以及评定的厚度范围⑧**

| | 焊缝类型 | 焊接试板厚度 $t$/mm | 目视检测 | 试样数量/（个） | | | | | 覆盖范围/mm |
|---|---|---|---|---|---|---|---|---|---|
| | | | | 弯曲试验⑦ | | | T形接头断裂试验 | 宏观金相试验 | |
| | | | | 面弯 | 背弯 | 侧弯 | | | |
| 板材试验⑨ | 坡口⑦ | $t \leqslant 10$ | 是 | 1 | 1 | — | — | — | 3～2$t$③ |
| | 坡口⑦ | $10 \leqslant t < 13$ | 是 | — | — | 2 | — | — | 3～2$t$③,④ |
| | 坡口⑦ | $13 \leqslant t$ | 是 | — | — | 2 | — | — | 3～无限制③ |
| | 角焊缝选项 1① | $5 \leqslant t \leqslant 13$ | 是 | — | — | — | 1 | 1 | 3～无限制 |
| | 角焊缝选项 2② | 10 | 是 | — | 2 | — | — | — | 3～无限制 |

| | 焊缝类型 | 外径/mm | 试样数量/（个） | | | | | | | 外径覆盖范围/mm | 板厚和壁厚覆盖范围/mm | |
|---|---|---|---|---|---|---|---|---|---|---|---|---|
| | | | 除 5G 和 6G 外的所有焊接位置 | | | 仅 5G 和 6G 焊接位置 | | | 宏观金相和断裂试验 | | 最小值 | 最大值 |
| | | | 面弯⑩ | 背弯⑩ | 侧弯⑩ | 面弯⑩ | 背弯⑩ | 侧弯⑩ | | | | |
| 管材试验 | 坡口 | <16 | 1 | 1 | — | ⑤ | ⑤ | — | — | ≥最小焊接管径 | $t/2$ | 2$t$③ |
| | 坡口 | 16～73 | 1 | 1 | — | 2 | 2 | — | — | ≥16 | $t/2$ | 2$t$③ |
| | 坡口 | >73 | 1 | 1 | — | 2 | 2 | — | — | ≥最小焊接管径 | $t/2$ | 2$t$③,⑪ |
| | 角焊缝选项 3⑥ | <16 | — | — | — | — | — | — | 1 | ≥最小焊接管径 | 3 | 无限制 |
| | 角焊缝选项 3⑥ | 16～73 | — | — | — | — | — | — | 1 | ≥16 | 3 | 无限制 |
| | 角焊缝选项 3⑥ | >73 | — | — | — | — | — | — | 1 | ≥最小焊接管径 | 3 | 无限制 |

① 如后文图 7-37 所示。
② 如后文图 7-38 所示。
③ 同时可覆盖 3mm 至无限厚度的材料上的各种尺寸角焊缝，焊接位置需按照表 7-29 来覆盖。
④ 焊接操作工资格评定时，最大值为 $t$。
⑤ 需要 RT 检测表 7-29 中评定位置，也适用于外径为 73mm 及以上的管材角焊缝。
⑥ 如后文图 7-40 所示。
⑦ 板材的对接坡口焊缝评定也可覆盖箱形管的焊接，焊接位置需按照表 7-28 来覆盖，反之亦然。
⑧ $t$ 为试样的厚度。
⑨ 可覆盖直径超过 610mm 的管材焊接。
⑩ 可以用对焊工或焊接操作工试板做射线检测试验来代替弯曲试验。
⑪ $t \geqslant 13$mm 时，可覆盖任意板厚和管材壁厚。

### 7.4.4 板材的坡口焊缝资格评定试验

图 7-33～图 7-36 所示给出了建议的焊缝坡口设计，也可以使用其他接头设计。

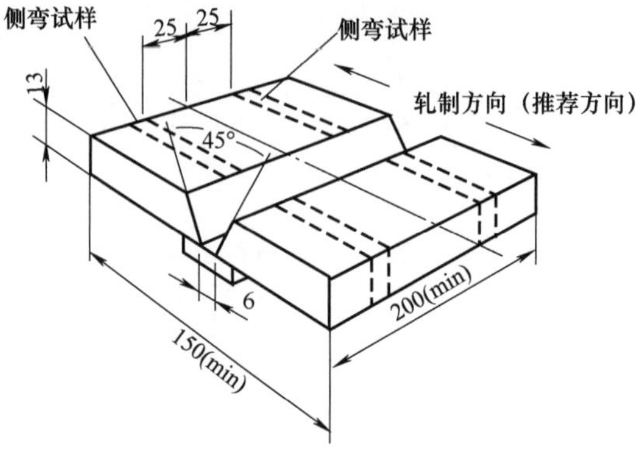


图 7-33　不限制厚度的试验板材——焊工资格评定用

注：1. 若采用射线检测，检测区域不得有定位焊缝。

2. 衬垫厚度最小为 6mm，最大为 10mm；若衬垫没有因为射线检测而被拆除，衬垫宽度最小为 75mm，否则最小应为 25mm。

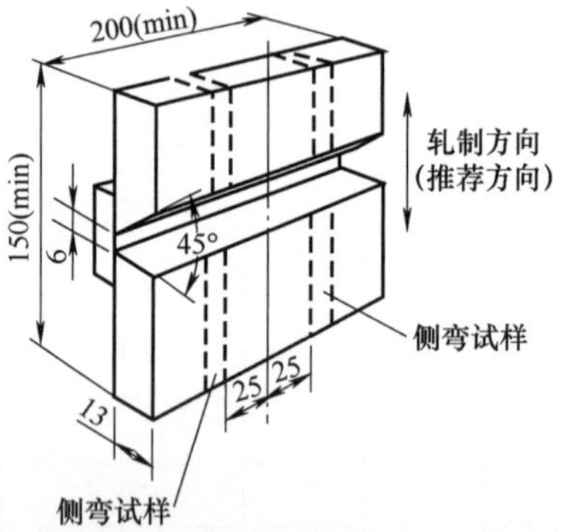


图 7-34　不限制厚度的横焊试验板材——焊工资格评定用

注：1. 若采用射线检测，检测区域不得有定位焊缝。

2. 衬垫厚度最小为 6mm，最大为 10mm；若衬垫没有因为射线检测而被拆除，衬垫宽度最小为 75mm，否则最小应为 25mm。

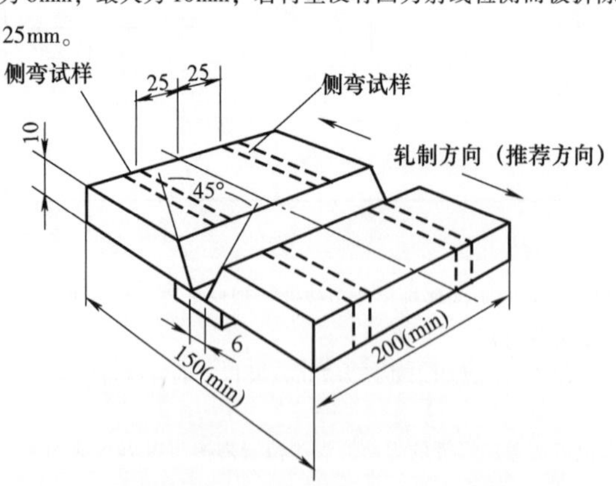


图 7-35　限制厚度的试验板材——焊工资格评定用

注：1. 若采用射线检测，检测区域不得有定位焊缝。

2. 衬垫厚度最小为 6mm，最大为 10mm；若衬垫没有因为射线检测而被拆除，衬垫宽度最小为 75mm，否则应为最小 25mm。

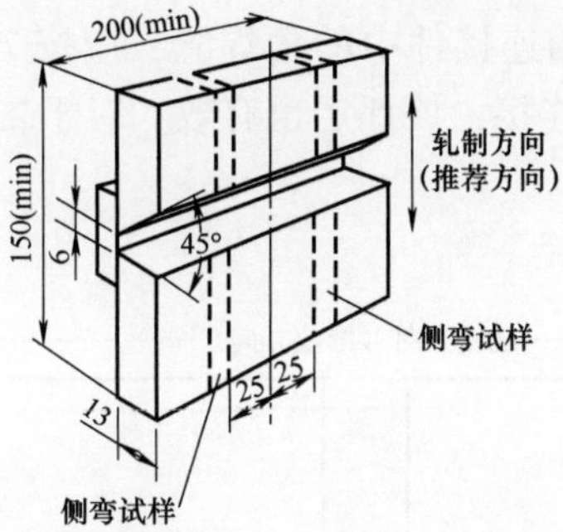


图 7-36 限制厚度的横焊试验板材——焊工资格评定用

注：1. 若采用射线检测，检测区域不得有定位焊缝。

2. 衬垫厚度最小为6mm，最大为10mm；若衬垫没有因为射线检测而被拆除，衬垫宽度最小为75mm，否则最小应为25mm。

### 7.4.5 圆管或正方形/矩形管的坡口焊接资格测试

图 7-37 所示给出了接头细节，也可以使用其他接头设计。

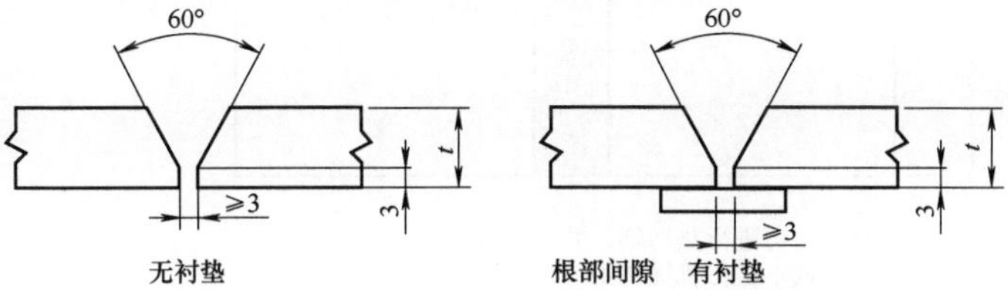


图 7-37 管对接接头——焊工资格评定用

### 7.4.6 角焊缝评定试验

本节仅对角焊缝进行介绍。

**1. 板和结构形状**

角焊缝的评定应遵循以下要求。

1）对于具有 <60° 的二面角（Ψ）的构件之间的角焊缝，焊工应焊接 7.4.4 所要求的坡口焊缝试验板材。对于具有 ≥60° 的二面角（Ψ）的接头，该评定也有效。

2）对于二面角（Ψ）为 60°≤Ψ≤135°的接头，焊工应根据方案 1 或方案 2 焊接试板，具体取决于制造商的选择，具体如下。

方案 1：根据图 7-38 所示焊接测试板。

方案 2：根据图 7-39 所示焊接一个完好性试验板材。

**2. 管或中空管**

角焊缝的评定应遵循以下要求。

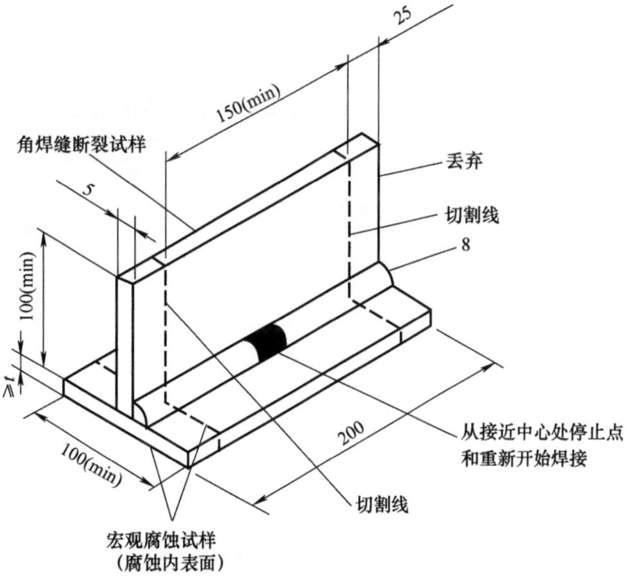


图 7-38 角焊缝破断和宏观腐蚀试验板材——焊工和焊接操作工资格评定

对于具有 >60°的二面角（$\Psi$）的连接件中的角焊缝，应按 7.4.5 的要求进行评定。对于具有 60°或更大的二面角（$\Psi$）的连接，该评定也有效。对于二面角（$\Psi$）为 60°以上的连接，应按图 7-40 所示焊接试管。

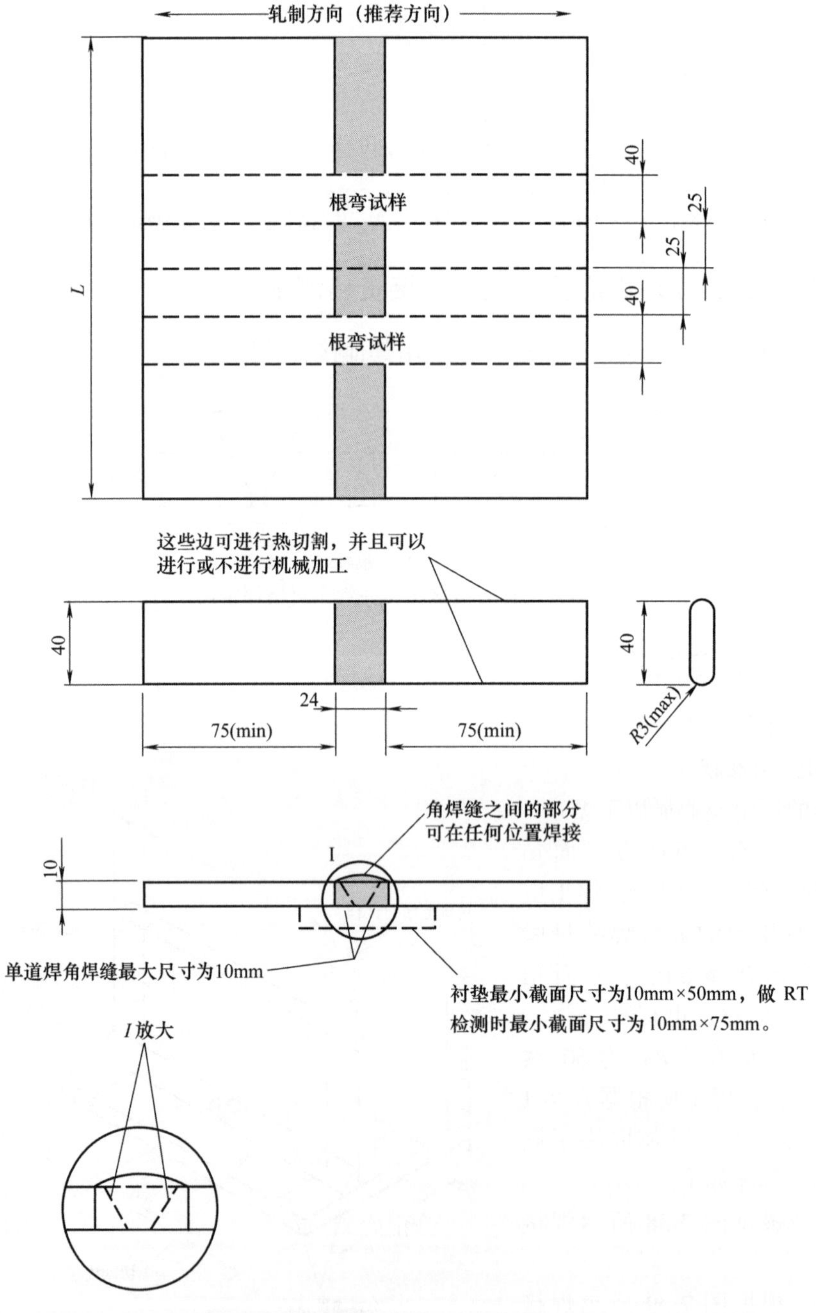


图 7-39　角焊缝根部弯曲试验板材——焊工和焊接操作工资格评定用

注：衬垫应与母材紧密贴合在一起。应将焊缝余高和衬垫清除至与母材齐平。可采用热切割来清除衬垫的主要部分。如果待清除部分的厚度至少为 3mm，则通过机械加工或磨削来清除。焊工评定时，$L$ 为 375mm。

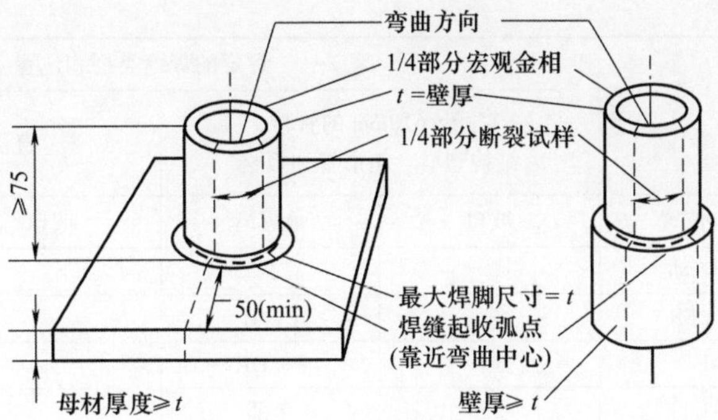


图 7-40 管材角焊缝——焊工和焊接操作工资格评定用

注：也可以使用管板焊接或者管管焊接。

## 7.4.7 试板焊接位置

**1. 所需的试验组件和位置**

表 7-29 描述了组件和标准试验位置的试验类型。必须以这些试验类型来评定焊工在板材、管材或箱形管的实际焊接中采用的组件类型和位置的操作资格。

**2. 特殊方向**

在特殊方向上进行焊接的制造商，可以为特定方向上的工作评定制作试验组件。这样的评定只适用于实际进行过试验的位置。

**表 7-29 焊工和焊接操作工评定——类型和位置限制①**

| 评定试验 | | 评定的焊缝类型和位置 | | | |
|---|---|---|---|---|---|
| | | 直径 >610mm 的管材，结构型材、箱形管和板材 | | 直径≤610mm 的管材 | |
| 焊缝类型 | 试验位置 | 坡口 | 角焊缝 | 坡口 | 角焊缝 |
| 板材-坡口 | 1G | F | F、H | | F、H |
| | 2G | F、H | F、H | | F、H |
| | 3G | F、V | F、V | | F、V |
| | 4G | F、OH | F、OH | | F、OH |
| | 2G、3G 和 4G② | 全部 | 全部 | | 全部 |
| 板材-角焊缝② | 1F | | F | | F |
| | 2F | | F、H | | F、H |
| | 3F | | F、V | | F、V |
| | 4F | | F、OH | | F、OH |
| | 2F、3F 和 4F | | 全部 | | 全部 |
| 管材-坡口 直径≤610mm | 1G 转动 | F、H | F、H | F | F、H |
| | 2G | F、H | F、H | F、H | F、H |
| | 5G | F、V、OH | F、V、OH | F、V、OH | F、V、OH |
| | 6G | 全部 | 全部 | 全部 | 全部 |
| | 2G 和 5G | 全部 | 全部 | 全部 | 全部 |

（续）

| 评定试验 | | 评定的焊缝类型和位置 | | | |
| --- | --- | --- | --- | --- | --- |
| | | 直径 >610mm 的管材，结构型材、箱形管和板材 | | 直径≤610mm 的管材 | |
| 焊缝类型 | 试验位置 | 坡口 | 角焊缝 | 坡口 | 角焊缝 |
| 管材-角焊缝 直径≤610mm | 1F 转动 | | F | | F |
| | 2F/2FR | | F、H | | F、H |
| | 4F | | F、OH | | F、OH |
| | 5F | | 全部 | | 全部 |

① 关于厚度和直径的覆盖范围，见表 7-28。

② 不适用于二面角 <60°的连接。

## 7.4.8 母材金属

所用的母材金属应符合焊接工艺规范，当焊工有资格焊接奥氏体不锈钢 M-8 金属或镍合金 M-41 金属时，可使用 M-1 的碳素钢板进行性能试验。

## 7.4.9 焊接工艺规程

焊工应符合本标准的焊接工艺规程要求。焊缝清理应在焊接位置合格的同一位置进行。

## 7.4.10 测试试样

1）表 7-27 给出了以机械试验评定焊工是否合格而必须进行试验的试样类型和数量，还有在进行评定时使用的试验板材或管材的厚度范围。除了采用 GMAW-S 的焊接接头外，根据业主的选择可以用试验焊缝的射线检测代替机械试验。

2）按照图 7-33 ~ 图 7-36 中所示，切割试验板材或管材制作导向弯曲试样，并且尽量使试样的截面成方形。

3）如图 7-38 所示，要求从试验组件上切割角焊缝破断试样和宏观腐蚀试样。

4）如果用射线检测代替规定的弯曲试验，不必为了检查而将焊缝余高打磨光滑，除非它的表面不规则或与母材的结合点会导致焊缝不连续性（缺陷）在射线检测中模糊不清。如果衬垫因射线检测而拆除，应将根部打磨至与母材平齐。

## 7.4.11 试验方法

### 1. 背弯、面弯或侧弯试样

使用标准装置来弯曲各个试样，装置应完全符合标准要求，可采用任何方便的方式移动与模体相关的压头。

1）将试样置于夹具的模体上，焊缝位于跨度中部。焊缝面弯曲试样的放置，应使焊缝面朝缺口方向。根部弯曲试样和角焊缝完好性试样的放置，应使焊缝根部朝缺口方向。侧面弯曲试样的放置，应使较大不连续性（缺陷）的那个面（如有的话）朝缺口方向。

2）压头施力使试样进入模体，直至试样成 U 形。试验后，焊缝和热影响区应在中心位置，并且完全在试样弯曲部分内。

3）当使用夹具时，应将试样的一端牢固夹住，防止它在弯曲过程中滑动。试验后，焊缝和热影响区应在中心位置，并且完全在试样弯曲部分内。当外滚筒自起始点起转了180°后，将试样从装置中取出。

**2. 角焊缝断裂试验**

对整个角焊缝进行目视检测，然后对150mm长的试样加载，使焊缝根部处于受拉状态。试验区域内至少应有一个焊缝终点和起点。稳定地增加荷载，并重复进行，直至试样本身出现破断或弯曲。

**3. 宏观腐蚀试验**

焊缝试样应有一个光面，以适合进行宏观腐蚀检查。使用适当的溶液浸蚀，使焊缝面轮廓清晰。

**4. 射线检测试验**

射线检测工艺和技术应符合本标准第15章的要求。板材试验中，将焊缝两端各32mm长的部分排除在试验评估之外。对直径为100mm或更大的焊接试管或管道，应对至少一半的焊缝范围进行评定，此范围应包括所有焊缝位置。例如，焊接在5G或6G位置的试管或管道从两侧的顶部中心线到底部中心线进行射线检测。对直径<100mm的焊接试管或管材需要进行100%的射线检测。

### 7.4.12 要求的试验结果

**1. 目视检测**

对于合格评定，焊接试样不应有超过0.5mm的咬边，每100mm焊缝长度最多只能有一个气孔，气孔直径不得超过2.5mm；两端各去除25mm后最小试板长度为150mm。

**2. 背弯、面弯和侧弯试验**

应对弯曲试样的凸面进行目视检测，检测其不连续性（缺陷）。如果凸面没有超过以下尺寸的不连续性（缺陷），可认为合格。

1）3mm不连续性，从表面任何方向上测量。

2）所有尺寸>0.8mm，但≤3mm的不连续性之和不得超过10mm。

3）最大的角裂纹6mm。当角裂纹是由看得见的焊渣或其他熔化性质的不连续性（缺陷）造成时，应视为3mm。角部裂纹超过6mm的试样，应认为不合格。如不合格，应用新的试样更换原来做过试验的焊接件。

**3. 角焊缝断裂试验**

1）通过目视检测，角焊缝应呈现合理均匀的外观，不得有焊瘤、裂纹和过度咬边。在焊缝表面无可见气孔。

2）如果试样本身能平稳地弯曲，则通过试验。如果角焊缝破断，则破断的表面应与接头根部完全熔合，并且没有>2.5mm的夹杂物或气孔。在150mm长样品中，所有夹杂物和气孔的最大尺寸之和≤10mm。

**4. 宏观腐蚀试验**

目视检测时，评定合格的宏观腐蚀试样应符合以下要求。

1）部分熔透接头坡口焊缝应有规定的焊缝尺寸。

2）角焊缝应熔合至接头根部，但不必远超过根部。

3）最小的焊脚尺寸应满足规定的角焊缝尺寸，但不得超过规定值3mm。

4）部分熔透接头坡口焊缝和角焊缝应满足以下条件：①没有裂纹。②焊缝金属相邻层之间、焊缝金属与母材之间完全熔合。③焊缝外形与预期的情况一致，且没有禁止的缺欠。④没有超过允许范围的咬边。

**5. 射线检测试验**

经射线检测显示，评定的焊缝应符合相关要求。

### 7.4.13 重考

如果焊工不能满足一个或多个试验焊缝的要求，可以在下列条件下进行复试。

1）可以立即进行复试，允许立刻进行每种两道焊缝的重新试验。所有重新试验均应满足规定的要求。

2）如果有证据表明焊工接受过进一步的培训或实践，则可以进行复试。在这种情况下，应进行完整的重新试验（每种类型的单次试验焊缝）。

### 7.4.14 有效期

本规范中规定的焊工资格应被视为无限期有效，除非下列情况之一。

1）该焊工未从事其公司评定合格的焊接工作超过六个月。

2）在第一条中描述的情况下，仅需对10mm厚板焊接重新做资格评定试验。

3）出于某些特定原因质疑焊工的能力。

### 7.4.15 记录

记录须包括：

1）焊工资格评定记录。

2）支持的检测和试验报告。

# 参 考 文 献

[1] 中国就业培训技术指导中心. 焊工（高级）[M]. 2版. 北京：中国劳动社会保障出版社，2012.
[2] 人力资源和社会保障部教材办公室. 电焊工（高级）[M]. 北京：中国劳动社会保障出版社，2017.
[3] 中国机械工程学会焊接学会. 焊接手册 [M]. 北京：机械工业出版社，2008.
[4] 王宗杰. 熔焊方法及设备 [M]. 2版. 北京：机械工业出版社，2017.
[5] 王长忠. 熔化焊接与热切割作业 [M]. 北京：中国劳动社会保障出版社，2014.
[6] 赵卫. 现代装备制造业技能大师技术技能精粹——焊工 [M]. 长沙：湖南科学技术出版社，2013.